若者たちの食卓
● 自己、家族、格差、そして社会

外山紀子・長谷川智子・佐藤康一郎 編著

ナカニシヤ出版

まえがき

　ネットの世界には食べ物の写真があふれている。「これ，食べました」と，ゴージャスなフレンチを写した一枚，「今日のお弁当です」と，彩りよく詰められた野菜メインの弁当など，食べ物の写真からはその人の生活や趣味，もっといえばその人の哲学がみえてくる。本書の主役もこうした食卓写真である。若者たちに数日間，食べたもの全てをカメラに収めてもらった。その写真から現代のリアルな青年像に迫っていこうというのが本書の企画意図である。

　日本の食をとりまく環境は，近年，大きく変化した。食品産業，外食産業，流通産業の発展は著しく，誰もがいつでもどこでも手軽に食べられるようになった。本書で紹介する青年たちも，その恩恵を十分に受けている。1日3食朝昼晩，ある程度決まった時間に食べるという従来の規範を軽々と飛び越え，実に奔放，自由自在に食べている。食べ物も，その組み合わせも，食べる場所もユニークだ。「こんなところで，こんなものを！」と，驚く人も多いだろう。

　個人が自由を得た引き換えに，家族が食卓を囲み，家庭で調理されたものを食べるという風景はごく当たり前の日常ではなくなった。「菓子パン1つの朝食」や「パックのまま出された豆腐」といった写真を示しつつ，家庭の食の崩壊を嘆く書籍や記事が最近多くの注目を集めている。本書所蔵の写真も全てではないが，伝統的価値観にたてば眉をひそめたくなるような代物といえなくもない。日本の食は，確かに大きく変わったのである。しかし，この変化を個人の心がけや意識の問題に還元してはならない。食の変貌は食の外部化や簡便化に加え，核家族化の進行，女性の高学歴化と社会進出，さらには長時間労働の常態化といった社会の大きな変化の中に位置づけるべき現象である。最近では，格差という視点もはずせなくなった。青年期については，自意識の高さ，自尊感情の低さ，他者の視線に対する敏感さなど，この時期特有の精神的な脆さも絡んでくる。食は食べ手とその食べ手が属する社会，時代を映す鏡となるのである。

　本書は，2014年度教育心理学会での自主シンポジウム「青年期の食：写真法から見える日常」をきっかけとしている。写真法による食研究を先駆的に行っていた長谷川に，外山が研究手法のアドバイスを受けながら始めた写真法による調査を，健康や栄養といった定番の枠組みから離れたところで議論したいという意図で，外山と長谷川が企画したものだった。経営学という全く異なる専門分野からやはり調

査を行っていた佐藤も加わり，編者3名が話題提供を行った。指定討論者は，本書第3部に執筆いただいた岡田氏（青年心理学）と今田氏（食心理学）だった。このシンポジウムは，圧倒的なリアリティをもつ食卓写真の面白さ，そして多方面から議論できる食の幅広さを確認する場となった。その時の興奮が本書のはじまりである。

　本書は3部で構成されている。第1部では食卓写真から，欠食や孤食，ユニークな食卓，コンビニ・外食頼みの食生活など，青年たちのリアルな食の状況をお見せする。第2部では，この状況を理解する一助となる社会の変化を統計データに基づき示していく。日本経済の長引く停滞，家族構成の推移と就労状況の変化，外食の産業化といった大きな社会変化のひとつの表れが，孤食や欠食といった食の"問題"なのである。第3部では，家族と世代（7・8章），青年期の自己と対人関係（9・10章），階層格差（11・12章），食環境の変化（13・14章）という視点から青年期の食を論じる。

　青年期の食というと，心理学ではこれまでに摂食障害など臨床的な検討が多かった。本書では敢えてこの分野をはずし，心理学だけでなく社会学や経営学など他分野の専門家に写真データをみていただき，それぞれのご専門から，学術的にしかし自由に論じていただいた。時に無理ともいえる編者のコメントを受け止め，原稿に反映してくださった執筆者の方々には心より感謝申し上げる。株式会社ナカニシヤ出版の米谷さんには，本書の企画から出版に至る全ての過程において大変なご尽力をいただいた。編者一同，この場を借りて感謝の意を捧げたいと思う。なお，本書は平成28年度大正大学学術出版助成を受けて出版されたものである。

　本書を手にとってくださった全ての方々にとって，本書が食について考えるきっかけとなれば，これ以上の喜びはない。

2017年1月

編者一同

目　次

まえがき　*i*

第1部　写真法

第1章　写真から見える食（外山紀子）――― *2*

第1節　写真法　*2*
第2節　調査対象者の背景　*4*
第3節　現在の食　*6*
第4節　栄養評価　*13*
第5節　思い出の食　*15*

第2章　中学生・大学生の食事：食の外部化とダイエット（長谷川智子）――― *20*

第1節　はじめに　*20*
第2節　長谷川ら（2013）の調査方法の概要　*21*
第3節　中学生と大学生の欠食と食事バランス　*23*
第4節　さまざまな食事の実際　*25*
第5節　食器の代用品　*35*
第6節　食生活は1年で変化するか？　家族と住まう大学生の場合　*36*
第7節　おわりに　*41*

第3章　食から見える大学生の生活（佐藤康一郎）――― *44*

第1節　食生活調査のきっかけ　*44*
第2節　調査方法の概要　*45*
第3節　コンビニエンスストア　*46*
第4節　外　食　*48*
第5節　食事の時刻と回数　*49*
第6節　食事の場所　*54*
第7節　おわりに　*56*

第2部　データからみる大学生の食

第4章　いまどきの大学生　(外山紀子) ———— 60

第1節　はじめに　60
第2節　お金の使い道　60
第3節　節約志向の大学生　63
第4節　身体と食　66
第5節　おわりに　73

第5章　大学生世代の家族の歴史　(長谷川智子) ———— 76

第1節　女性の出産・家族構成の推移　76
第2節　家族の就労状況・母親の仕事　79
第3節　家庭における経済状況の推移　81
第4節　家族の食と家計について　85
第5節　おわりに　87

第6章　食品産業の変化と大学生の食　(佐藤康一郎) ———— 91

第1節　大学生の親世代に起きたこと　91
第2節　外食の産業化　93
第3節　スーパーマーケットの台頭　94
第4節　コンビニエンスストアの成長　94
第5節　中食市場の拡大　96
第6節　学生食堂離れ　98
第7節　デフレーションの影響：牛丼を例に　99
第8節　おわりに　99

第3部　大学生の食をみる視点

第7章　家族と共食　(外山紀子) ———— 106

第1節　孤　食　106
第2節　共　食　107
第3節　家族の個人化と共食　111

第8章　世代による食行動の違い（長谷川智子）——————116

　　第1節　はじめに　*116*
　　第2節　食物選択に影響を与える要因　*116*
　　第3節　団塊ジュニア世代前の世代と以降の世代の食行動　*122*
　　第4節　食の思い出　*126*
　　第5節　家族の食の継承　*128*
　　第6節　おわりに　*130*

第9章　青年期の自己・パーソナリティと食（小塩真司）——————133

　　第1節　はじめに　*133*
　　第2節　自己・パーソナリティ　*133*
　　第3節　自己・パーソナリティと食との関連　*138*
　　第4節　まとめ　*141*

第10章　青年期の対人関係と食（岡田　努）——————146

　　第1節　はじめに　*146*
　　第2節　ランチメイト症候群　*147*
　　第3節　ふれ合い恐怖　*148*
　　第4節　孤独感の発達といわゆる「ぼっち席」について　*152*
　　第5節　まとめ　*154*

第11章　大学生の階層的位置と食習慣（橋本健二）——————157

　　第1節　格差拡大と大学教育の社会的位置　*157*
　　第2節　大学教育の構造的位置　*159*
　　第3節　大学生の出身階層と大学類型　*162*
　　第4節　大学類型と学生生活　*164*
　　第5節　出身階層・大学類型と食習慣　*166*
　　第6節　朝食をとることの意味　*169*
　　第7節　おわりに　*171*

第12章　社会階層と食生活：量的データによる食格差の分析（小林　盾）——175

　　第1節　食生活に格差はあるのか　*175*
　　第2節　量的データで食生活をとらえる　*177*
　　第3節　青年期と成人期の食生活　*180*
　　第4節　成人期の食生活に格差はあるのか　*182*
　　第5節　まとめ　*184*

第13章　学生食堂における朝食支援（佐藤康一郎） —— 189

　第1節　学生食堂の変遷　*189*
　第2節　朝食の支援　*193*
　第3節　学生食堂と企業・組織との協業　*196*
　第4節　食事づくりの支援　*198*
　第5節　おわりに　*199*

第14章　飽食環境に生きる大学生たち（今田純雄） —— 202

　第1節　はじめに　*202*
　第2節　飽食環境　*204*
　第3節　飽食環境は人々に何をもたらせたか　*207*
　第4節　食の代行と依存　*214*
　第5節　これからの若者（大学生）に求められること　*215*

　コラム①　大学生がイメージする「バランスのよい食事」（手島陽子）　*18*
　コラム②　いまの大学生と飲み放題・食べ放題（長谷川智子）　*43*
　コラム③　家計調査から読み取る食の地域性（佐藤康一郎）　*57*
　コラム④　料理男子（外山紀子）　*74*
　コラム⑤　子どもをもつ夫婦の家事関連時間の変化と妻の調理（長谷川智子）　*89*
　コラム⑥　大学生と期限表示（佐藤康一郎）　*102*
　コラム⑦　つくられた家族団らん（外山紀子）　*114*
　コラム⑧　食の思い出：マクドナルドは高級品!?（長谷川智子）　*132*
　コラム⑨　動機はダイエット（小塩真司）　*145*
　コラム⑩　現代青年と「食」の場の意味（岡田　努）　*156*
　コラム⑪　格差拡大と若者の飲酒行動（橋本健二）　*173*
　コラム⑫　子どもの食格差（外山紀子）　*187*
　コラム⑬　学生食堂の国際化（佐藤康一郎）　*201*
　コラム⑭　カップ麺のヒミツ（今田純雄）　*220*

　事項索引　*221*
　人名索引　*224*

第1部 写真法

　どこの大学でも，昼休みの学食には長蛇の列ができる。学生たちは，いったい何を食べているのだろう。「これぞ若者！」定番中の定番ともいえるから揚げ定食，ハンバーグ定食，生姜焼き定食に混じって，ラーメン，うどん，そば。ほうれん草のお浸しが添えられていることもある。家から持参の弁当は母親特製か。カップ麺，カップスープ，肉まん，あんまん，サンドイッチ，蒸しパン，メロンパン1つ，栄養補助食品，チョコレート菓子もある。

　"You are what you eat"（私たちは食べたものでできている）ということばがあるように，食は私たちそのものである。私たちの身体も精神も，食べたものでつくられている。食にはその人の歴史や家族，置かれた状況など，ありとあらゆるものが詰め込まれているのだ。

　第1部では，数日間，食べたものをすべて写真に撮ってもらうという方法（写真法）で得られた写真の数々をお見せする。そこに映し出されるのは，偏った栄養，独創的なダイエット，簡便化の進む食卓，変容著しい食規範，仲間や家族との一筋縄ではいかない関係など，さまざまである。食という窓から見える大学生のありのままを追っていこう。

第1章
写真から見える食

外山紀子

第1節　写真法

■ 1-1　写真から見えるもの

　ひと頃，家庭の主婦が写した食卓写真から家族の変貌を論じた本（岩村，2003；2010）が話題になった。ひとり暮らしの若者ならともかく，子どものいる家庭でパックに入ったままの豆腐やスナック菓子が食事として提供されていることに驚きを覚えた人も多いと思う。

　デジタルカメラやスマートフォンで撮影された食卓写真をデータとして利用する調査法は写真法とよばれている。栄養学では，写真から食材の種類や重量を推定し栄養を分析する手法が使われており（長谷川ら，2013），最近は写真法による栄養指導も一般的になった。手軽に使えるアプリもあるほどだ。

　写真から得られるものは栄養情報だけではない。器や食具，その並べ方，盛り付け，いろどり，テーブルなど，実に多くのものが写真に写り込む。時には勉強机が，居間のソファーが，バスの座席が食卓として使われていることもわかる。これらすべてが食べ手について多くのことを教えてくれる。食べ手の生活空間，生きている時間がそのまま切り取られ，一枚の写真に収められているのである。

■ 1-2　分析データ

　写真紹介を始める前に，本章で分析するデータを説明しておこう。

　調査の実施期間は 2013 〜 2014 年度である。協力してくれた大学生には，連続する 5 日間，食べたものすべてを写真に撮ってほしいと依頼した。栄養の情報も重要な基礎データの 1 つであることから，食事量がわかるよう 15cm の定規を手前に置

図1-1 写真の例（左が真上から撮影したもの，右が斜め45度から撮影したもの）

いた状態で，真上と斜め45度から2枚の写真を撮影してもらった（図1-1）。この方法は長谷川ら（2013）に準じたものである。

写真撮影とあわせて，図1-2のような食事記録をつけてもらった。「位置づけ」は，それが「朝食」なのか，「間食」なのかという区別である。食事の時刻と内容だけでこれを判別するのは難しい。「コーヒーとシナモンロール」が「夕食」になる場合も「間食」になる場合もあるからである。時刻，場所，作り手，共食者，メニューの他に，その時の体調や気分（おいしさ，楽しさ，満足度）についても4段階で評価してもらった。

写真撮影の後には，インタビューを実施した（インタビューが不可能な場合には質問紙）。中学生の時の食習慣（朝食・夕食の頻度と共食状況，ファストフードとスナック菓子の摂取頻度）や現在の状況（自炊頻度，自炊と外食で重視するもの，運動・睡眠習慣，アレルギー，好き嫌い），さらには「これまでに最も印象深く思い出に残っている食事」について回答を求めた。「思い出の食」に関する質問は，その人の人生の中で食がどのような意味をもっているかを探るためである。

図1-2 使用した食事記録

第2節　調査対象者の背景

まず，本調査に協力してくれた大学生の背景を確認しておきたい。

■ 2-1　生活費

本調査の対象者は，都内私立大学2校（A大学とB大学）に在籍する学部大学生（年齢範囲は18〜22歳）50名である。そのうち男性は23名（自宅生12名・自宅外生11名），女性は27名（自宅生12名・自宅外生15名），大学別ではA大学が34名，B大学が16名だった。

文部科学省の学校基本調査によれば，2015年春における4年制大学進学率（過年度卒含む）は52%だった。いまや大学や学部を選ばなければ，誰もが4年制大学に入学できる時代である（全入時代）。そのため，大学間の差も広がっている。子どもが受けることのできる教育は親の所得と関連しており，所得差は生活全般に及ぶことが知られている。たとえば，全国学力調査では朝食の摂取状況と国語や算数の得点の間に相関関係が認められている。「朝ご飯をきちんと食べる子は，国語や算数の得点が高い」というわけだ（「朝ご飯を食べるとテストができるようになる」という単純な因果関係ではない）。これらをふまえると，大学生の"懐具合"を知ることは彼らの背景を理解する手がかりになると考えられる。そこで，A・B大学の平均的な生活費を全国データと比べることによって，およその位置づけを把握したい。

A・B大学それぞれにおいて，2013〜2014年度に行われた生活調査データがある。A大学の生活調査は2013年3月に実施，回答者数は3,605名（学部学生のみ）だった。いっぽう，B大学では2014年9〜10月に1,862名の学部学生を対象に行われた。これら各大学独自の調査データと比較するのは，全国大学生活協同組合連合会による第50回全国学生生活実態調査データである。詳細は第4章を参照してほしいが，第50回調査は2014年10〜11月に83大学生協において実施された。このうち，調査が毎年行われている30大学，9,223名分（学部学生のみ）のデータが集計され公表されている。

自宅生の1か月の支出は，全国データでは58,180円だったが，A大学では80,504円と全国平均を上回った。いっぽう，B大学では55,700円で全国平均をやや下回った。自宅外生についても同様の傾向が認められ，全国データの116,960円に対してA大学では168,784円，B大学では100,600円だった。A大学は全国平均

に比べ経済的に余裕のある層に属する者が多く，B大学は平均的とみてよいだろう。

■ 2-2 中学時代の食習慣

次に，子どもの頃の食習慣をみてみよう。中学時代，本調査の対象者がどのような食生活を送っていたのか（インタビューあるいは質問紙データ）を，全国データと比較してみたい。

日本学校保健会が2012年に実施した「児童生徒の健康状態サーベイランス事業報告書」（全国13都県，小学生から高校生まで計9,377名対象，うち中学生は2,853名）によれば，「毎日朝食を食べる」と回答した中学生は，男子も女子も83%だった。この全国データと本調査のデータとでは対象者数が大きく異なること，また本調査のデータは大学生が中学時代を振り返って回答したものであることなどから，単純比較は難しい。以下はあくまでも目安と考えてほしいが，本調査において「中学生の時に毎日朝食を食べていた」と回答した者は男性91%（21/23），女性96%（25/26）だった。夕食については未記入者1名と女性1名を除く全員が「毎日食べた」と回答し（女性1名のみ「ほとんど毎日」），朝食も夕食も「家族と食べた」が半数を超えた。「ひとり」という場合には「部活」「塾」が理由としてあげられた。「友達と食べた」と回答した者は寮生活を送っていたということだった。食事の内容については，男性・女性ともに，中学時代の夕食は「すべて手作りだった」「ほぼ手作りだった」が約80%を占めた。ファストフードを「ほとんど食べなかった」という回答は男性・女性ともに半数を超え，スナック菓子も，女性の場合「ほとんど食べなかった」が，男性の場合「週に1～2回」がおよそ半数だった。

昨今，子どものいる家庭でも食の簡便化，中食（家庭外で調理されたものを購入して持ち帰るなどして，家庭内で食べる食事の形態）化が進んでいるといわれているが，本調査の対象者は，少なくとも中学時代には，家庭で作ったものを家族で食べるという食習慣をもっていたようだ。ただし，本調査のデータは子ども（大学生）の回答によるものであり，子どもは気づいていなくても，出来合いの惣菜が食卓に並んでいた可能性もある。そもそも「手作り」のとらえ方が，子どもと大人では異なっていることもあるだろう。たとえば，冷凍食品のコロッケも，自分で揚げれば「手作り」だという見方もあるいっぽう，ジャガイモをつぶすところから始めないと「手作り」ではないという見方もあるだろう。

第3節　現在の食

　大学生になったいま，彼らは何をどのように食べているだろうか。大学時代は生活の自立時期である。ひとり暮らしの場合，自炊を始める者も多いだろう。自炊しないとなると，すべて外食か調理済み惣菜で賄うことになる。自宅通学の場合，食事は親任せというケースはかなりの数にのぼるかもしれない。大学生の食は自宅通学なのか自宅外通学なのかによって大きく異なると予想されるため，以下，自宅生と自宅外生を対比させながら，食の状況をみていくことにする。

■ 3-1　自炊と外食

　まずは，自炊の状況についてである。インタビュー（あるいは質問紙）において，女性自宅外生の60%（9/15）が「毎日」「ほぼ毎日」自炊していると回答した。いっぽう，男性自宅外生については「めったにしない」が64%（7/11）だった。男性自宅生に至っては「めったにしない」「まったくしない」が83%（10/12）となり，生活面での自立が進んでいないことが示唆された。女性の場合には，自宅生でも「1週間に1回」が67%（8/12）だった。自宅から通学していようといまいと，自炊頻度については男女差が明らかである。

　「自炊で最も重視するもの」を「安さ」「栄養」「自分の好み」「調理の簡単さ」「その時の気分」「カロリー」から1つ選んでもらったところ，女性は，自宅生でも自宅外生でも「栄養」を選んだ者が半数を超えた（56%：15/27）。いっぽう，男性は，自宅生では「自分の好み」（58%：7/12）が，自宅外生では「安さ」（64%：7/11）が最も多かった。男女差は「外食で最も重視するもの」にも認められた。「値段」「栄養」「自分の好み」「その時の気分」「カロリー」から1つ選んでもらったところ，女性の場合，自宅外生では「栄養」（47%：7/15），自宅生では「値段」（50%：6/12）が最も多かった。男性において最も多かったのは，自宅・自宅外を問わず「その時の気分」だった（44%：10/23）。

　自炊の頻度だけでなく意識の面でも男女差があり，健康や家計という点から食生活を設計しようとする意識は女性により強いようだ。いっぽうの男性は，気分や好みなど享楽的にとらえる傾向が高かった。

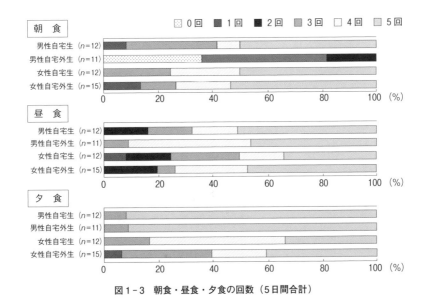

図 1-3　朝食・昼食・夕食の回数（5 日間合計）

■ 3-2　写真に記録された食事の回数

ここからは，いよいよ写真法によって得られたデータをみていきたい。5 日間の食卓写真に写された朝食・昼食・夕食の回数を図 1-3 に示した。朝食の「5 回」は，5 日間に 5 回，つまり毎日朝食の記録があったことを意味している。

男性自宅外生は，朝食が 0 回だった者が 4 名，1 回だった者が 5 名，あわせて 9 名（11 名中）だった。「朝食は食べない」あるいは「ほぼ食べない」ことが習慣化しているようだ。「朝は抜いても，さすがに昼は食べるだろう」と思うのだが，朝・昼と連続して食べなかった記録が 4 名（11 名中）に認められた。1 日に夕食 1 食だけしか食べなかったというわけだ。こうした場合，当日あるいは前日夜が飲み会だったことがほとんどだった。

女性については，自宅外生でも 70% 以上（11/15）が 5 日間毎日ないし 1 日を除いて朝食の記録があった。しかし，夕食回数は男性より少なかった。自宅生でも自宅外生でも，5 日間毎日夕食の記録があった者は半数程度（14/27）だった（男性は 21/23）。女性の中にはダイエットのために意図的に夕食を抜いていると回答した者もいた（インタビュー記録より）。

8　第1部　写真法

図1-4　女性自宅外生の朝食写真

■ 3-3　自宅外生の朝食・夕食

　アパート暮らしなど自宅外通学の大学生は，いったいどんなものを作っているのだろうか。多くの人が気になるポイントだと思う。次に，自宅外生の食卓をみてみたい。

　まずは朝食である。本調査では男性の朝食記録がきわめて少なかったため，女性自宅外生の食卓写真を図1-4に示した（どれも別の人の記録）。前の日の夕食を温め直したり，トーストを焼いたり，パスタをゆでたり（そこにレトルトのパスタソースを温めてかける），おにぎりを作ったり，いずれも簡単なものだが，朝の忙しい時間の中で食事を用意しようという心意気が感じられないだろうか。

　図1-5は，自宅外生が自分で作った夕食である（男性の写真も入っている）。レトルトのハンバーグ，カレー，冷凍うどんが利用され，そこにゆでたキャベツや納豆，漬物などが添えられている。野菜を食べようという努力の感じられるメニューである。肉と野菜を入れて煮込んだうどんは，一品だけとはいえ，また鍋から直接食べたとはいえ（ただし，鍋がかなりおしゃれ），栄養満点，努力賞をあげたい出来栄えである。

　とはいえ，自宅外生がいつもこうした夕食を食べているわけはない。図1-6のような簡便バージョンもある。コンビニで買ってきたサンドイッチ，サラダ，納豆巻き，そしてカップ麺。ドーナツだけ，ベーコン数切れだけで夕食がおしまいになることも，勉強机が食卓として使われることもある。レポート書きの合間にでも食

第1章 写真から見える食

〈男性〉冷凍うどんに野菜をたくさん入れて作る。豪快に鍋から食べる。一品だが栄養満点

〈女性〉ご飯にレトルトのハンバーグ，ゆで野菜を添えた

〈女性〉味付けご飯に納豆，作りおきしておいたナス炒め

〈女性〉レトルトカレーにゆでたキャベツ，コンビニで買ってきた漬物，そして牛乳

〈女性〉ご飯，とり団子スープ，カボチャのサラダも作ってみた

〈女性〉食パンに買ってきたハムカツとソーセージをはさんだ。枝豆，ミニトマトで野菜。体によさそうな納豆も

図1-5 自宅外生の夕食写真（ちゃんと作りましたバージョン）

〈男性〉パリジャンサンドと20円引きのコンビニサラダ

〈男性〉カップ麺にコンビニで買った千切りキャベツ

〈女性〉カップ麺と納豆巻き

〈女性〉今日の夕食はドーナツでおしまい

〈女性〉買ってきたビーフン1つ

〈女性〉ベーコン一皿でおしまい

図1-6 自宅外生の夕食写真（簡便バージョン）

べたのだろうか。

■ 3-4　共食とひとりの食事

　子どもがひとり，あるいは子どもだけで食べる食事は孤食とよばれ，欠食と並んで子どもの食の問題として取りあげられることが多い。いっぽう，大学生については，「便所飯」とか「ランチメイト症候群」という言葉があるように，ひとりで食べること（を，仲間に見られること）を過剰におそれる心性があるともいわれている。

　大学生はどの程度，他者と食卓を囲んでいるのだろうか。5日間の食事記録に基づき，誰かと一緒に食べた食事（共食）とひとりで食べた食事の回数を数え，ひとりの食事が共食より多かった人，逆に共食がひとりの食事より多かった人の人数比率を図1-7に示した。

　自宅外生が朝食をひとりでとることが多いのは当然である。しかし，図をみると，自宅生もひとりで食べることが多いことがわかる。自宅生が朝食をひとりでとった場合，その時刻を食事記録から拾い出すと，非常に早いか（4時台あるいは5時台），非常に遅いか（10時台あるいは11時台）のどちらかだった。不況により以前なら下宿していた学生が自宅から通うようになったといわれるが，このことが非常に早い朝食の背景にあるのかもしれない。「孤食は問題」といわれることも多いが，その一因には経済不況や長時間労働など，当事者の心がけでは対応できない問題がある。

　いっぽう，昼食と夕食については，男性自宅外生を除けば共食が多かった人が過半数を超えた。アパートなどで暮らしていても女性の場合には，友だちと連れだって食べに出たり，家に招いて一緒に食べたりすることが多いようだ。こうした行動は，男性にはほとんどみられなかった。

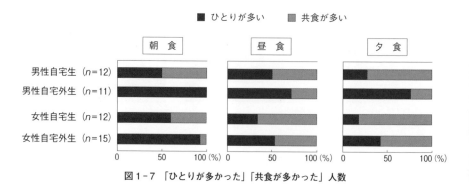

図1-7　「ひとりが多かった」「共食が多かった」人数

■ 3-5 5日間に食べたもの

次に，5日間で食べたもの，すべてを見てみよう。図1-8は，最も自炊頻度の高かった男性自宅外生の5日間の食卓写真である。合計10食，1日あたり2食を超える日はなかった。

昼食（兼夕食）については，大学のある日は学食で，そうでない日はカフェで食べるのが定番のようだ。飲み会がない日の夕食はコンビニ弁当のこともあったが，

[1日目]

〔昼食〕
コンビニで買ってきたうどん

〔夕食〕
ゆでたパスタにレトルトのホワイトソースをかけた

[2日目]

〔昼食〕
カフェでサンドイッチとコーヒー

〔夕食〕
買ってきたお弁当とパスタも

[3日目]

〔昼食〕
学食でうどん

〔夕食〕
ご飯，みそ汁，冷凍食品のおかず

[4日目]

〔昼食〕
サンドイッチ系のパンを2つ

〔夕食〕
飲み会で鍋

[5日目]

〔昼食〕
学食でかつ丼

〔夕食〕
ご飯，みそ汁，冷凍食品のおかずを温めた

図1-8　男性自宅外生　5日間の食卓（1日2食派）

3日間は自炊した。パスタをゆで、レトルトのホワイトソースをかけた日が1日，ご飯を炊き，みそ汁を作り，冷凍食品のおかずを温めた日が2日だった。パスタソースやカレーソースといったレトルト食品は自宅外生の食生活を支えている。安売り店で買ってくることもあるが，実家から送られてくることもあるそうだ（インタビューより）。3日目と5日目の夕食は冷凍食品を温めたおかずだが，一汁三菜の献立になっている。

次に，自宅通学の男性をみてみたい。男性自宅生の中で，自宅で食べた回数が最も多かった者の食卓写真を図1-9に示した。5日間とも3食食べており合計15食，そのうち13食を自宅で食べた。この13食はすべて母親が作ったものだった。夕食は帰宅が遅かった（22時）1日を除けば，常に家族とともに囲んでいた。昼食のラーメンにホウレンソウと卵が足されるなど，野菜料理の多いバリエーション豊かな食卓となっている。自宅で食べなかった2食はどちらも学食で食べた昼食だったが，サラダが添えられるなどバランスが考えられていることがわかる。

図1-9 男性自宅生 5日間の食卓（その1）

[3日目]

〔朝食〕
ハムチーズマフィンとヨーグルト，バナナ，カップスープ

〔昼食〕
学食でカルビ焼き牛めし，みそ汁，サラダ

〔夕食〕
自宅でそぼろご飯，みそ汁，高野豆腐の煮物，にんにくしょうゆ

[4日目]

〔朝食〕
チーズマフィンにソーセージ，ヨーグルト，牛乳

〔昼食〕
自宅でチャーハンと卵スープ

〔夕食〕
自宅でご飯，みそ汁，豚肉とキャベツの炒め物，ブロッコリー，揚げ出し豆腐

[5日目]

〔朝食〕
納豆ご飯にヨーグルト，牛乳

〔昼食〕
自宅でキーマカレーとナン

〔夕食〕
自宅でご飯，みそ汁，揚げ物いろいろ，キャベツサラダ，カボチャサラダ

図1-9　男性自宅生　5日間の食卓（その2）

第4節　栄養評価

■ 4-1　摂取エネルギー

　写真と食事記録に基づき栄養評価を行った。日本人の食事摂取基準（2010年版）では，18～29歳の摂取エネルギー基準量は男性2,650kcal，女性1,950kcalとさ

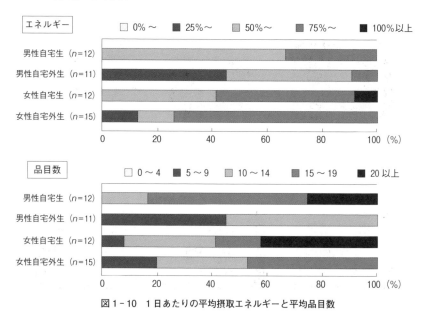

図1-10　1日あたりの平均摂取エネルギーと平均品目数

れている。この基準量に対して，1日あたりの平均摂取エネルギーが0～25%未満（男性663kcal未満，女性488kcal未満），25～50%未満，50～75%未満，75～100%未満，100%以上だった対象者の比率を図1-10に示した。

自宅外生，とくに男性自宅外生については摂取エネルギーが基準値を大きく下回った者が多かった。ただし今回の調査では，飲み会などの場での食事と飲料は把握しきれておらず，食品から摂取できなかったエネルギーをビールや焼酎などで補っていた可能性は高い。

■ 4-2　食品数

食事内容のバリエーションの豊かさをみるために，食品数を評定した。「1日30品目」というフレーズは，1985年に厚生省（現厚生労働省）が作成した「健康づくりのための食生活指針」で提唱され，以後，栄養バランスの目安として急速に広まった。2000年に改訂された食生活指針では削除され，「主食・主菜・副菜を基本としてバランスよく食べる」と表現が改められたが，ここでは1つの目安として食品数を報告する。

1日の範囲で重複しないよう，食べたものの原材料数を数えた。煮込みうどんな

ら，うどん・油揚げ・豚肉・白菜・ネギ・ニンジンで6品目となるが，これを朝・昼・晩と3食食べた場合には，1日あたり6品目ということになる。先に示した図1-10に，1日あたりの平均品目数が0～5未満，5～10未満，10～15未満，15～20未満，20以上だった対象者の比率を示した。女性の場合，自宅生と自宅外生の差はさほど大きくないが，男性についてはそれが顕著だった。男性自宅外生の品目数の少なさは目をひくものがある。

第5節　思い出の食

　過去を振り返ったとき，楽しい思い出，嫌な思い出の中に，食卓は登場しないだろうか。子どもの頃，家族と食べたいつもの夕食，修学旅行先の宿のご飯，初めて乗った飛行機の機内食。「おいしかった」「奇妙な味だった」「正直いって，二度と食べたくない」食べ物の数々，そしてその食べ物を共有した人たちとのかかわり。楽しい思い出の中にも，もちろん嫌な思い出の中にも，食が占める比重は意外と大きいのではないかと思う。
　では，いまどきの大学生は，「これまでで最も印象深く思い出に残っている食事は何ですか」という問いに，どう答えるのだろうか。

■ 5-1　誰と？

　まず，大学生が誰との食事を「印象深い思い出」としてあげたかをみてみたい。本調査の範囲では，食の相手は「家族」か「友だち」のどちらかであり，「ひとり」の食卓は登場しなかった。
　男性自宅生では「家族」が5名，「友だち」が7名だった。いっぽう，自宅外生では「家族」が9名，「友だち」が2名となり，「家族」との食事を「思い出の食」にあげる人が多くなった。この結果は女性についても同じで，自宅生では「家族」と「友だち」がほぼ同数であったのに対し，自宅外生になると「家族」が多くなった（12/15）。自宅外生にとっては，現在，家族と離れて暮らしているという状況が，家族との食事を思い出させるのかもしれない。
　では，なぜその食事が印象深く記憶に残っているのだろうか。その理由は，大きく3つにわけられた。①食べ物：「初めて食べた」「変な味だった」など，食べ物自体のインパクトが印象深かったというもの。②他者との思い出：食卓を囲んだ人とのかかわりや状況が思い出に残っているというもの。なかには，食べ物の味も料

理も覚えていないが,「部活で試合に負けてファミレスに行って,みんなで泣きながら食べたこと」や「レストランで家族が合格祝いをしてくれたこと」が思い出に残っているという回答もあった。③物理的状況:「中華料理屋のまわるテーブルが楽しかった」「修学旅行でバーベキューをした時,空の星がきれいだった」など。家族との食事でも,友だちとの食事でも,食べ物そのものよりも「他者との思い出」をあげた人が多かった。大学生のあげた「思い出の食」には,「叱られて泣きながら食べた」など,楽しいとはいえない記憶も含まれていたが,それも含めて,食は他者とのかかわりという文脈の中に埋め込まれ,その人の思い出をつくっているのである。

■ 5-2 "帰る場所"としての家庭の食

本章の最後に,「思い出の食」として「家族との食卓」がどのように語られたのかをいくつかのエピソードについてみていきたい。

〈エピソード1（男性自宅外生）〉

「思い出に残っている食は,中学・高校時代に家で食べたすき焼き。中学・高校と寮生活をしていたので,帰省した際には,母がたくさん肉を買ってきてくれて,みんなですき焼きを食べた。好きなだけ肉が食べられたのがうれしかった。それだけでなく,久しぶりの家族というのが主な印象深い要因だと思う」。

〈エピソード2（女性自宅外生）〉

「家の食卓での夕食が一番思い出深く残っている。特定の日時の食事というわけではないが,この状況での食事が一番多かったからだと思う。家まで買い食いを我慢したからか,いつもとてもおいしかった。父親はいつも仕事で遅かったので,母と姉とで食べることが多かった」。

〈エピソード3（女性自宅外生）〉

「子どもの頃の食事が記憶に残っている。母は1日3食,1週間分のすべての献立の予定表を作っており,同じものを作ることはほとんどなかった。ひとり暮らしになって思い出すのは,母が作ってくれた食事。母のようにはいかないけれど,食事には気をつけようと思っている」。

〈エピソード4（男性自宅外生）〉

「いまは生活リズムも不規則でご飯を抜いたりすることもあるけれど,小さい頃は,ちゃんと食べていた。だから,ちゃんとしようと思えば,ちゃんとできる自信はある。いつでも戻ることができると思っている」。

子ども時代の家庭の食は,食の原風景であり,手本であり,帰る場所であることがわかる。エピソード4の男性自宅外生は,現在はまったく自炊せず,今回の調査

でも1日に1食しか食べなかった日があった。それでも，彼自身は「ちゃんとできる自信はある」と自己分析しており，その分析が正しいかどうかはともかくとして，小さい頃の食経験が現在の自分の基盤になっていることがわかる。

　子ども時代の食経験は，青年期だけでなく生涯の食を築く土台となっている。ただし，本章の最初に述べたように，昨今，家庭の食は多様化しており，本調査の結果が広く一般化できるとは限らない。近年は，日本の調査でも，子どもの学力や生活習慣全般に「階層」「親の収入」という要因がかなりの影響力を及ぼすことが示されている。青年期の食もまた，この点に留意してみていく必要があるだろう。

【謝　辞】
データの収集にあたっては渡辺ゆい奈さん，栄養評価にあたっては手島陽子さんにご協力いただきました。記して感謝いたします。

【文　献】
岩村暢子（2003）．変わる家族・変わる食卓―真実に破壊されるマーケティング戦略　勁草書房
岩村暢子（2010）．家族の勝手でしょ！―写真274枚で見る食卓の喜劇　新潮社
長谷川智子・武見ゆかり・中西明美・田崎慎治（2013）．写真法を用いた中学生と大学生の日常の食事と食卓状況の検討の試み―栄養学を専門としない一般教員による一般生徒・学生への適用の可能性について　学校保健研究, **55**, 35-45.

◆コラム①　大学生がイメージする「バランスのよい食事」

「バランスのよい食事」といわれたら，どのような食事を思い浮かべるだろうか。主食はご飯？　パン？　それとも麺類？　メインは魚だろうか，それとも肉？　野菜料理は何品くらい？

大学生75名に（126名に配布）「バランスのよい夕食」のイメージを絵に描いてもらい（図①-1に一例を示した），食事バランスガイド（平成17年に厚生労働省と農林水産省の共同により策定）に基づいて分析したところ，68名（91%）が，バランスのよい食事の基本的な構成要素である主食・主菜・副菜を揃えた食事の絵を描いた。次に，大学生の思い描いたイメージを具体的にみたところ，主食は1名を除く74名がご飯だった。汁物はみそ汁が最も多く（61名，81%），主菜は魚料理（51名，68%），副菜はサラダ（42名，56%）が多かった。ご飯，みそ汁，魚ときたら，副菜には煮物や和え物というのが典型的な和食献立だろうが，副菜がサラダになるというのが若者世代の特徴なのかもしれない。また，一汁三菜（主食・主菜・副菜に副々菜・汁物を加えた献立）が揃ったものは20名（27%）だった。一汁三菜は理想的な栄養バランスといわれる和食の特徴的な食事スタイルである。

では，一汁三菜の献立を描いた大学生（一汁三菜群）は，どのような特徴をもっていただろうか。一汁三菜群20名とそれ以外の大学生55名（その他群）を比較したところ，子ども時代も現在も日常の調理頻度に差はなかった。しかし，①子ども時代の調理に対する自信，②家庭の食環境（食事中によく話をした，栄養バランスや季節などに配

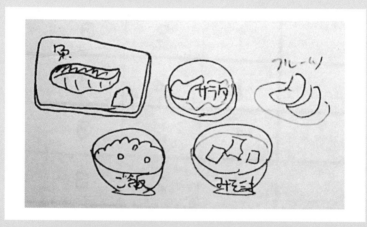

図①-1　大学生が描いたバランスのよい食事の例

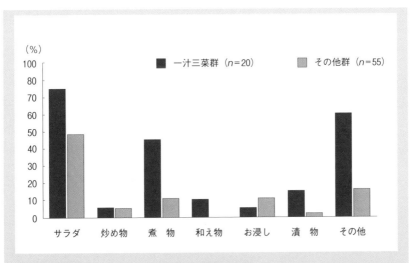

図①-2　副菜の種類

慮された食事だった，手作りの料理が多かったなど），③現在の調理に関する知識と技術，④自覚的健康度（自分はどのくらい健康だと感じているか）や，⑤自立（自立にはさまざまな側面があるが，とくに適切な対人関係や親子関係を築いているかに関して）に差が認められ，いずれも一汁三菜群の方が高いことが示された。つまり，一汁三菜の献立をバランスのよい食事としてイメージする大学生は，過去と現在の食経験や自分を健康だと思う意識，自立においていずれも高いことが示唆されたのである。なお，一汁三菜群には女性がとくに多いという性差は認められなかった。

　次に，副菜の内容を一汁三菜群とその他群で比較した。その結果（図①-2），一汁三菜群ではサラダに次いで煮物をあげた人が9名（45％）おり，その他群よりも副菜のイメージが豊かであることがわかった。つまり，副菜のイメージの豊かさが，よりバランスのよい食事をイメージする際の決め手となっていた。

　ユネスコ無形文化遺産に登録された和食は，若い世代にも何とか引き継がれているようだ。ただしそれはイメージだけなのかもしれない。イメージを具現化する調理の力（とくに副菜料理）の育成が，個人の食経験を豊かに広げ，健康や自立を支えるだけでなく，真の意味での文化継承にも必要だろう。

（早稲田大学人間科学研究科博士課程　手島陽子）

第 2 章
中学生・大学生の食事

食の外部化とダイエット

長谷川智子

第1節　はじめに

　本章では，青年期後期にあたる大学生のみならず，青年期前期に位置づけられる中学生の食事の写真から青年期の食がどのように営まれているかみていくこととする。第1章でも述べられている通り，食事の分析は，一般に栄養評価に集約されることが多い。写真法の場合でも栄養評価を目的とする場合が多いが，食事の写真には単に栄養評価だけではない多様な情報が入り込んでいる。すなわち，料理がどのような組み合わせで食卓にのぼっているか，それらの料理がどのような配置で並べられ，どのような器に盛られているかなど，それぞれの家庭あるいは個人における食文化をもとらえることができる。本章では長谷川ら（2013）の中学生・大学生の調査の結果の概略を示しつつ，そこでは掲載されなかった実際の個別の食事の写真を紹介することによって，中学生・大学生がどのような意識をもちつつどのような食を営んでいるのか具体的にみていくこととする。第2節，第3節では長谷川ら（2013）の調査概要と基礎的な分析を再掲する。第4節ではダイエットをしている者の食事，不思議な取り合わせの食事など日常のさまざまな食事の実際を写真とともに取りあげる。第5節では食卓にのぼる料理はどのような器に盛られているのか，簡便化が進む食卓状況をみていくこととする。最後に第6節では，長谷川ら（2013）の大学生の調査協力者を対象に，その調査の1年前に実施された同様の食事調査と比較し，1年間で食事の内容に変化がみられるのかをみていくこととする。

第2節　長谷川ら（2013）の調査方法の概要

■ 2-1　調査対象者

　埼玉県内の市立中学校1校に在籍中の中学生（男子10名，女子10名）と東京都内の私立大学に在籍中の大学生（男子10名，女子10名），計40名であった。

　平均年齢は中学生14.2歳（$SD=0.9$），大学生22.3歳（$SD=1.5$）であった。自己報告による身長・体重からBody Mass Index［BMI：体重（Kg）／身長（m）^{2}］を算出した。BMIの平均値は，中学生男子20.4（$SD=2.3$），女子18.7（$SD=2.3$），大学生男子20.8（$SD=2.6$），女子20.3（$SD=1.6$）であった。

　家族との同居の状況は，中学生は親元で暮らしている自宅生が19名（95%），祖父母と同居が1名（5%）であった。大学生は自宅生が17名（85%），ひとり暮らしが2名（10%），親元からすぐ近くに住む祖父母と同居が1名（5%）であった。本章では，中学生・大学生ともに祖父母と同居している者は祖父母が調査対象者の食事作りをしていることから，いずれも養育者と一緒に住む自宅生に含めることとする。

■ 2-2　手続き

　食事については，1週間のうち非連続の3日間（ただし，1日は休日）に飲食したものすべてを対象とした。調査対象となる日は，季節行事やパーティー，会合など特別なことがない日常的な1日であるよう依頼した。食事の記録方法は次の2つであった。

　1つめは，対象者が携帯電話の写真機能を用いて撮影し，メール機能を用いて調査者に送信するというものであった。各食事につき真上からと斜め45度からの2枚を撮影し，撮影の際には食事量を正確に測定するために15cmの定規を置いた。

　2つめは自記式記録であり，対象者が食事のメニュー，料理の作り手（母親・自分・母親以外の家族・購入），摂取時刻，食事の位置づけ（朝食・昼食・夕食・食後のデザート・間食・朝昼兼用食），摂取場所（自宅・大学または中学校・購入先・その他），共食者の有無（ひとり・家族と・友人と・その他）を食事ごとに記入した。また摂取した食事についての詳細を確認するために，食事記録終了後1週間以内に面接調査を実施した。調査時期は，中学生は学校給食がない期間となる夏期休暇中の2007年8月であり，大学生は春期休暇開始直後の2008年1月であった。なお，本研究

の実施期間が休暇中であったため，部活動やサークル活動，アルバイト，塾などの日課がある日を平日，とくに日課がない日を休日とし，休日については基本的には土曜日，日曜日であることとした。

■ 2-3　食態度測定のための質問紙

実際の食事調査に加えて，日常的な食態度を測定するために質問紙調査を実施した。使用された質問紙は中学生では子ども用の日本語版 DEBQ 質問紙，大学生では成人用の日本語版 DEBQ 質問紙（今田，1994）であった。それぞれの尺度については，子ども用では抑制的摂食（4項目），情動的摂食（4項目），外発的摂食（6項目），社会的摂食（人と一緒に食べること：2項目）の4尺度16項目，成人用は抑制的摂食（食べることを控えること：10項目），情動的摂食（怒りや恐怖，不安といった情動に喚起されて食べること：13項目），外発的摂食（食物の味や匂いといった外的刺激に喚起され食べること：10項目）の3尺度33項目から構成された。評価は，「まったく（そうで）ない」「ほとんど（そうで）ない」「ときどき（そうで）ある」「しばしば（そうで）ある」「いつも（そうで）ある」の5件法であった。

■ 2-4　食事分析の方法

食事分析については2名の管理栄養士が，個別に写真撮影された各料理を食事バランスガイド（厚生労働省・農林水産省，2005：図2-1）に基づき，主食，副菜，主菜，牛乳・乳製品，果物，ひも（菓子・嗜好飲料）の6つに分類した。各料理区分の単位は，主菜〜果物の5分類の単位はサーヴィング（SV：5分類それぞれに応じた重量を1SVとしている），ひもはエネルギー量（kcal）であった。次に2名間の不一致な点を協議し，最終的なSVとエネルギー量を決定した上で，3日間のSVとエ

図2-1　食事バランスガイド

ネルギー量の平均値を算出した。運動量については，大学生では都心の大学に在籍しており通学に際して公共交通機関を利用していること，アルバイトをしている者が20名中17名（85％）おり，その多くが飲食店での接客業など長時間の立ち仕事をしていること，日常的に運動をしている者もいること，中学生では運動部に所属している者が多いことを考慮し，いずれも運動量を普通とみなした。

第3節　中学生と大学生の欠食と食事バランス

■ 3-1　欠　　食

　まず，中学生・大学生の朝食，昼食，夕食をとらなかった欠食状況をみてみよう。本調査では，欠食率を中学生・大学生の3日間の朝食・昼食・夕食の理論上の食事数（それぞれの食事について，1人あたり1食×3日分×20名＝60食）のうち食べなかった食事数の割合として算出した（朝昼兼用食は分母から除いた）。その結果，朝食，昼食，夕食それぞれの欠食率は，中学生では35％，12％，8％，大学生では32％，13％，3％であった。中学生・大学生いずれも朝食の欠食が1/3にのぼること，夕食においても欠食がみられることが明らかとなった。朝昼兼用食は，中学生2食（3％），大学生4食（7％）であった。また，1日あたりの3食（朝昼兼用食含む）の平均食事回数は，中学生2.4回（$SD=0.6$），大学生2.5回（$SD=0.6$）であった。中学生と大学生との間では，欠食率，食事回数に統計的な差はなかった。

■ 3-2　食事バランスについて

　では，中学生・大学生が食べたものを食事バランスの観点からみるとどのように評価されるだろうか。表2－1は年齢別，性別の食事バランス分析に基づく1日あたりの5つの料理区分およびひもの基本統計量，食事バランスガイドに記載された摂取の目安（厚生労働省・農林水産省, 2005）を示したものである。摂取の目安は，中学生・大学生いずれも男子は2,600kcal，女子は2,200kcalを参照した。年齢，性別にかかわらず摂取の目安に達していない料理区分は，主食，副菜，果物であった。その他の料理区分で摂取の目安に達していなかったのは，中学生男女，女子大学生における牛乳，男子大学生における主菜であった。ひもについては，年齢，性別にかかわらず摂取の目安の範囲内であった。これらのことから，中学生・大学生いずれも男女を問わず料理区分をこえて全体的に摂取が不足しているだけでなく，一般に健康維持に必要とされる副菜と野菜の不足が著しいことが明らかとなった。

表2-1 中学生と大学生の食事バランス分析の基本統計量と摂取の目安

		中学生				大学生				摂取の目安	
		男子 (n=10)		女子 (n=10)		男子 (n=10)		女子 (n=10)		男性 2,600kcal	女性 2,200kcal
		Mean	SD	Mean	SD	Mean	SD	Mean	SD		
主	食	4.24	1.90	3.43	1.31	4.15	1.05	3.70	1.92	6〜8	5〜7
副	菜	2.95	2.06	1.90	1.40	2.15	0.99	3.18	1.03	6〜7	5〜6
主	菜	4.77	2.72	3.52	1.52	3.97	1.25	4.03	1.04	4〜6	3〜5
牛乳・乳製品		1.17	1.40	0.52	0.68	2.00	2.21	1.37	1.53	2〜3 (中学生 2〜4)	2 (中学生 2〜3)
果	物	0.63	0.85	0.27	0.26	0.42	0.57	0.45	0.38	2〜3	2
ひ	も	134.97	171.33	143.67	175.09	189.33	112.19	177.10	158.86	200以下	200以下

3-3 孤食・共食状況について

　中学生・大学生のうちひとり暮らしを除く自宅生において，孤食のときと少なくとも家族のだれかひとりと一緒に食べる共食の状況はどのようであろうか。表2-2は，年齢別の家庭における孤食と共食の食事数を示したものである。中学生と大学生において食事の位置づけ別の孤食・共食ごとの食事数には統計的に違いはみられなかった。いずれも家族のいる家庭でも朝食では7割以上，夕食でも3割以

表2-2 食事の種類別孤食・共食の分布

		中学生 (n=20)		大学生 (n=18)	
		食事数	%	食事数	%
朝 食	孤 食	26	70.3	29	85.3
	共 食	11	29.7	5	14.7
昼 食	孤 食	24	52.2	13	41.9
	共 食	22	47.8	18	58.1
夕 食	孤 食	19	34.5	17	35.4
	共 食	36	65.5	31	64.6
食後のデザート	孤 食	1	100.0	9	52.9
	共 食	0	0.0	8	47.1
朝・昼兼用食	孤 食	1	50.0	9	52.9
	共 食	1	50.0	0	0.0

表 2-3 孤食・共食による食事バランスの分析の差

		中学生 (n=20)				大学生 (n=18)[1]			
		食事数	Mean	SD	t値	食事数	Mean	SD	t値
主　食	孤　食	71	1.35	1.02	2.70**	72	1.18	0.80	0.88
	共　食	70	1.76	0.78		62	1.31	0.95	
副　菜	孤　食	71	0.63	0.89	3.61***	72	0.76	0.96	2.18*
	共　食	70	1.36	1.44		62	1.17	1.19	
主　菜	孤　食	71	1.04	1.31	4.54***	72	1.18	1.29	2.00*
	共　食	70	2.27	1.87		62	1.66	1.48	
牛乳・乳製品	孤　食	71	0.48	0.83	2.06*	72	0.64	1.08	2.60*
	共　食	70	0.22	0.65		62	0.19	0.87	
果　物	孤　食	71	0.15	0.41	0.85	72	0.19	0.47	1.46
	共　食	70	0.21	0.42		62	0.09	0.31	
ひ　も	孤　食	71	87.28	167.37	3.54***	72	36.11	88.12	2.10*
	共　食	70	14.03	48.10		62	10.16	53.15	

1) 大学生はひとり暮らし2名は分析対象外とした　　***$p<.001$, **$p<.01$, *$p<.05$

上がひとりで食べていることがわかるだろう。

　では，孤食時と共食時では食事バランスがどのように異なるのだろうか（表2-3）。中学生・大学生いずれも孤食の方が共食よりも副菜，主菜が少なく，牛乳・乳製品，ひもが多いことに加えて，中学生のみ孤食の方が共食よりも主食が少ないことが示された。中学生・大学生ともに共食の方が食事バランスがよいことがみてとれるだろう。このような結果が得られた一因として，表2-3に示したように孤食が朝食に多く，朝食時には牛乳やヨーグルトなどの乳製品を多くとることや，朝食は昼食，夕食と比べて簡便になりやすいことが考えられる。しかしながら，前述の通り夕食でも3割以上が孤食であることから，食事の位置づけにかかわらず，孤食の方が簡便な食事に偏りやすいことから健康を維持するために必要な副菜，主菜が少なくなるものと考えられる。

第4節　さまざまな食事の実際

■ 4-1　ダイエットしている者の食事

　青年期はとくに女子において痩身願望が強く，ダイエットしている者が多いのは

26   第1部　写真法

皆の知るところであろう。ここでは，中学生・大学生ともにDEBQ質問紙で摂食抑制得点が高い，すなわちダイエットをしている者またはダイエット傾向と位置づけられる者がどのような食事をしているかみていこう。

　図2-2，2-3は，女子大学生2名のある1日の食事すべてである。図2-2の女子大学生は昼食を抜き，1日2食である。ホットケーキやどら焼きなどの菓子類は，彼女にとって「ご飯」の代役なのであろう。図2-3の女子学生は，朝食は「しっかり」とり，昼食，夕食は「軽くヘルシー」にすませている。

　図2-4，2-5は女子中学生の1日間の食事である。いずれの者も朝食を欠食しており，単品の食事がほとんどである。図2-4のダイエット傾向の女子は，食事の時に市販の加糖の紅茶を飲んでいる。いつの時代も青年期の女性にとってダイエットは強い関心事であろうが，このような写真を見ていると，年代によってはダイエットの象徴的な食べ物，食べ方が異なるのではないかと考えられる。たとえば，40歳代以上の女性が青年期であった頃は「ダイエット＝生野菜サラダ」であった。このような考え方は正しいダイエット方法ではないが，健康のために野菜はしっか

図2-2　大学生の食の実際　ダイエット女子その1　2日目の全食事
（主食：1.5　副菜：3　主菜：2　牛乳：1　果物：0　ひも：490）

第2章 中学生・大学生の食事　27

〔朝食〕
ご飯，みそ汁，サバの味噌煮，卵焼き，漬け物，味付け海苔，お茶

〔昼食〕
サラダ，100％オレンジジュース

〔夕食〕
マカロニサラダ，ミルクティ

図2-3　大学生の食の実際　ダイエット女子その2　2日目の全食事
（主食：1　副菜：2　主菜：3　牛乳：1　果物：1　ひも：0）

〔昼食〕
紅茶花伝ロイヤルミルクティー，たまごサンド

〔夕食〕
牛丼，麦茶

図2-4　中学生の食の実際　ダイエット傾向女子　3日目の全食事
（主食：2　副菜：0.5　主菜：2　牛乳：0　果物：0　ひも：92）

〔昼食〕
ホットケーキ，梨，牛乳

〔夕食〕
冷やし中華

図2-5　中学生の食の実際　ダイエット女子　3日目の全食事
（主食：3　副菜：0.5　主菜：2　牛乳：2　果物：1　ひも：0）

り食べようとの思いが強かったことの現れであろう。そのような発想に近いのは図2-3の女子大学生であるが，その他のダイエットしている者の食事を見てみると，「ダイエット＝食べる量は少なくするが，好きなものを食べる」という発想があるかのようである。

■ 4-2 共食でも購入

　自宅で自分ひとりだけで食事をとるとき，買い置きのカップ麺を食べたり，コンビニエンスストアの弁当（いわゆるコンビニ弁当）や牛丼屋や弁当屋の持ち帰り弁当を買いに行って食べるという経験があるだろうか。普段は家族の誰かが作った食事を食べるけれど，ひとりで食べる時は気楽に好きなものを食べる。そんな気ままな食事にささやかな喜びを感じることもあるだろう。では，家族と一緒に食事をとるときはどうだろうか。家族一緒の食事での「個食」がクローズアップされるようになって久しい。個食とは，家族が一緒に食卓を囲んでいても，同じものを食べず，各人が好きな食べ物を食べることをいう。本調査では他の家族の食事の内容を尋ねていないので，それぞれの家庭でどの程度個食がみられるのか把握することはできない。しかしながら，共食の時に購入した弁当やカップ麺などのインスタント食品を食べている場合は，他の家族も自分の好きな弁当やカップ麺を食べている可能性が高い。図2-6, 2-7はそれぞれ自宅での共食状況で食べた購入した弁当やカップ麺の写真である。共食時での購入した食事は大学生については全部で3名であり，昼食は2名，夕食は1名であった（図2-6）。いっぽう，中学生については全部で6名であった（図2-7）。中学生の内訳は，1名については昼食はカップ麺，夕食は弁当であり，昼食については「家族みんなで買い置きのカップ麺を食べた」と報告

図2-6　共食状況での弁当・インスタント食品（大学生）

図2-7　共食状況での弁当・インスタント食品の代表例（中学生）

している。また，朝食からカルビ丼や天丼などの弁当を購入している者も2名みられた。カルビ丼を食べた中学生は「家に食材がなく，家族全員が各自の好きなコンビニ弁当を購入した」と述べている。また，祖父母も同居している拡大家族においても，「家族全員が夕食にそれぞれ好きなコンビニ弁当を食べることがある」としており，祖父母も含めてそのような食生活を営む場合もあることが示された。

■ 4-3　家族と暮らす大学生とひとり暮らしの大学生の食事

　第1章や第3章では，自宅生の食事の方がひとり暮らしの者の食事よりもおおむね食事バランスがよいことが示されている。しかしながら，食のあり方が多様化している現代社会において，家族と暮らす大学生の家庭で主に母親が食事作りを担っている場合でも食の簡便化がみられている。図2-8は，家族と暮らす男子大学生の3食すべて自宅で食べたある1日の食事である。一般に「男子」といえば，「がっつり」食べるというイメージがある。とくに，成長期まっただ中の男子は，「どんなに食べてもお腹がいっぱいにならないのでは」と感じさせるぐらい，食べるものというイメージを筆者はもっていた。しかしながら，本調査対象の男子には，中学生も大学生も「がっつり」食べる者はひとりもいなかった。図2-8の男子大学生

[朝食]

ホットケーキ・麦茶

[昼食]

菓子・ウィダー in ゼリー

[間食]

ヨーグルト

[夕食]

ご飯・餃子

図2-8　大学生の食の実際　自宅生でも副菜なし（男子）3日目の全食事

は，野菜嫌いであり，自分が好きなものを食べつつ，ウィダー in ゼリーやヨーグルトで「健康」を維持しようとしているかのようである。食事は母親が作っているが，野菜嫌いの息子にあった食事を提供している。図2-8の男子大学生は，インタビューや質問紙でもダイエットをしているということではなかったが，男子大学生の1日の食事としてはとくに主食，副菜，主菜がとても少ない。

図2-9は自宅生の女子大学生のある1日の食事である。この女子学生の両親は共働きであり，家での食事は基本的に中食が中心である。食事のときの飲み物は水かペットボトルのお茶である。

では，ひとり暮らしの大学生はどのようであろうか。本調査でのひとり暮らしの大学生は男子2名のみである。図2-10にあるひとりの男子の1日の食事を示した。この日は青椒肉絲を作り，朝食・昼食として2度食べている。健康を考えてだろうか，牛乳を毎日飲んでいた。もういっぽうのひとり暮らしの男子は朝食にはサプリメントを摂取しており（後述の図2-21），それぞれ自分なりに健康を気遣っている

〔間食〕
100％オレンジジュース

〔朝食〕
えびと貝柱の
クリームパスタ

〔間食〕
お茶（一日一膳）

〔昼食〕
ランチパック
（ピザ風味＆チーズ）

〔夕食〕
和風幕の内弁当・
ネギ塩スープ（即席）

〔食後のデザート〕
シュークリーム

〔間食〕
生　茶

図2-9　大学生の食の実際　自宅生でも手作り食なし（女子）2日目の全食事

〔朝食〕
ご飯，コンソメスープ，チンジャオロース，お茶

〔昼食〕
ご飯，ポタージュ，チンジャオロース，水

〔夕食〕
ナポリタン，コンソメスープ，牛乳

〔間食〕
ポテトチップス，牛乳

図2-10　大学生の食の実際　ひとり暮らし（男子）2日目の全食事

ことが伺える。このように食事だけを見てみると，ひとり暮らしか自宅生かは明確に判別できない者もいることがわかるだろう。

■ 4-4 不思議な料理の取り合わせ

「今日の夕飯は何にしようか……」家族の食事を作る者，ひとり暮らしで毎食何を食べるか自分自身で考える者などにとって，毎日，食事のことを考えるのはときに楽しくもあるが，面倒になったりすることもある。とくに1日3食，家族全員が満足するような食事などはそうそうあるものではない。家族の食事を作る者が家族に「今日は何を食べたい？」と尋ねても「別に……」と言われ，あれこれ迷った末に作った料理を前に「これ食べたくないんだよね」などと家族に言われてしまう……。こんなエピソードは多かれ少なかれ，どこの家庭でもあるのではないだろうか。

日常生活の食事は，料理本やインターネットのレシピ，あるいはグルメ自慢が自身のブログやSNSにアップする豪華な食事やおいしそうなごちそうばかりではない。冷蔵庫の中の食材がどれも中途半端な分量しかないものの，これらを何とか片付けてしまいたいときもあれば，給料日（仕送り）前で財布のひもをかたくしなければならないときもある。

そのような日常生活の食事の写真を調査対象として見ていると，不思議な取り合わせだなあと感じることがある。「不思議な取り合わせ」と筆者が感じるのは，筆者自身のこれまでの食生活，本やテレビ，レストランなどで見てきた食事など，あ

表2-4 不思議な食事の取り合わせの基準（朝食・昼食・夕食共通）

- 朝，昼，夕（朝・昼兼用食も含む）の3食の食事において，おにぎり，パン，麺類のうち2種類以上の主食のみを食べていた場合
- 食事メニューと飲料の取り合わせについて，飲料とともに摂食した3食の食事のうち，主食のパン以外の米飯，麺類と主食なしの食事における飲料が炭酸飲料，スポーツドリンク，果実飲料，市販の加糖コーヒー，紅茶を摂取した場合

表2-5 不思議な夕食のメニューの基準

- 菓子類が食事の中心
- 夕食としての食事がきわめて簡素なもの
- 飲料を含めて料理全体の取り合わせが系統立っていないメニュー構成の食事
- 主食が2品以上あるいは主菜が3品以上あり，それらの取り合わせが1つの食事として系統立っていないもの

くまでも主観的経験に基づいている。そのような筆者の主観的経験を他者と共有できるように，表2-4，2-5のような分類の基準を作成した。それぞれの基準によって選択された食事をみてみよう。大学生，中学生の主食2品のみの食事は，大学生2名（10%），中学生6名（30%）であった。図2-11の大学生の場合は，2名とも主食の1品としてカップ麺を食べていた。図2-11の右側の食事は，家にあった残り物のいなりずし（とその具）では足りなかったため家にあったカップ麺を食べたという状況である。図2-12の中学生の方は右の食事だけ中食のみから構成されているが，このような食事も親が子どものために購入している。これらの昼食は，子どもたちが自ら購入したのではなく，前夜の残り物や，親が買い置きしてくれていたものを自分のお腹のすき具合に応じて食べたということである。

では夕食についてみてみよう。夕食としての食事がきわめて簡素であったのは，中学生のみ3名（15%）であった（図2-13）。中学生といえば一般的に食べ盛りのイメージがあるが，これらの写真を見ると本当にこれで足りるのだろうかと感じるだろう。なぜこのような食事になったかは，人それぞれである。左の食事（女子）については，母親は家族のために他の料理も作っているが，「他のメニューは好きじゃない」のでお茶漬けだけを食べた。中央の食事（男子）については，「食べる

カップうどん，コッペパン，お茶

カップ焼きそば，いなり，いなりの具

図2-11　大学生　主食2品の昼食

焼きそば（野菜無し），焼きおにぎり，ウーロン茶

ざるそば，おにぎり（2個），サイダー

五目おにぎり（3個），カップ麺，麦茶

図2-12　中学生　主食2品の昼食（代表例）

お茶漬け　　　　　　　　ハムたまごパン　　　　　　チヂミ（小4枚）

図2-13　中学生　単品の寂しい夕食

時と食べないときがあり，食べないときはこんなもん」ということであった。右の食事（女子）については，ダイエット中によるものであった。

次に取り合わせとして不思議な夕食をみてみよう。表2-4に示した基準で該当する食事を抽出したところ，中学生のみ7名（35％），9食が抽出された。図2-14はそれらのうちの主な写真である。写真として掲載していないものも含めて，これらの食事でおおよそ共通しているのが食事の一部が中食であること，中食は購入されたパックごと出されているものが多いことである（第5節において本項で掲載していない写真も含めて示す）。加えて，全体的に副菜と位置づけられる料理が少なく，副菜が

ご飯　サンマの姿焼き，　　　皿うどん，クリームパン（小5個），梨
ネギトロ，肉野菜炒め

ご飯，みそ汁，焼き鮭，鯨肉の唐　　ご飯，マグロの刺身，カツ，
揚げ，肉じゃが，麦茶　　　　　　　ゴボウとコーンとにんじんの
　　　　　　　　　　　　　　　　　ごま和え，野菜炒め，牛乳，
　　　　　　　　　　　　　　　　　オレンジジュース

図2-14　中学生　夕食のメニューとして不思議な取り合わせの食事（代表例）

あったとしても緑黄色野菜がほとんどみられず，食事全体を見たときに彩りに乏しい単調な色合いの食事であることが多い。さらに食事中の飲み物もお茶以外のものも少なくない。これまで見てきた食事においてもスポーツドリンクやペットボトルの加糖ミルクティなどを通常の食事の際に摂取している者は大学生4名（20%），4食（4%）であるのに対して，中学生は8名（40%），18食（31%）と中学生の方が人数が統計的に多い傾向にあり，食事数は統計的に多かった。中学生へのインタビューの際，普段からスポーツドリンクを1日1リットルから2リットル飲むと答えた者や市販のミルクティ，加糖レモンティを1リットル程度飲むと答えた者もおり，それらの加糖飲料を水やお茶代わりに飲んでいる者がいることが明らかとなった。

第5節　食器の代用品

　食事の写真では「何を食べているか」という食事の内容だけではなく，料理が何に盛られているかという視点からもみることができる。4-4でも述べたように，調査対象となった写真には，通常であれば食べ物がお皿にのせられたりお鉢に盛られたりする状況において，食器の代わりにペーパーやラップ，調理器具や購入時のパックが用いられていることがあった。なお，ここに取りあげるものには，弁当や冷凍食品などのうち付属する容器で食べることが想定されている料理は除いている。食器の代用品が用いられた食事については，大学生については2名（10%）3食，中学生については9名（45%）11食が抽出された。大学生については，基本的にひとりで食べる食事において食器の代用品が使用されていたが（図2-15），中学生については家族と一緒に食べる食事においても食器の代用品が用いられることがあった（図2-16）。たとえば，家族全員分のざるそばが調理用のボウルとザルに盛られていて，そこから家族が取り分けて食べる場合（上段右から2枚目）もあった。

図2-15　大学生　食器の代用品

図 2-16　中学生　食器の代用品（代表例）

第 6 節　食生活は 1 年で変化するか？　家族と住まう大学生の場合

　第 3 章では学年の異なる調査対象者を比較することによって，学年が上がるにつれて，自由な時間が増えることによってアルバイトなどが増加し，外食が増えていく様子がみてとることができる。いっぽう，本章の調査対象である大学生については，本調査実施の 1 年前にも写真法による 2 日間の食事調査を実施しており，同一人物について 2 時点での食事を比較することができる。本節では，大学生の食事についての 1 年間の変化の有無をみてみよう。

　まず図 2-17，2-18 の食事を見てみよう。いずれも 4-1 のダイエットしている者の食事で取りあげた女子学生である。図 2-17 の学生については，本調査での 3 日間においてご飯を 1 食も口にしていなかったが，1 年前の食事においても同様であった。本調査での食事に示されている 2 枚の焼きそばの写真は，昼食として先に具を食べ（図 2-17，本調査〔昼食〕上），しばらく時間をおいてから麺だけを食べて

第2章　中学生・大学生の食事　37

[1年前　1日の全食事]

〔昼食〕　　　〔間食〕　　　〔夕食〕

[本調査　3日目の全食事]

〔朝食〕　　〔昼食〕　　〔間食〕　　〔夕食〕

図2-17　大学生の食習慣は変化するか？　ご飯は食べない（女子）

いる（図2-17，本調査〔昼食〕下）。この女子大学生は，食事の時刻も日によって大きく異なり，「食べ過ぎるとお腹をこわすので，お腹の調子をみながら少量ずつ食べる」ということであり，その食べ方も1年間で変化がない。図2-18の学生は，朝食は「しっかり」食べ，昼食，夕食は「軽くヘルシーに」という食べ方について変化がない。図2-18では，朝食と昼食・間食を示しているが，品数の多い朝食とチョコレートの間食，昼食はマクドナルドでサラダとミルクティというパターンが同じである。なお，この学生は，インタビューにおいて，「ふだんの生活では，朝10時頃に起き，12時に朝昼兼用食をとり，飲食店でのアルバイト中にちょこちょこつまみ食いをし，しっかりとした夕食をとらないことも多い」とも語っている。

いっぽう，飲み物についてはどうだろうか。図2-19の女子学生は調査時の3日

[1年前　朝食と食後のデザート・昼食（2日分）］

［本調査　朝食と昼食・食後のデザート（3日分）］

図2-18　大学生の食習慣は変化するか？　朝はしっかり……（女子）

［1年前　1日目の全食事］

［本調査　1日目の全食事］

図2-19　大学生の食習慣は変化するか？　家での中食，飲み物は水（女子）

間の自宅の食事では赤いプラスティックのマグカップが登場する。マグカップの中身はいずれも水であり，お茶を飲んだ場合はペットボトルまたはペットボトルからマグカップについだもの，ジュースは紙パックであり，自宅で自分や家族がいれたお茶やコーヒー，紅茶などを飲むことはなかった。その1年前も同様で本調査時と同じマグカップを使っているが，このときの中身も水であった。また，1年前の時点でも自宅で料理したものを食べることはほとんどみられなかった。

　では，男子学生の食生活はどのようだろうか。図2-20は男子学生の1日のうちの最初の食事（朝食または朝昼兼用食）である。主食はトースト，肉まん，パンケーキなど異なっているが，トマトなどの生野菜，果物が必ず盛られていて，彩りに変化がない。この学生は，他の家族と生活時間が異なるため一緒に食べることが少ないものの，家族は皆，母親が用意した同じものを食べている。図2-21はひとり暮らしの男子学生である。2時点での共通点として朝食後にサプリメントを摂取すること，ご飯を好まないため1日のうちご飯を食べるのが1食あるかないかであること，まったく同じコンビニエンスストアのグラタンを食べていること，副菜，とくに緑黄色野菜を食べていないなどがあげられる。最後に図2-22の男子学生の食事を見てみよう。本調査の自宅通学の大学生のほとんどは，家庭での食事については学生自身が作ることはほとんどなく，主に母親が作っていた。しかしながら，図

[1年前　1食目（2日分）]

[本調査　1食目（3日分）]

図2-20　大学生の食習慣は変化するか？　1食目の食事（男子）

[1年前　1日目の全食事]

[本調査　3日目の全食事]

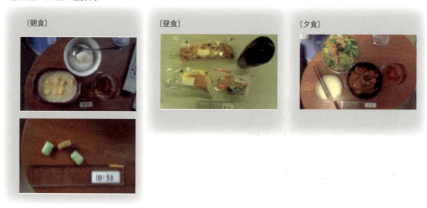

図2-21　大学生の食習慣は変化するか？　サプリメントとグラタン（男子）

2-22の男子学生は，自宅生であるが基本的には自分で食事を作っている数少ないケースであった。写真を見てみると，1年間に食事の様子が大幅に変化しているようである。調査時点では，1日の食事の朝食・昼食・夕食のどれかで豆腐が登場し，その1年前には1日の食事のうちのどれかでカレーが登場している。調査日は連続していないので，ある日に作った残り物や作り置きではなく，それぞれ別個に作られたものである。母親が買い物をし，家にある食材で料理をしているのである

[1年前　カレーブーム（2日分）]

[本調査　豆腐ブーム（3日分）]

図 2-22　大学生の食習慣は変化するか？　一見大きく変わったが……（男子）

が，その時期によって「マイブーム」があり，それによってメニューが変わっている。このようにメニューは変わっているようにみえるが，「マイブーム」によって食材に偏りがあること，副菜をほとんど食べていない点については変化がないといえよう。

　このように本調査対象の大学生の食事を2時点で比較してみると，大きな変化がないといえるであろう。本節では6名の学生を取りあげたが，他の14名の学生も同様であり，2時点いずれもその学生の特徴を表す食事や飲料に大きな変化はみられなかった。大学生については，すでに20年程度食生活をおくっている。転居や家族構成の変化，生活上の大きな変化，食事や健康に対する信条の変化がない限り，ひとりの人の食事は，その人の食べ方のトーンのようなものが身についているのかもしれない。

第7節　おわりに

　本章では，中学生と大学生の日常の食事をみてきた。これらの写真からは，中学生の食事の方が大学生の食事よりも，不思議な取り合わせの食事，中食，食器の代用品の使用が多く，食の簡便化が進んでいるようにみえる。しかしながら，本章

の調査の対象者が少なく，本調査結果を一般化することは難しい。そのような限界があるものの，日常の食は，大学生についてはひとり暮らしの学生は自分なりの健康への気遣いをもちながらも中食が多いこと，家族と同居している学生は，料理はほとんど母親が作っている中，自身の食べ物の好みやダイエット状況などによって取捨選択していることが示されている。いっぽう，中学生については，食の簡便化が進んでいる中，子ども自身は好きなときに好きなものを自分が欲する分だけ食べているといえるかもしれない。中学生も大学生も自立していく途中の段階という位置づけであるからなのだろうか，自らが食べ物への関心，食事作りへの積極性があまりみられなかったように思われる。近い将来，ひとりの人間として自分で収入を得，自分の力で「食べていく」ようになったとき，あるいは新たに家族をもったとき，彼らはどのような食生活を営んでいくのだろうか。

【文　献】

今田純雄（1994）．食行動に関する心理学的研究（3）―日本語版DEBQ質問紙の標準化　広島修大論集 人文編, **34**, 281-291.

厚生労働省・農林水産省（2005）．フードガイド（仮称）検討会報告書　食事バランスガイド　第一出版

長谷川智子・武見ゆかり・中西明美・田崎慎治（2013）．写真法を用いた中学生と大学生の日常の食と食卓状況の検討の試み―栄養学を専門としない一般教員による一般生徒・学生への適用の可能性について　学校保健研究, **55**, 35-45.

◆コラム②　いまの大学生と飲み放題・食べ放題

　大学生が居酒屋でコンパをするのは昔からの定番だ。筆者のゼミは恒常的に女子学生の人数が圧倒的に多いが，7割ぐらいの学生はかなりのハイピッチで飲む。このような姿を見ると，日常的にもお酒をたくさん飲むのかと思って尋ねてみると，普段はほとんど飲まないという学生が多い。第11章のコラムにもあるように，日常生活での飲酒の少なさは特異的なものではないことがわかる。いっぽう，コンパにおける飲酒量の多さは，親しい仲間と楽しい時間を過ごす「ハレ」の状況下で支払った分の「もと」をとろうとする意識も働いてのことかもしれない。

　ここ2年ほど，コンパの幹事は飲み放題に加えて食べ放題があるコースを選んでくるようになった。幹事はお店の選定の際に，飲み放題プラス食べ放題の価格は納得のいくものか，飲み放題・食べ放題はたくさんのリストの中から選べるか，お店がおしゃれか，料理がおいしそうかなど，インターネットを通して厳しい目でセレクトしてくる。しかしながら，店舗側もさまざまな策略を練っている。テーブル上の料理は人数分の種類しか頼んではいけない，お皿が空いた分しか新たに注文してはいけないなど，宣伝文句には載っていない厳しいルールが横たわる。残食を阻止し，利益をあげるためには敵も然る者である。そのような中，学生たちの食べ方を見ていると独特のパターンがあることに気づく。それは，食事の途中にデザートを何度も間にはさむことである。サラダ→唐揚げ→春巻き→アイスクリーム→揚げ出し豆腐→ポテトフライ→杏仁豆腐……というように。確かに，脂っこい料理が続くと食休みをしたい，しかし時間の制約がある。より多くのものを食べないと損をする。学生がこのような心情をどの程度意識しているのかはわからない。生理的なメカニズムから考えると，同じものを食べ続けているとおいしさを感じなくなるものであるし（このような現象を感性満腹感という），フランス料理のコースの途中でもグラニテをはさんでお口直しをするわけであるし，次々と出てくる料理をおいしく食べるためにもコストパフォーマンスからみても理にかなった食べ方なのかもしれない。

　いまの大学生は，幼い頃からファミリーレストランでドリンクバーを経験している。本章の調査対象であった中学生がちょうどいまの大学生の年代になっている。さまざまな料理とともに清涼飲料水を飲むことにも違和感なく育っている。彼らの飲料と料理の取り合わせ，食べる順序は，低価格路線の食の外部化の中で合理的に生まれたものといえるのかもしれない。

（長谷川智子）

第3章
食から見える大学生の生活

佐藤康一郎

第1節　食生活調査のきっかけ

　1990年代の終わりの頃，東京都内中心部にある学習院大学にしばしば足を運ぶ機会があった。学習院大学を訪問して一番驚いたのは，学生会館（輔仁会館）の2階にローソンの店舗があったことである（現在学習院大学にはセブン－イレブンが入店している）。店舗の営業時間は7時から22時までで，部活動をする学生にも夜遅くまで研究室で学ぶ理系学生にも人気であった。

　コンビニエンスストアの出店先（立地）として大学は，閉鎖された商圏で多くの利用者が見込めて魅力的であるいっぽう，休日が多く24時間営業が不向きなため非効率的で採算が取りにくい。そのため当時は学生のニーズはあるものの大手コンビニエンスストアが大学内に出店することは難しいとされていた。

　筆者がお世話になっていた学習院大学のT教授は流通研究の大家であったが，T教授と当時のローソンの親会社（スーパーマーケットの全国チェーン）の創業者との長年にわたる付き合いが出店の追い風になったという逸話を伺ったことがある。それくらいに大学にコンビニエンスストアがある光景は珍しいものであった。

　2002年3月に東北福祉大学にファミリーマートが開店した。このことを報じた2002年3月21日の毎日新聞の記事は，東北福祉大学の店舗は東北地方初の大学キャンパス内店舗であり，ファミリーマートのキャンパス出店は全国で初めてであると報じている。またセブン－イレブンが早稲田大学に1店舗，ローソンが学習院大学などに6店舗展開していることを紹介している。つまり2002年3月の段階では，大手コンビニエンスストアチェーン3社で大学内の店舗はたった8店舗しかなかった。

　ところが2004年に京都大学にローソンが出店したあたりから大学内のコンビニ

エンスストアは急激に増え始め，2006年になると主要紙には「大学内にコンビニエンスストアができる」という記事が珍しくなくなった。住宅街やロードサイドなどの従来の立地での出店余地が少なくなり，大学や駅，病院などの施設内部といったそれまでとは異なる商圏を対象とした出店が目立ってきたのである。このような動きは外食チェーンにおいてもみられ，マクドナルドやケンタッキーフライドチキン，スターバックスコーヒー，松屋，はなまるうどんといった有名外食チェーンの店舗が大学内にできた。

　このように2000年代になると，大学のキャンパス周辺一つとってもコンビニエンスストアの設置や飲食チェーン店舗の増加など，大学生を取り巻く食環境は大きく変わった。本章では，コンビニエンスストアや飲食店の普及に焦点を当て，大学生の食がどのように変化したのかを写真データとともにみていきたい。

第2節　調査方法の概要

　本章で紹介するデータは，2007年，2009年，2014年の計3回にわたる調査によって得られたものである。

■ 2-1　2007年調査

　2007年調査（第1回調査）では，若者による食品の消費動向を把握することを目的として，「何を食べているのか」について神奈川県内の私立A大学の学生20名（自宅通学の男性・女性，自宅外通学の男性・女性各5名）を対象に，写真法で1週間の調査（実施は2007年7月）を行った。飲料も含めて何かを摂取するたびに，携帯電話のカメラで摂取したものを撮影し，その画像をメールで送信してもらった。

■ 2-2　2009年調査

　第2回調査は2009年7月に実施した。この調査でも，「学生が何を食べているのか」を調べるために，2007年調査同様，A大学の学生20名（自宅通学の男性・女性，自宅外通学の男性・女性各5名）を対象とした。食べたり，飲んだりしたものすべてをデジタルカメラで撮影し，撮影に際しては，全体像と各対象物のアップ写真の両方を撮影するよう依頼した。撮影データは，記録終了の翌日に回収した。あわせて補助筆記用紙を用意し，対象者に摂取時刻，メニュー，摂取場所，共食者の有無，摂取理由，誰が作ったか，などを記入してもらった。記録終了後には順次，データ

確認と詳細確認のために面接調査を実施した。

■ 2-3 2014年調査

　第3回調査は，5年後の大学生の食生活に変化があるかを調査するため，2014年7月に実施した。2014年調査では調査対象を自宅外通学生に絞り，対象者を2009年調査の倍として，A大学の学生20名に実施した。当該大学の男女比を考慮して，各学年男性3名，女性2名（合計20名）を募った。

　記録方法は，2009年調査に準ずるが，対象者が携帯電話のカメラ機能を利用して摂取したものを撮影し，撮影に際しては，全体像と各対象物（斜め）のアップ写真の両方を撮影するよう依頼した。携帯電話に戻した理由は，この5年間に携帯電話のカメラ機能の進歩があり，とくに画像解像度の著しい改善がみられたことと，対象者全員がスマートフォン利用者であったことによる。また，撮影の際の食事量を正確に測定するために事前に同一の割り箸を配布し，撮影した。撮影データは，記録終了翌日に回収した。記録の際には，補助筆記用紙を用意し，対象者に摂取時刻，メニュー，摂取場所，共食者の有無，摂取理由，誰が作ったか，などを記入してもらった。また今回は対象者の経済状況（収入と支出の内訳および金額）やアルバイト状況についてもデータ提供を得た。記録終了後に順次，データ確認と詳細確認のために面接調査を実施した。

　以下の節では，写真法による3回の調査結果を踏まえ，コンビニエンスストア（第3節），外食（第4節），食事の時刻と回数（第5節），食事の場所（第6節）の4点について現在の大学生の食状況をみていきたい。

第3節　コンビニエンスストア

　いまや繁華街立地のキャンパスでなくとも，通学路や学内にコンビニエンスストアがある。現役の大学生はまさに「コンビニネイティブ世代（convenience store native generation）」である。彼らが生まれた頃にコンビニエンスストアはすでに全国で2万店舗あり，総売上高も3兆円に達していた。コンビニエンスストアが小売業における主要業態の1つとなった頃に彼らは生まれたのである。おにぎりもおでんも現代の大学生の思い出の味は，母の味ばかりではないだろう。カップ麺は，もはや家で食べるものではなく，店舗で湯を入れ自宅外で食べる食べ物となっているともいえる。

　実際，2014年調査でも，コンビニエンスストアが学生の食生活を支えているこ

とが示された。20名のうち4年生男性の1名を除く19名（95％）が，調査期間中に1回以上，コンビニエンスストアを利用していた（利用しなかった学生1名は第5節で触れるが，調査期間中ほとんど外出しなかった）。朝食のパン，昼食のお弁当・麺・おにぎり・サンドイッチ，午後の間食，夕食，夜食と時間帯を問わず利用がある。最も利用が多いのは昼食時であったが，2013年初めのコーヒーマシン導入以降は，セルフ式ドリップコーヒーの利用も増えている。

大学生にとってコンビニエンスストアがどれだけ大きな存在になっているかを示すために，3年生の男性（2014年調査・自宅外通学）の7日間の食状況をみてみよ

7月10日（木）写真	弁当2食，アルバイトの賄い1食
7月11日（金）	弁当2食，欠食1
7月12日（土）	弁当1食，アルバイトの賄い1食，外食1食
7月13日（日）	外食持ち帰り1食，外食1食，欠食1
7月14日（月）写真	弁当2食，外食1食
7月15日（火）	弁当1食，簡単な自炊1食，欠食1
7月16日（水）	弁当1食，外食1食，欠食1

[7月10日]

[朝食]
冷し中華とハンバーガーの組み合わせ

[昼食]
焼きそばとロコモコ丼の組み合わせ

[7月14日]

[昼食]
サンドイッチと親子丼

[夕食]
ソース焼きそばとドリアとおにぎり

図3-1　1週間に食べたコンビニエンスストア弁当

う(図3-1)。この学生の場合,調査期間中の日曜日を除く6日間9食をコンビニエンスストアで購入していた。その他の食事は外食チェーン店舗が中心であった。

この1週間では,さすがに同じ弁当は出現せず,チェーンも2つ使い分けているようであった。この写真データからは,現代の大学生がいかに「コンビニエンスストア頼み」になっているのかがよくわかる。

自宅付近や通学路,学内にコンビニエンスストアがあれば,彼らは食べたい時に食べたいものを比較的安価に購入できる。まさに,コンビニエンスストアチェーンのキャッチコピー通り,「近くて便利」であり,「あなたと,コンビに,」なのである。

第4節 外 食

コンビニエンスストアとともに多いのは,外食の利用である。外食チェーンの成長により大学の最寄り駅はどこも比較的低価格の外食店が増えている。

大学生が主たる顧客となると,長期休暇などの影響で営業条件に制約はあるものの,市場は大きい。最近では,学生食堂で他大学との差別化を図るために大学側からの出店要請などもあり,外食店は学生にとってはかなり身近な存在となっている。また,雇用の大きな受け皿にもなっており,賄い付きで比較的給与の高い外食産業は学生のアルバイト先としても魅力的である。

2014年調査では対象者20名のうち,18名(90%)に学生食堂を除く外食の利用

図3-2 外食の利用例

がみられた。図3-2のようにその内訳はラーメン店や牛丼店、ファストフード店、回転寿司店、イタリアン料理店、中華料理店、居酒屋、カフェなど多岐にわたる。とくに牛丼店の利用は6名（30%、全員男性）、ラーメン店は8名（40%）と目立った。

　8名の中にはラーメンが大好きで、そのラーメン好きが高じてラーメン店でアルバイトをしている学生もいた（2年生男性、2014年調査・自宅外通学）。当該期間に16食中（間食を除く）ラーメンが7食出現する。うち、アルバイトの賄いラーメンが2食、カップ麺が1食、アルバイト店舗以外に客として4食であった。彼は麺好きでこの他にパスタも2食出現している。2時限と4時限の間（2時間30分）にわざわざ時間をかけてラーメン店に足を運び、食後に再び大学に戻る日もあった。彼はラーメンへの支出は惜しまず、1食1,000円を超えることもあるということだった。

第5節　食事の時刻と回数

　2009年と2014年調査では、食事時刻が不規則であるだけではなく、回数も標準から外れたケースが多いことも示された。この傾向は上級生になるほど顕著になっており、1年生や2年生と比べて3年生や4年生の学生の方が、定まった時刻に食事をしなかったり、回数が多かったり（あるいは少なかったり）するという結果が得られた。

　大学生の食生活を記録すると、上級生になればなるほど、時間的な余裕が生まれて、「自由度」が増すことがわかる。一般的に低学年時は必修科目が午前中にあり、高校生までと比較的似たリズムで生活をする。しかし、下級生の時から単位取得が順調なほど、上級生になって単位取得の必要度が下がったり、科目の専門性が増して履修科目数を自ら抑制したりするため、履修単位数が減る。履修単位数が減ると必ずしも授業中心の生活ではなくなり、日ごとの生活リズムが崩れていく（1週間というリズムは定型化する可能性はある）。

　2009年調査でも2014年調査でも4年生になって週に2日程度しか大学に来ない学生がほとんどを占め、早朝からのアルバイトをしている学生を除いて食事の回数や摂取エネルギーがばらばらであった。

　食事の時刻と内容が標準と大きく外れている学生の例を紹介する（図3-3）。この学生（4年生女性、2009年調査・自宅外通学）が時系列で食べたものをあげていくと、以下のようになる。彼女は金曜日の4時限からゼミがあり、その帰りにゼミ仲間と夕食をとった。金曜日のゼミ終了から土曜日の1食目までと授業のない月曜日に友

[7月10日（金）]

〔19時54分〕
ゼミの終わりに友人と夕食
大手定食チェーンでチキンかあさん煮定食ご飯大盛り

〔20時30分〕
デザートにずんだパフェ

[7月11日（土）]

〔0時7分〕
小腹が減ってジャムパン

〔0時18分〕
冷凍したご飯でお茶漬け（2時就寝）

〔10時50分〕
パスタとペンネの盛り合わせにレトルトのクリームソースをかけて

[7月13日（月）]

〔11時40分〕
授業のない月曜日の午後に友人とショッピング（11時すぎ起床）
丼にコーンフレークを入れて牛乳をかけて食べる

〔11時55分〕
食べた感じがしないのでそうめん1束をゆでる

〔13時44分〕
友人と会ってレストランへ
とろとろオムライス

〔14時21分〕
追加でポテトフライとチキンナゲット

〔20時05分〕
フォー

〔20時05分〕
生春巻き（半分の3切）

図3-3　時刻を問わず食べ続ける例

[7月14日（火）]

〔0時49分〕
起きていたら小腹がすいてリッチミルククッキー1パック

〔16時49分〕
2時頃に就寝したが，目が覚めたら夕方だった。シーフードのカップ焼きそばを食べる

〔16時56分〕
リッチミルククッキーがもう1パックあったので食べる

〔19時41分〕
丼ご飯にレトルトカレーをかけて

〔22時33分〕
甘いものが食べたくなりクリスピーサンドのアイスを食べる（2時過ぎに就寝）

[7月15日（水）]

〔8時25分〕
授業がある日は朝からしっかり食べる。丼にコーンフレークを入れて牛乳をかけて食べる

図3-3　時刻を問わず食べ続ける例（つづき）

人と出かけた日を紹介したい。

　摂取エネルギーも過多であるが，食事回数も多かったり少なかったりまちまちである。彼女は3年次まで学業成績がよかったため4年次では年間に12単位取得すれば卒業要件を満たすことになり，前期は水曜日と金曜日の2日だけ通学すればよい状況になった。3年次までの単位取得が順調だったゆえに，「自由な」食生活を

する素地を作ってしまったという皮肉な結果を招いたともいえる。

　もうひとりの学生のケースを紹介したい。4年生の男性（2014年調査・自宅外通学）の食事である。彼は食事回数が少なく，彼が食べたものをすべて時系列に整理すると以下のようになる（図3-4）。

　これが1週間に食べたものすべてである。履修科目も少なく，アルバイトもしていなかった。昼夜を問わず対戦型のインターネットゲームをしており，午前3時30分就寝・お昼頃起床の日が続いた。「ゲームをすること」と「睡眠をとること」

図3-4　1週間に食べたもの

第3章　食から見える大学生の生活　　53

図3-4　1週間に食べたもの（つづき）

が生活のほとんどを占め,「食べること」はその合間の出来事となっていた。木曜日に昼食をとるために外出をして以降,火曜日午後に大学に行くまで自宅で過ごしていた。4年生になって時間的な余裕が生まれ,かなり自由度の高い生活になったのである。

なお,最初の女子学生は卒業後就職して規則正しい生活を始めたものの,なかなか食生活は規則正しくとは改善できないとのことであった。2例目の男子学生は秋になり,友人の影響で食生活を見直すきっかけができて,食生活改善を行ったそうである。一般に,働き始めれば生活リズムは安定するといわれる。親元に戻って働き始めれば,生活リズムも食事のリズムも規則正しくなる可能性が高いだろうが,親元を離れて生活する場合には,勤務時間にあわせて見かけ上の生活リズムは規則正しくなっても食事のリズムは大学生時代と変わらない可能性を否定できない。

第6節 食事の場所

2007年調査で得られたある学生の食事写真では撮影する際に食べ物が地面に置かれていた（図3-5）。撮影された場所は,すなわち食べた場所でもある。この写真からこの学生が地面や階段などに座って食べたことが推測できる。

食事の場所がきわめてユニークであることを示す写真は,これ1枚だけではなかった。2年生男性（2009年調査・自宅通学）が電車内で朝食をとる写真である（図3-6）。彼は東京都北西部にある自宅から池袋駅と新宿駅の2つの大ターミナル駅を経由し,1時間40分ほどかけて通学する。したがって,1時限の授業がある際に

図3-5 地面におかれた食べ物

図3-6 電車内で撮影されたおにぎり

第3章　食から見える大学生の生活　　55

図3-7　キッチンで盛りつけ部屋で食べる

図3-8　食べたいものを記すホワイトボード

は7時過ぎには自宅を出ており，時折電車でコンビニエンスストアにて購入したおにぎりなどを食べているとのことである。この写真も7時11分に撮影されている。左足だけ胡坐をかき，ふくらはぎにおにぎりを載せて右手で撮影している1枚である。電車のシートがしっかりと写り込んでいる。

　家庭内で食べていたとしても，家庭の状況によって通常の食卓とは異なる場所で食べているケースもあった。2年生の女性（2009年調査・自宅生）は，中学生の頃に母親とけんかして以来，両親が在宅の際にも自分の部屋でひとりきりで食事をすることになったという。撮影時は家族との仲は良好であったが，自宅での食事は彼女の部屋で食べていた（図3-7）。自身が食べたいものは，冷蔵庫に貼ってあるホワイトボードに記しておくと，母親が買ってきてくれ，その分は自身のものとして食べていたということだった（図3-8）。

第7節　おわりに

　本章ではコンビニエンスストア，外食，食事の時刻と回数，食事の場所の4点から大学生の食事を探った。調査対象者が3回とも20名に限られるため一般化はできないものの，これらの写真から明らかになったことは，コンビニエンスストアや外食の利用により「食の外部化」が進んでいること，上級生になるほど食事の規則正しさが崩れることであった。

　キャンパス内にコンビニエンスストアや外食チェーンの店舗があることが当たり前になった現在，大学生の「食の外部化」を止めることはできない。他方，4年生が就職活動をしなければならない中で上級生の取得単位数を引き上げることも難しい。こうした現状を踏まえ，大学でも何らかの支援や援助を行うことが喫緊の課題となっているといえるだろう。

［謝　辞］

　本章は，2014年度専修大学研究助成「写真分析による大学生の食生活調査」の研究成果の一部です。ここに記して謝意を表します。

◆コラム③　家計調査から読み取る食の地域性

　家計調査は総務省が実施する，国内の家計支出を通じて個人消費を把握する統計である。全国約 4,700 万世帯の中から約 9,000 世帯を抽出して調査している。

　家計調査で筆者が最も関心をもっているのは都道府県庁所在市及び政令指定都市の 1 世帯あたりの年間支出金額及び年間購入数量である。地域別に集計されたデータは，都道府県庁所在地と 2010 年 4 月 1 日現在で政令指定都市であった都道府県庁所在市以外の都市（川崎市，相模原市，浜松市，堺市及び北九州市）の 52 都市別に示され，ここに地域性が現れる。

　ほとんどの大学生は 18 歳まで親元で過ごすため，育った地域の影響を強く受けている。とりわけ食に関する支出は，そのほとんどを親に依存することもあり地域性がはっきりと表れる。このことに着目して，筆者が担当するマーケティングの授業では受講生の出身地を毎年把握するようにしている。そして，授業で各地出身の学生の協力を得つつ，家計調査を基に地域別の特性を取りあげている。おおむね学生には好評で，地元の常識が全国的には当てはまらないことや全国各地にまだ知らないことが多いことを知る機会となる。

　長崎県出身の学生に共通するのは，カステラが非常に身近なおやつであるということである。家計調査によると 2013–2015 年平均で長崎市はカステラの支出が全国で最も多い。全国平均の年間支出金額が 928 円なのに対して長崎市は 6,428 円で，2 位の高知市（1,551 円）や 3 位の金沢市（1,503 円）の 4 倍以上の支出がある。高価なお菓子をずいぶんと食べている印象をもつが，実は長崎県内ではカステラの切れ端が比較的安価で手に入る。カステラは製造工程上，必ず切れ端が発生するが，この切れ端は長崎県内では日常のおやつとなっている。この切れ端は量や形状にもよるが，あわせて 1 斤分にしても 500 円ワンコインで十分おつりがくる。

　また，若い世代には縁遠い印象を受けるようかんも消費の多い地域がある。全国平均の年間支出金額が 760 円に対して，消費が多いのは福井市（1,388 円），宇都宮市（1,375 円），佐賀市（1,340 円）である。栃木県は日光市が水ようかんの産地として，佐賀県は小城羊羹の産地として有名である。実際に福井県出身の学生に聞くと必ず「冬に水ようかんをよく食べた」と答える。水ようかんは夏の食べ物であると思っているほとんどの学生は冬に食べると聞いて驚くのである。

　福井県は寒冷が甚だしいため，防寒性に優れた住宅に住んでいる。防寒性に優れた部屋は暖かいが，しかし乾燥している。そこで冬の暖かい部屋で水ようかんを食べるのである。水ようかんは一般的な練ようかんと比べて糖度が低く，日持ちしないため冬に作って食べたという歴史的経緯もある。

　ちなみに筆者は静岡市清水区出身であるが，静岡市はまぐろの年間支出金額でも年間購入数量でも首位である。全国平均が年間 5,588 円・2,288g なのに対して，静岡市

は年間 14,639 円・5,856g である。2 位は隣接する山梨県の甲府市で，年間 9,837 円・4,280g であるがこれを大きく上回っている。自身の 18 歳までを振り返ってみると確かによく食べた記憶がある。清水港や焼津港は日本を代表するまぐろの水揚げ港であることもあり，まぐろは入手が容易で日常のおかずとなっている。

　データを見て思わず納得である。調査世帯数が少ないなど限界はあるものの，家計調査はうそをつかない？

（佐藤康一郎）

第2部

データからみる大学生の食

　第1部では，食卓写真の数々から，いまどきの大学生の姿を追ってきた。第2部ではさまざまな統計データを踏まえ，彼らの生活，彼らの育った時代をあぶり出していく。

　第4章では，大学生のお金の使い道，暮らしぶりの実感，食の状況など，生活全般に目を向ける。続く第5章と第6章では，彼らがどのような時代に生まれ子ども期を過ごしたのか，その歴史をたどる。第5章で焦点をあてるのは家族構成や家計などの家庭生活である。続く第6章では食品産業の歴史を振り返る。1990年代，いまの大学生が子どもであった頃は，日本の家族にとっても食品産業にとっても大きな転換点であった。このことがおわかりいただけると思う。

第4章
いまどきの大学生

外山紀子

第1節　はじめに

　いまの大学生は，何に関心をもち，どのような生活を送っているのだろうか。「覇気がない」「ほどほど」「人の目を気にして空気ばかり読んでいる」など，いまどきの若者に向けられる言葉からは，何事にも控えめで身の丈をわきまえた，おとなしい青年像がみえてくる。はたして本当なのだろうか。

第2節　お金の使い道

■ 2-1　学生生活実態調査

　大学生の生活を知るために，まずは彼らの"お財布"をのぞいてみよう。ここでは，全国大学生活協同組合連合会（以下，「大学生協」と略記）による「学生生活実態調査」に主として基づきながら，生活費の推移をみていく。この調査は1963年に開始され（初回調査は東京大学・早稲田大学・慶應義塾大学・法政大学・東京理科大学，5校の生協が実施），以後50年間にわたって，毎年秋に実施されている。調査対象は大学生協（2013年3月現在，206大学生協が加盟）に加盟する一部大学において生協の組合員となっている大学生である。2013年調査の対象者数は8,930名（75大学）だった。毎年，この程度の規模で実施されており，年によって異なる項目もあるが，基本的なものは継続して調査されているため，経年比較に十分堪えるデータセットとなっている。

■ 2-2 生活費

　図4-1と図4-2は，それぞれ，自宅外生と自宅生の1970年から現在までの生活費（1か月の支出合計）の推移をまとめたものである。

　調査開始以降，支出合計が最高だったのは自宅生についても自宅外生についても1998年で，自宅生は63,370円，自宅外生は136,210円だった（ただし5年刻みで作図したため，2000年が最高額）。その後は低下が続いており，2013年には自宅生

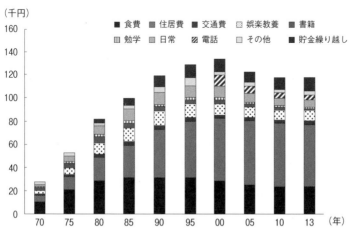

図4-1　自宅外生　1か月の生活費の推移（全国大学生活協同組合連合会, 2013）

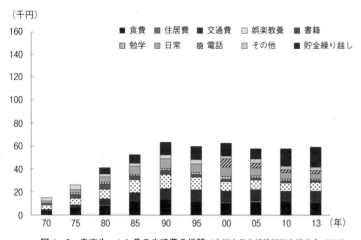

図4-2　自宅生　1か月の生活費の推移（全国大学生活協同組合連合会, 2013）

が58,890円，自宅外生が117,930円となった。この間，住居費はほぼ横ばいであるいっぽう（自宅外生の住居費は1998年53,280円→2013年53,050円），その他の支出項目は縮小している。1998年と2013年を比べると，自宅外生の食費は30,230円から23,980円へ（21％減），教養娯楽費は11,020円から8,900円へ（19％減），書籍費は3,410円から1,820円へ（47％減），勉学費は2,230円から1,510円へと（32％減），いずれも大きく低下した。

「最近の大学生は本を買わない」「教科書すら買わない」といわれるが，その通りの結果である。長引くデフレにより物価が下がっていることを考慮したとしても，以前と比べ80％程度の金額で食費をやりくりしなければならない状況は，ひとり暮らしの者にはさぞ大変なことだろう。

■ 2-3 仕送り

この不況下において，自宅外生の仕送り額が年々減少しているという報道を目にした人もいるかもしれない。図4-3は，学生生活実態調査による仕送り額の推移である。

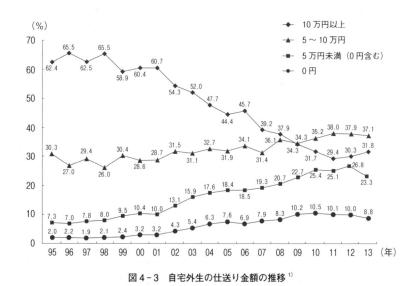

図4-3　自宅外生の仕送り金額の推移[1]

---

1)『第49回学生生活実態調査』（全国大学生活協同組合連合会〈http://www.univcoop.or.jp/press/life/report.html〉）を改変。

2000年までは,自宅外生のうち仕送りがゼロだった者は全体の2～3%程度だったが,2008年以降は10%程度となっている。1990年代までは半数以上が10万円以上の仕送りを受けていたが,近年はその比率も急速に低下し,およそ3人に1人となった。

当然のことながら,学生の生活費は仕送り額によって大きく相違する。2013年に仕送りがゼロだった自宅外生の場合,食費は14,920円だった。いっぽう,14万円以上の仕送りをうけている場合には33,280円と,大きな開きがあった。仕送り額にかかわらず男女を比較すると,食費は男性の方が高かった。仕送りゼロの場合,男性は17,010円だったが,女性はそのおよそ70%（12,320円）だったのである。14万円以上の場合でも,男性が37,170円に対して女性は28,830円（約80%）だった。女性は男性よりも自炊することが多く,食費を抑えて生活できるということなのかもしれない。仕送りが年々減少していることを踏まえると,料理技術の習得は質のよい食を営むために不可欠だといえる。

第3節　節約志向の大学生

■ 3-1　旅　　行

生活費の推移は,現在の大学生がとてもつつましい生活を送っていることを示すものだった。このことは生活に潤いをもたらすともいえる旅行の支出額にもみることができる。

学生生活実態調査によれば,2000年時点の国内旅行費は21,000円,海外旅行費は29,700円,合計50,700円だった（半年間の支出額）。2013年になると,国内旅行費は26,500円に上昇したが,海外旅行費は18,600円と約1万円も低くなり,合計額は45,100円になった。国内旅行には行っても海外旅行は手控えるという控えめな消費行動がみえてくる。衣類の支出も低くなっており,2000年には31,300円だったが,2013年には20,500円となった（半年間の支出額）。

旅行は大学生にとって最大のレジャーといえるが,近年,大学生がそのレジャーを手放す傾向にあることは他の調査でも示されている。国土交通省観光庁による2009年のまとめによれば（国土交通省観光庁,2009）,海外旅行は減少が続いており,この傾向は若年層に顕著だという。

図4-4は法務省の出入国管理統計データをまとめたものだが,20～24歳男性・女性,25～29歳男性・女性のいずれにおいても,出国者数は1996年以降,

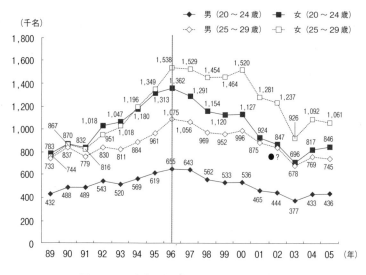

図4-4　20歳代の出国者の推移（国土交通省観光庁, 2009）

減少している。2009年に行われた「平成20年度日本人の旅行低迷に関するアンケート調査」（国土交通省観光庁）では，「1年間に1度も国内宿泊旅行に行っていない」人は20〜24歳では41%，25〜29歳では34%となっており，5年前と比較すると20〜24歳では8%，25〜29歳では14%の増加がみられた。国内宿泊旅行に1年間に1度も行かなかった人がこの分だけ増えたのである。

　若者はなぜ旅行に行かなくなったのだろうか。国内宿泊旅行の回数が「減少した」と回答した人にその理由を聞いたところ，大学生では「お金に余裕がなくなって」が48%にのぼった（国土交通省観光庁, 2009）。経済的な余裕のなさが若者の旅行離れの背景にあるようだ。

　若者の控えめな消費スタイルは，地域流通経済研究所による調査でも示されている（地域流通経済研究所, 2009）。これは23〜42歳までの学生ではない社会人2,952名を対象に，仕事や住まい，親との関係や消費行動を聞いたネット調査である。それによれば，調査当時若者世代（1976〜85年生まれの社会人）は団塊ジュニア世代（1971〜75年生まれ）やアラフォー世代（1966〜70年生まれ）よりも，「おしゃれに関心」があり「買い物をするのは楽しくて好き」というだけでなく，「とにかく安くて経済的なものを選びたい」という志向性が強いことが示されている。

3-2 本人の実感

大学生の生活費はバブル期以降減少しているが，大学生本人は自らの生活をどのようにとらえているのだろうか。

国土交通省観光庁（2009）では，2009年時点の大学生，未婚の社会人，既婚で子どものいる社会人を対象として，「学生時代において自由に使えるお金がどの程度あったか」を聞いている。「あまりない」と「全然ない」という回答は，大学生では63％，未婚の社会人では50％，既婚で子どものいる社会人では43％だった。経済的困難を感じている大学生は，以前より多くなっていることを示す結果である。

この調査は，社会人には学生時代を振り返って回答を求める形式（回顧法）のものだったが，大学生協の学生生活実態調査では，毎年，大学生本人に暮らし向きの実感を評価してもらっている。「暮らし向き」を「大変に楽」「楽」「ふつう」「苦しい」「大変苦しい」から選択してもらった結果を図4-5に示した。「苦しい」と「大変に苦しい」をあわせた回答は1980年以降，ほぼ横ばいとなっている。いっぽう「大変に楽」と「楽」をあわせた回答は，徐々に増加する傾向がみてとれる。2013年には，過半数を超え54％になった。

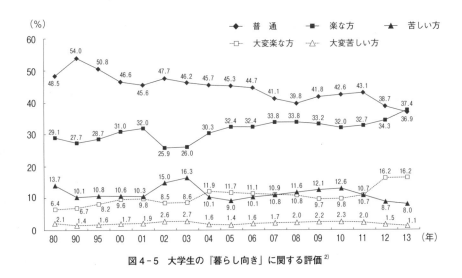

図4-5 大学生の『暮らし向き』に関する評価[2]

---

2)『第49回学生生活実態調査』（全国大学生活協同組合連合会〈http://www.univcoop.or.jp/press/life/report.html〉）を改変。

学生生活実態調査では,「今後の見通し」についても聞いている。「今後の見通し」について「かなりよくなりそう」「少しよくなりそう」「変わらない」「少し苦しくなりそう」「かなり苦しくなりそう」と5件法で回答を求めたところ,「かなりよくなりそう」と「少しよくなりそう」をあわせた回答は,1980年には11%だった。その後,2000年代前半までは10%前後で推移していたが,この時期を過ぎると徐々に増加し,2007年に16%,2010年に17%,2013年には17%になった。

実際には,大学生の生活は以前より苦しくなっている。しかし,本人の実感としては「苦しい」と答える大学生が増えているわけではない。むしろ「楽」だと感じている人が多くなっており,今後の展望についても「よくなりそう」とみる人が増えている。

これは,いったいどういうことなのだろうか。彼らが育った時代背景を考慮に入れる必要があるだろう。いまの大学生は景気がよかった時代を知らない世代である。デフレと不況の時代に子ども期を過ごし,贅沢しないこと,節約を心がけることは彼らにとって当たり前のことなのだろう。背伸びをせず,ほどほどな生活で満足するという彼らの特徴がこれらの結果に反映されたとみることもできる。

第4節　身体と食

■ 4-1　肥満・やせ

肥満の増加は世界的に問題となっているが,日本も例外ではない。欧米に比べれば極端な肥満者は少ないものの,過去20年ほどの間では,男性の肥満が増加している。40代から60代の男性は,その30%以上が肥満(BMIが25以上)と判定されているのである(厚生労働省,国民健康・栄養調査[3])。逆に,女性については肥満の減少がみられ,40歳代まではやせが増えている。

図4-6は20代の男性・女性におけるやせ(BMIが18.5未満)・適正体重(BMIが18.5以上25.0未満)・肥満(BMIが25以上)が占める比率を,1982年以降まとめたものである。

男性については,2007年に肥満が20%を超えたが,ここ数年は若干の減少傾向がみられる。いっぽう,女性については,肥満の比率は低いものの,やせが1990年代以降コンスタントに20%を超えており,5人に1人以上がやせと判定されて

---

3) 2002年までは国民栄養調査,2003年より国民健康・栄養調査になった。

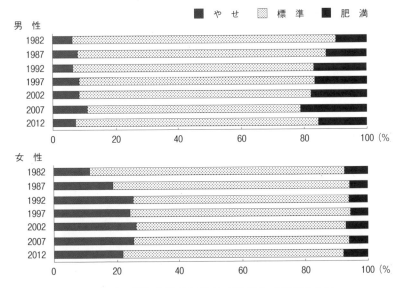

図4-6 20〜29歳の体重の推移（厚生労働省「国民健康・栄養調査」より）
やせ：BMI<18.5，標準：18.5≦25，肥満：25≦BMI

いる。BMI＝18.5といわれてもピンとこないかもしれないが，身長160cmの場合，体重は47.4kgである。これより少ない人が，20代女性では5人に1人以上いるという計算になる。

　女性におけるやせの増加は，子どもにもあてはまる。文部科学省による学校保健統計では，性別，年齢別，身長別標準体重から肥満度を算出し，そのマイナス20％以下を痩身傾向児としている。2013年度調査では11歳女子の2.7％，14歳女子の2.7％が痩身傾向児だった。痩身傾向児の判断基準が2006年より変更になったため，2013年と以前との比較は困難だが，以前の判断基準が使われていた2003年と1977年を比較すると，痩身傾向児は11歳女子では6.2％から9.6％へ，14歳女子では5.2％から8.0％へと増加した（文部科学省，2014）。やせていることを賛美する風潮が子どもにも極度なやせ願望を植えつけていることが推測できる結果である。

■ 4-2　欠　食

　食については，近年，子どもの欠食が多く指摘されている。小学生では約10人に1人が，中学生になると約6人に1人が朝食を毎日食べる習慣をもっておらず，欠食は学年があがるにつれ増加する傾向にある。小学生から高校生を対象にした日

表4-1 小学生から高校生の朝食摂取状況（％）（日本学校保健会（2014）を改変）

	男子				女子			
	毎日食べる	食べる日の方が多い	食べない日の方が多い	ほとんど食べない	毎日食べる	食べる日の方が多い	食べない日の方が多い	ほとんど食べない
小学校1・2年生	96.2	2.4	1.3	0.1	95.0	2.6	2.0	0.4
小学校3・4年生	92.9	4.5	2.0	0.6	96.0	2.4	1.1	0.5
小学校5・6年生	91.9	4.5	2.5	1.1	93.7	4.1	1.9	0.4
中学生	82.9	9.4	3.9	3.8	84.0	9.5	3.8	2.7
高校生	83.1	9.3	3.6	3.9	88.1	8.5	2.3	1.1
全体	89.2	6.1	2.7	2.0	90.9	5.6	2.4	1.1

　本学校保健会の2012年調査では，「朝食を毎日食べる」と回答した者は，女子では小学校1・2年生95%→3・4年生96%→5・6年生94%→中学生84%→高校生88%と，年齢があがるにつれ減少した（表4-1）。

　大学に入るとひとり暮らしを始める者も出てくることから，欠食がより拡大することは想像に難くない。はたして大学生はどのくらいの者が朝食をとらないのだろうか。内閣府食育推進室による2009年調査（1,223名の大学生を対象にしたインターネット調査）では，「朝食をほとんど毎日食べる」は61%にとどまった。欠食は学年があがるほど進み，男女別では，男性の方が欠食する者が多かった。その理由としては，男性の55%，女性の70%が「もっと寝ていたい」だった。「身支度などの準備で忙しい」（女性56%，男性29%），「準備や後片付けが面倒」（女性25%，男性19%），「朝食の時間がもったいない」（女性31%，男性25%）は男性より女性に多かった。

　欠食ははたして増加しているのだろうか。まず，子どもについてみてみよう。厚生労働省の「国民栄養調査」によれば，7〜14歳の朝食の欠食率は，1986年には男児2.1%・女児2.5%だったが，1996年になると男児3.5%・女児1.9%，2006年には男児7.1%・女児3.4%になった。女児は横ばいとしても，男児は増加傾向にあるといってよい。

　大学生については，大学生協の学生生活実態調査データがある。図4-7に，「朝食を摂取した」という回答の推移を示した。

　自宅外生の場合，1990年には半数以下（43%）しか朝食を摂取していなかったが，

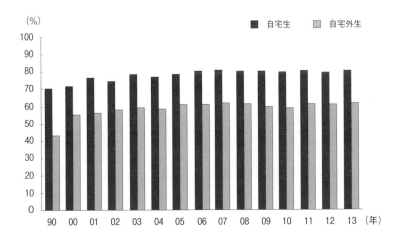

図4-7 自宅生・自宅外生の朝食摂取率の推移 (『学生生活実態調査』全国大学生活協同組合連合会)

2000年になると過半数の者が摂取するようになった (56%)。2000年以降は,とくに増えるわけでも減るわけでもなく,60%程度で推移している。朝食の摂取率は自宅生でも増加しており,1990年には70%程度だったが,2000年以降は10%程度増え80%程度になった。なお,夕食を「摂取した」という回答は自宅外生では84%,自宅生では85% (2013年) だった。

「朝食をほとんど毎日摂取する」学生が60%程度という数字は決して高いとはいえない。しかし,2000年以前と比べれば朝食の摂取率は高くなっている。つまり大学生については,近年になって食習慣が大きく乱れ始めたわけではないのである。全体としてみれば,むしろ気を使うようになったということもできる。

■ 4-3 孤食・共食

欠食と並んで,最近よく話題にのぼるのは孤食である。2011年に閣議決定された第2次食育推進基本計画では,共食の重要性がうたわれ,その回数を増やすことが目標に掲げられている。背景には,子どもの孤食が近年増加傾向にあるという指摘がある。

厚生労働省が実施した「平成5年国民栄養調査」によれば,「朝食を子どもだけで食べている」子ども (幼児〜中学生) は,1982年には23%だったが,1988年になると28%になり,さらに1993年では31%になった。およそ3人に1人がひと

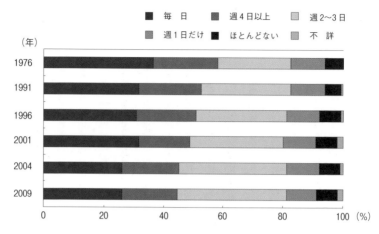

図 4-8 子ども（18歳未満）のいる世帯における「夕食を家族と一緒に食べる頻度」
（厚生労働省『児童環境調査』および『全国家庭児童調査』）

りあるいは子どもだけで朝食をとっていることになる。朝食の孤食は，親の出勤時刻や子どもの部活動などの関係から「やむなし」とも考えられよう。では，夕食についてはどうだろうか。図 4-8 は，厚生労働省の「児童環境調査」から「夕食を家族と一緒に食べる頻度」を集計したものである。「児童環境調査」は厚生労働省が 5 年ごとに 18 歳未満の子どものいる世帯を対象に実施している全国調査である。1999 年までは「全国児童環境調査」として実施されていたが，2004 年からは「全国家庭児童調査」に統合された。

家族そろった夕食の頻度が「週に 1 日だけ」と「ほとんどない」という世帯は，1970 年代以降，20% 弱で横ばいとなっている。いっぽう，「毎日」と「週に 4 日以上」という世帯は減少傾向がみられ，1976 年には 60% 弱だったが，2000 年以降は半数を切るようになった。共働き世帯の増加や長時間労働の常態化，子どもの通塾など，さまざまな理由があるだろうが，朝食だけでなく夕食についても家族がそろった食事は少なくなっているようだ。

次に，大学生の状況をみてみよう。図 4-9 は，内閣府による 2009 年調査の結果である。学年別，性別，居住形態別に，夕食を誰ととったかを調べたものである。

「ひとりで」という回答は学年があがるにつれて増えており，性別では女性より男性の方が，居住形態別では，当然のことだが自宅生より自宅外生の方が，「ひとりで」が多かった。

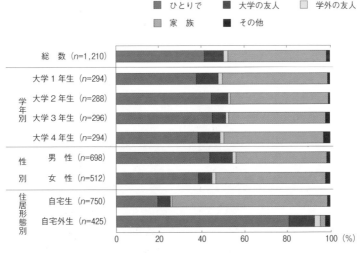

図4-9　大学生の夕食を囲む相手（内閣府食育推進室（2009）を改変）

　この調査では昼食についても聞いているが，夕食同様「ひとりで」という回答は学年が上がるにつれ増加しており（1年生28%→2年生30%→3年生39%→4年生49%），女性より男性の方が（女性33%，男性40%），自宅生よりも自宅外生の方が（自宅生33%，自宅外生45%），ひとりの昼食が多かった。昼食をひとりでとる理由は（複数回答可）「自由に時間を過ごしたい」が56%と最も多かったが，「周囲に気を使わなくてすむから」（43%），「声をかけるのが面倒」（21%），「誰も誘ってくれない」（15%）という回答もあった。人間関係に対する敏感さが垣間見える結果である。

■ 4-4　自　炊

　大学時代は自立準備の最終段階に位置している。自立には経済的自立，精神的自立など多様な側面があるが，食を含めた生活面の自立もこの時期の課題である。ただしひとり暮らしの学生は，自宅通学の学生より一足早く，この課題に取り組むことになる。

　内閣府（2009）の前記調査では，料理をする頻度についても聞いている（結果は図4-10）。料理をする頻度が「週に1回未満」「まったくしない」という回答は大学生全体で43%だった。自宅生の場合さらに増え，61%だった。学校を卒業したあとも親との同居を続け，基礎的な生活条件を親に依存して生活する若者を「パラ

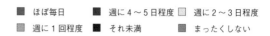
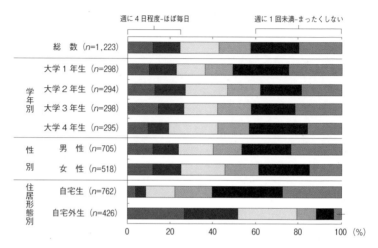

図4-10 大学生の料理をする頻度（内閣府食育推進室（2009）を改変）

サイト」というが，将来のパラサイトを予感させる結果ともいえる。自宅外生の場合，料理をほとんどしない者は12%にとどまり，半数以上の者が「ほとんど毎日」あるいは「週に4日以上」料理をしていると回答した。"よく頑張っている"ともいえるが，同時に，自宅外生の約10人に1人がすべての食事を外食か出来合いの弁当ですませていることを示すものでもある。

　性別でみると，女性より（39%）男性の方が（47%）料理をしない者が多かった。かつて家庭科は，中学校・高等学校において女子だけの必修科目だった。大学生の親たちは「男子は技術・女子は家庭科」という教育を受けた世代である。日本では1985年に女性差別撤廃条約への加入をきっかけに，家庭科の男女共修が始まった（中学校は1993年度から，高等学校は1994年度から）。いまの大学生はもちろんその世代である。最近では「料理男子」（本章コラム参照）ということばも聞かれるようになったが，大学生になってからも料理をするかどうかについては，まだまだ男女差があるようだ。

第5節　おわりに

　以前と比べ，大学生の"お財布"に入るものは明らかに減っている。それに応じてか，いまの大学生は支出も少なめ，旅行にもあまり行かなくなった。かつては，旅に出て見聞を広め，思索にふけることこそ，学生の醍醐味だった。しかし，現在の大学生は節約志向が強く，娯楽や教養，書籍にもあまりお金を使わない。そんな生活はさぞ苦しいだろう，楽しくないだろうと思う人もいるかもしれないが，本人たちはさほど苦であるとは思っておらず，将来についても楽観的である。食についても，大学生の親世代と比べれば朝食をとる者が多くなり（もともとかなり少ないので，劇的に変化したとはいえないが），料理をがんばる大学生も少なくはない。

　これらのデータから示唆されるのは，つつましく控えめな生活ぶりである。では，彼らはいったいどのような家庭で育ったのだろうか。次の章では，家族の歴史に目を向けてみたい。

【文　　献】

国土交通省観光庁（2009）．日本人の観光旅行の状況に関する調査・分析等報告書
全国大学生活協同組合連合会（2013）．第49回学生生活実態調査
地域流通経済研究所（2009）．若者のライフスタイルと消費行動
内閣府食育推進室（2009）．大学生の食に関する実態・意識調査報告書
日本学校保健会（2014）．平成24年度　児童生徒の健康状態サーベイランス事業報告書
文部科学省（2014）．平成25年度学校保健統計調査

◆コラム④　料理男子

　「男子厨房に入らず」といわれた時代もあったが，現在では「弁当男子」「おつまみ男子」「鍋男子」など，料理にいそしみ，楽しみ，なかにはプロ顔負けの料理を作りあげる男性が増えているようだ。こうした男性（とくに若者）を「料理男子」という。

　料理男子は女性ウケがよいと思われているようだが，実際のところはどうなのだろう。本当にモテるのだろうか。料理男子の父親はやはり料理男子なのだろうか。こうした素朴な疑問を，自薦・他薦で募った料理男子（すべて4年制大学に通う学部学生）10名にぶつけてみた。わずかな対象者数なので，これから述べることはもちろん料理男子すべてに一般化できるわけではないことをことわっておく。

　料理を始めたきっかけは「ひとり暮らしを始めたから」で，今回の料理男子10名のうち9名がひとり暮らし（あるいは，きょうだいとふたり暮らし）の自宅外生だった。彼ら全員が「外食はお金がかかる」という懐事情を料理のきっかけとしてあげたが，「節約のため」で終わらないところが料理男子たる所以である。「必要に迫られて始めたけれど，料理は楽しかった」「何が楽しいかって，その時々で出来栄えがまったく違うところ」「この成功体験がたまらない」のだそうだ。ひとり暮らしを始めるにあたって，最初は家族が最低限の台所道具を揃えてくれたが，「凝ったものを作ろうとすると道具が足りなくて」徐々に自分で道具を買い揃えるようになり，しかし「アパートが狭いから厳選しなくてはならず大変」なのだそうだ。レシピはクックパッドやYouTubeの料理動画を利用している者が多く，料理本をもっている者はわずかだった（だから出版不況になるわけです）。なかにはInstagramなどに料理写真を頻繁にあげている者もいたが，「いかにもって感じで，ちょっと……」という控えめ派が大半だった。しかし「女子ウケはよい」という点では一致しており，「料理の話で会話がはずむ」し，「外食の時もどうやって作ったんだろうと気になる」ようになり，それでさらにその場が盛り上がるのだそうだ。「父親が料理男子だった」というケースは多くなかったが（世代の特徴だろう），母親は自分が料理することを「とても喜んで」おり，「レシピを教えてくれる」など，料理男子としての発達に大きな役割を果たしているようだった。

図④-1　料理男子，自作の「チーズケーキ」と「ささみサラダ」

今回の聞き取りで感じたことは,「私作る人,僕食べる人」に象徴される性別役割分業の垣根が見事に取り払われていることだった。総じて中学・高校の家庭科は「楽しかった」し,「裁縫も得意」で「ソーイングセットはいつも持ち歩いている」という料理兼裁縫男子も1名(恐れ入りました)。いまどきの大学生「覇気がない」などといわれることも多いが,なかなかどうして,とてもステキな料理男子たちだった。近い将来,彼らが社会人になっても,父親になっても,日常的に料理を作ることのできる環境が整備されていることを強く願う。

(外山紀子)

第5章
大学生世代の家族の歴史

長谷川智子

　家族の食には，直接的には食事作りの主な担い手の食に対する価値観や考え方，調理技術などが影響するが，間接的には家族構成，家庭の家計，家族の就労状況などが影響する。本章では，大学生がどのような時代に育ってきたのか，さらには，その親世代はどのような時代を過ごしてきたのか，主に高度経済成長期以降の女性の出産・家族構成の推移，家族の就労状況・母親の仕事，家庭における経済状況の推移，家族の家計と食物摂取の視点からみていくこととする。

第1節　女性の出産・家族構成の推移

　まず，女性の出産年齢について戦後団塊の世代が誕生した後となる1950年以降の推移をみてみたい。図5-1は，女性の年齢を19歳以下から45歳以上までの6階級に分類し，各年代の出産の割合の推移を示したものである。ここから，1950年以降の60年間で，大きな転換点が2つあることがわかる。すなわち，1975～1980年と2000～2005年である。1980年までは，6つの年代区分の中で最も出産の割合が高かったのは25～29歳，2番目は20～24歳であったが，1980年になるとそれまで3番目であった30～34歳が20～24歳の出産の割合を上回った。30～34歳の出産の割合は1975年をピークに下がっていたものの，2000年まで1位を維持し続けていた25～29歳を超え，1位となった。さらに，35～39歳も2009年には全体の20%を超えており，40～45歳の出産も微増の範囲ではあるが，増加し続けている。これらのことから，日本の女性の出産の高齢化が進んでいることが明らかである。

　次に，合計特殊出生率と第一子～第三子までの出生割合をみてみよう（図5-2）。合計特殊出生率とは，1人の女性が一生のうち何人の子どもを出産するかを示すも

第5章　大学生世代の家族の歴史　77

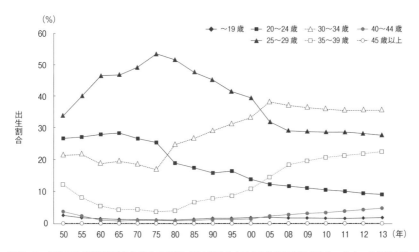

図 5-1　母親の年齢階級別出生割合の推移（厚生労働省大臣官房統計情報部『平成25年人口動態調査』）

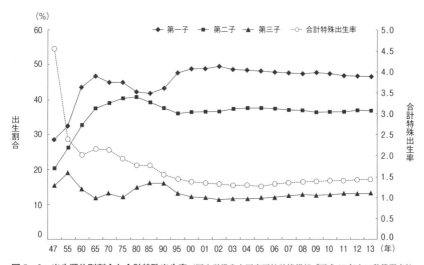

図 5-2　出生順位別割合と合計特殊出生率（厚生労働省大臣官房統計情報部『平成25年人口動態調査』）

のである。合計特殊出生率は，1963年から1974年までは，2.00を少し上回るところを推移していたが（1966年のひのえうまは例外として除く），1975年に1.91と2.00を下回り，以降2005年の1.26までほぼ減少の一途をたどった。その後合計特殊出生率は2006年から微増し2013年では1.43まで回復している。第一子〜第三子の

出生割合をみてみると，第一子は常に出生割合が最も高いが，1955年頃からの20年間は第二子の割合が増加し，第三子の割合が減少の後，横ばいになっている。すなわち，この期間は，ふたりきょうだいが多かったことが推察される。1975年から1990年までは再び3人きょうだいが増えるが，1995年を境に，第二子，第三子が少し減少し，ひとりっ子の割合が増えたことがわかる。さらに，2005年以降は，わずかながら第三子が増えている。このような合計特殊出生率と第一子～第三子の出生割合の推移から，高度経済成長期はふたりきょうだいが標準的であったのに対して，近年，子どもをもつ女性については出産が高齢化している中で第三子をもつ女性も増えており，出産の時期や子どもの人数のあり方が多様化してきているのかもしれない。

最後に世帯構造の変化についてみてみたい（図5-3）。1986年以降の世帯構造は，単独世帯と夫婦のみの世帯が増加し，三世代世帯が減少している。夫婦と未婚の子のみの世帯は1,500万世帯を推移しているものの，総世帯数が増加していることから，総世帯数における夫婦と未婚の子のみの世帯数の割合を算出すると1986年時点では41.4％であったが，2013年は29.7％まで減少している。すなわち，高齢者の増加や晩婚化により単身や夫婦のみの世帯の割合が増加しているいっぽうで，夫婦と未婚の子どものみから構成される核家族の割合が減少していることが明らかとなった。

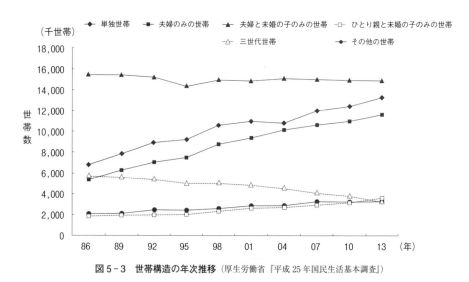

図5-3　世帯構造の年次推移（厚生労働省『平成25年国民生活基礎調査』）

第 2 節　家族の就労状況・母親の仕事

　女性の労働は、どのように変化してきただろうか。図5-4は1970年から2014年までの女性の年齢階級別の労働力率（15歳以上人口に占める労働力人口（就業者＋完全失業者）の割合）を示したものである。日本の女性労働率は永らくＭ字カーブを描いてきた。Ｍ字カーブとは、学校を卒業すると就職した女性の労働力率が結婚、出産を契機に下がり、育児が落ち着いた頃に再び上昇することである。とくに1970年、1980年ではＭ字の底が25～34歳であったが、1990年、2000年にはＭ字の底が30～34歳と年齢が高い方向にシフトしただけではなく、Ｍ字のくぼみ、すなわち労働力率の減少も著しくなくなってきた。さらに、2010年、2014年にはＭ字の底が35～39歳とさらに上昇しただけでなく、Ｍ字のくぼみも、さらになだらかになってきたことがわかる。すなわち、今日では女性の労働力率が結婚、出産で減少することが少なくなり、20～59歳までの女性は一様におよそ70％程度が働いていることが示されている。

　そのことを踏まえた上で、はじめに夫婦が揃っている世帯における就労についてみてみたい（図5-5）。1980年では、夫が有職・妻が無職の世帯は1,114万世帯、共働き世帯は614万世帯と妻が専業主婦の世帯は共働きの家族の２倍ほどであっ

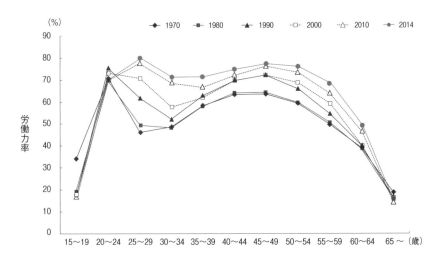

図5-4　女性の年齢階級別労働力率の推移（総務省統計局平成27年2月『労働力調査』長期時系列データ）

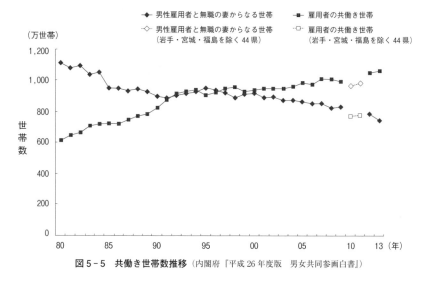

図5-5 　共働き世帯数推移（内閣府『平成26年度版　男女共同参画白書』）

たことがわかる．共働き世帯数のデータが示された1980年以降は，専業主婦世帯は減少するいっぽう，共働き世帯は増加の一途をたどって2013年は1980年の約3倍になっている．その結果，1990年代は，専業主婦と共働きの割合が半々となり，2000年以降は共働き世帯の方が多くなり，2013年に共働き世帯1,065万世帯，専業主婦世帯は745万世帯と，間もなく1980年のときと反対で，共働き世帯は専業主婦世帯の2倍になろうとしている．

次に，子どもがいる世帯を対象とした，末子の年齢別の母親の仕事の種類の分布を検討する（図5-6）．末子が0歳の時点では仕事をしていない専業主婦が65%であるが，3歳では半数以上の母親が何らかの仕事をもっている．末子が小学校高学年になると3分の2以上の母親が仕事をもつようになる．いっぽう正規職員の割合は，子どもの年齢に関係なく18%前後である．これらのことから，子どもをもつ母親の労働は，末子の年齢が高くなるにつれて増加はしているものの，その増加は非正規やその他の就労によるものであることがわかる．すなわち，子どもが成長するに従って増加する教育費などを賄うために家計を補助的に支えることを目的として母親が働いている家庭もあれば，正規職員として働きたいが適切な職場がなく，非正規やその他で働いている母親もいるということであろう．

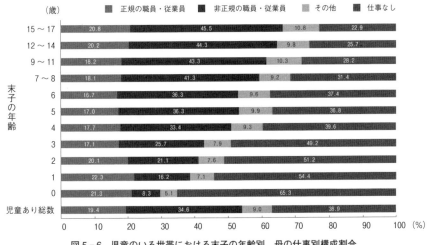

図5-6 児童のいる世帯における末子の年齢別，母の仕事別構成割合
（厚生労働省『平成25年 国民生活基礎調査』）

第3節　家庭における経済状況の推移

　日本の高度経済成長期以降の家庭の経済状況はどのように変化してきただろうか。図5-7は，勤労者世帯の1か月の支出入を示したものである。実収入は高度経済成長期からバブル期を経て1997年の59万円まで上昇し続け，その後，2002年の52万円まで減少した。それ以降2008年9月のリーマンショックによる不況およびその後の景気回復があり社会経済状況は変化しているが，勤労世帯の実収入は大きく変化していない。2013年の実収入は，1990年とほぼ同じ52万円である。

　しかしながら，実収入の内訳については変化がみられる。第1に，夫婦の収入の推移である。世帯主収入は，1997年をピークにほぼ減少し続けているが，配偶者の収入は1995年以降50,000円台の横ばいであり，配偶者の非正規労働によって何とか家計を支えている現状が伺える。第2に，1997年以降世帯主収入と消費支出は減少しているものの，実支出は横ばいとなっていて，買い控えはしても総合的には支出自体は減少しておらず，家計が苦しくなっていることが推察される。

　支出が減少しない要因を検討するために，主な費目の推移をみてみよう（図5-8）。バブル期およびその後数年の1990年頃をピークとして，減少している費目は，「食料」「被服・履き物」「その他」の消費支出である。「食料」については，

82　第2部　データからみる大学生の食

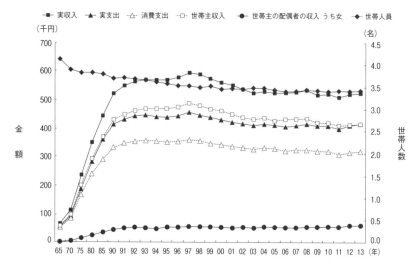

図5-7　勤労者世帯の1世帯あたり1か月の支出入の推移（総務省総務局『平成25年　家計調査年報』）

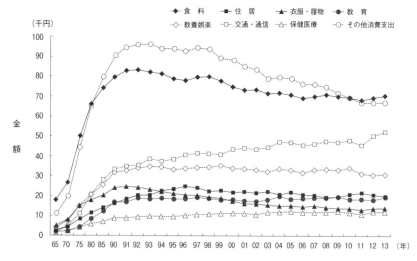

図5-8　勤労者世帯の1世帯あたり1か月の消費支出の推移（総務省総務局『平成25年　家計調査年報』）

1992年が83,000円と最も高く，その後ほぼ減少し続け2005年以降は70,000円前後で推移している。「被服・履き物」も1991年の24,000円をピークに2013年までほぼ減少し続け，13,000円台となっている。「その他」の消費支出は，1993年時

点では96,000円にのぼっていたが、これも2013年まで減少し続け、67,000円と約30,000円の減少である。「食料」「被服・履き物」の支出が減少しているのは、単なる買い控えだけではなく、バブル崩壊後にあたる時期からのデフレ経済の中で、食料品が安くなってきたり、衣料品においてはファストファッションとよばれる安価なものの需要が高まっていることも一因であろう。その他の消費支出は幅広いが、交際費が減少している可能性は高い。いっぽう、「交通・通信費」は、1990年頃は33,000円程度であったものが、2013年には52,000円にまで上昇しており、苦しい家計の中での負担は大きい。交通・通信費には、自家用車のガソリン代や携帯電話・スマートフォンなどの費用が含まれるが、20,000円の上昇の中には、携帯電話・スマートフォンなどの電子通信費のウェイトが高いものと考えられる。また、「教育費」「住居費」は1990年代前半からほぼ横ばいである。勤労者世帯にみられるこのような食費、衣料費、交際費の節約と、電子機器の費用のウエイトの高さは、若者の動向と類似していることがわかるだろう。

このような勤労家庭における経済状況を反映するかのように、2000年代に入ってからの生活意識は低下している。2001年から2013年の12年間の推移をみてみると（図5-9）、生活を「大変苦しい」「やや苦しい」ととらえている人を合計すると、2001年は51.4%であったのに対して、2013年では59.9%と生活が苦しい人が年々増加している。ここには示していないが、2013年について、世帯構造の中でも「児童のいる世帯」、「母子家庭」についてみてみると、生活が苦しい人は、児童のいる世帯では65.9%と世帯全体よりも6%ほど高く子育て世帯の家計の苦しさが

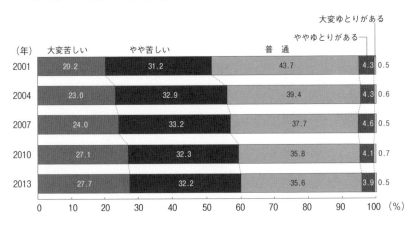

図5-9 生活意識別にみた世帯数の構成割合の年次推移（厚生労働省『平成25年　国民生活基礎調査の概況』）

示されている。さらに，母子家庭では生活が苦しいと回答している人は84.8%にのぼり，8割以上の家庭に余裕がないことが示唆される。

近年，日本社会において貧困者が増えていると耳にすることも増えてきただろう。もっとも，日本のような先進国における貧困は，アフリカや南アジアでみられるような食料不足による低栄養や識字率の低さ，平均寿命の低さなどから特徴づけられる絶対的貧困ではなく，ある個人の所得を他の者の所得と比較して定義される相対的貧困である。図5-10は，1985年から2012年までの相対的貧困率（等価可処分所得（世帯の可処分所得を世帯人員の平方根で割って調整した所得）の中央値の半分に満たない世帯員の割合）の推移を示したものである。これによれば，17歳以下の子どもの貧困率は1985年では10.9%であったが，この30年の間に5%程度増加している。世帯主が18歳以上65歳未満で子どもがいる世帯をみてみると，1985年は10.3%で，2012年は15.3%と子どもの貧困率と同程度増加している。さらに，子どものいる世帯を両親そろった世帯と単親世帯に分けてみてみると，このような30年間における増加は両親そろった世帯に生じているが，単親世帯の場合の貧困率はこの30年間はおよそ50～60%を推移しており，時代を問わず経済的に非常に厳しい家庭が多いことがわかる。このような状況は，前述した生活意識の結果において母子家庭の8割以上が「生活が苦しい」と感じていることと一致するものと考えられる。

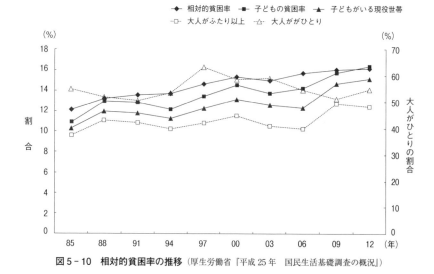

図5-10　相対的貧困率の推移（厚生労働省『平成25年　国民生活基礎調査の概況』）

第4節　家族の食と家計について

　食生活はこの30年でどのように変化してきただろうか。本節では栄養素等の摂取と食料支出額の観点からみていきたい。

　まず，図5-11に食の外部化と家庭での食料支出について主な費目である素材系，菓子系，調理食品，飲料の推移を示した。食の外部化とは，外食，中食（惣菜や弁当など調理済み食品を持ち帰って食事をすること）など，家庭での調理以外のものに食を委ねることをいう。食の外部化率は1975年から上昇の一途をたどり，現在では45％程度を占めている。いっぽう，食の外部化の主要な部分である外食は，1991年の36.5％をピークにほぼ横ばいである。食の外部化率と外食率の差は中食とみることができる。1990年代後半からの食の外部化の増加は，中食の増加であることがわかるだろう。

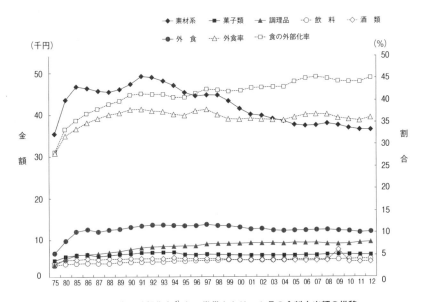

図5-11　食の外部化率[1]と1世帯あたり1か月の食料支出額の推移
（公益法人食の安全・安心財団『外食産業統計資料集　2013年度版』；総務省統計局『平成24年　家計調査年報』）

1) 食の外部化率 = $\dfrac{\text{外食産業市場規模} + \text{料理品小売市場希望}}{(\text{家計の食料・飲料・たばこ支出} - \text{たばこ販売額}) + \text{外食産業市場規模}}$

そのような背景を念頭に置きながら，1世帯における主な食料支出の推移をみてみたい。素材系は1991年の50,000円をピークに減少し続け，近年は35,000円を推移している。外食は1992年の13,000円をピークにその後11,000円程度で横ばいとなっており，前述の外食率の推移と同様であることがわかる。菓子類，飲料，酒類もそれぞれ3,000円から5,000円の少額ながら，それぞれやはり1990年代前半にピークを迎え，その後微減で横ばいという状態である。これらの動きとは異なり，1975年から増加し続けているのが調理食品である。調理食品は他の費目がピークであった1992年は5,000円程度であるが，その後増加し2012年は8,400円になっている。このようなことから，第3節でみたような食費の節約は主に素材系に現れ，家庭での調理の減少が大きく，簡便な食事が徐々に増加していることが読み取れるだろう。

次に，日本人の1人，1日あたりの栄養素等の摂取量についてみてみよう。図5-12は，1975年から2012年までの推移を示したものである。たんぱく質（総量，動物性），脂質（総量，動物性）については1975年から1995年までの20年間は上昇し，その後減少しているが，脂質については，2008年を境に再び微増していることがわかる。いっぽう，エネルギーは約40年間で300kcalほど減少している。このように1995年から2008年までは，図5-12に示したすべての栄養素，エネルギーが

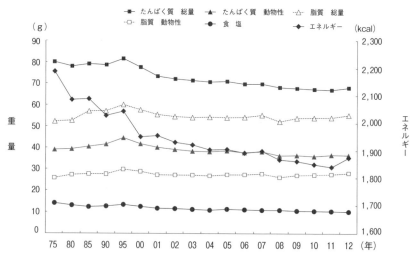

図5-12　国民1人・1日あたりの栄養素等摂取量年次推移（厚生労働省『平成24年　国民健康・栄養調査』）

減少し，その後脂質のみが微増していることから，栄養素等の摂取は，健康意識や家計などの経済的な状況が複雑に絡み合っている可能性がある。

　最後に，家庭の所得と食物摂取の関連をみてみたい。アメリカでは以前から低所得者の野菜，果物の低摂取が問題になっている（Darmon et al., 2002）。すなわち，アメリカでは野菜や果物の値段が高く，貧困層はファストフードなどの安価で高エネルギー高脂質の食べ物を摂取し，野菜，果物の摂取量が少ないのである。さらに，貧困地域では，野菜や果物を扱う商店がなく，ファストフード店が中心であり，たとえお金があっても近くで買うことができないという状況になっている。日本では，食べ物の摂取と経済状況を調べた研究はほとんどみられないが，次の2つの調査が家庭の所得と食物摂取との関連を示唆している。1つめは小林（2010）の東京都下の一市に在住した35〜59歳の女性を対象とした調査である。食生活について，世帯年収別に野菜，海藻，みそ汁，朝食をほぼ毎日摂取しているかどうか尋ねたところ，野菜をほぼ毎日とっている女性は599万円以下では82%であったのに対して1,200万円以上は93%，海藻をほぼ毎日摂取している女性は599万円以下では18%であったのに対して1,200万円以上は32%と，高所得世帯の女性の方が野菜，海藻の摂取頻度が高いことが示された。2つめは『平成22年　国民健康・栄養調査』（厚生労働省，2012）による全国調査であり，所得と食生活について検討している。所得世帯を200万円未満，200万以上〜600万円未満，600万円以上の3群に分類し，習慣的な朝食欠食者の割合と野菜摂取量の比較を行っている。その結果，習慣的な朝食欠食者は，男女ともに世帯所得200万未満の者が最も多く（男性20.7%，女性17.6%），200万〜600万（男性18.6%，女性11.7%），600万以上（男性15.1%，女性10.5%）と続き，所得が低いほど習慣的な朝食欠食が多いことが示された。いっぽう，野菜摂取量は世帯年収が高いほど多く，600万以上（男性293g，女性305g），200万〜600万（男性276g，女性278g），200万未満（男性256g，女性270g）となった。このような結果から，日本においても低所得者の食物摂取や食習慣に問題があることが示唆された。

第5節　おわりに

　本章では，いまの大学生およびその親世代がどのような時代を過ごしてきたのか，主に高度経済成長期以降の家族の変遷，就労状況，家計などについてみてきた。いまの大学生が生まれた1990年代半ばは日本の戦後の高度経済成長，その延長上

にあったバブル経済とその崩壊を経た長期的な不況を迎えた時期であり，その当時の日本の社会には大きく次の3点の特徴があった。第1は，家計については，1990年代半ばに世帯主収入の減少が目立ってきたことに伴い，その穴埋めをするかのように配偶者の収入が微増していること，消費支出も減少しているがその主な要因は食費であることである。第2は，1990年代の母親の就労については，共働き世帯と専業主婦の割合が拮抗している時期であり，徐々に共働き世帯が増加していた。しかしながら，現在ほど子どもを育てながら労働している母親は多くはなく，年齢別の労働力率をみてみると旧来型の30～34歳を底とするM字労働が維持されている時期とも位置づけられる。第3は，食事について，1990年代半ば以降食の外部化率が高くなってきたが，その要因が外食ではなく中食によるものになってきたことである。前述の食費の減少は主に素材系など自宅で料理をするための食費であり，調理食品の支出が徐々に増えてくる萌芽期ともいえる時期であり，家庭の食卓に並ぶ料理が手作り中心から中食の利用へと変化してきた時期ともいえよう。

　以上のことから1990年代半ばは，日本の経済の転換期であったことが家計にも大きく影響を与え，そのことが食にも影響を与え始めた時期であり，いまの日本の状況の元となった時期であるともいえるであろう。

【文　献】

小林　盾（2010）．社会階層と食生活—健康への影響の分析　理論と方法, **25**, 81-93.

Darmon, N., Ferguson,E. L., & Briend, A. (2002). A cost constraint alone has adverse effects on food selection and nutrient density: An analysis of human diets by linear programming. *Journal of Nutrition*, **132**, 3764-3771.

◆コラム⑤　子どもをもつ夫婦の家事関連時間の変化と妻の調理

　本章で述べたように，現代の日本では共働き世帯が夫のみ就業の世帯を上回っている。そのような中，われわれは，20年以上前の夫よりも現代に生きる夫，とくに共働きの夫は家事育児を担うことが増えているというイメージをもっている。いっぽう，妻については，専業主婦の方が有職の人よりも調理に手間暇をかけて作っているから，食の外部化の増加は主に有職の妻の利用が増えているからと漠然とイメージすることがある。はたしてそうだろうか。

　まず，現代の父親の家事や育児に費やす時間についてみてみよう。図⑤-1，⑤-2

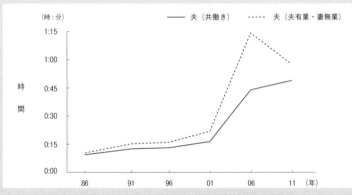

図⑤-1　共働きか否か別　家事関連時間の夫の推移
（週全体・1日平均　夫婦と子どもの世帯）（総務省『社会生活基本調査』）

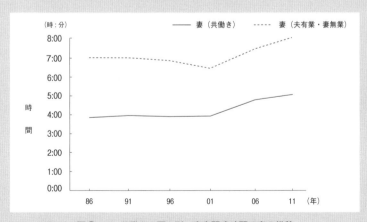

図⑤-2　共働きか否か別　家事関連時間の妻の推移
（週全体・1日平均　夫婦と子どもの世帯）（総務省『社会生活基本調査』）

は夫婦の家事関連時間（家事，介護・看護，育児，買い物の総平均時間の合計：ただし，1991年，1996年，2001年以外は介護・看護は家事に含まれる）の推移を示している（総務省統計局，1986；1991；1996；2001；2006；2011）。

　夫婦の家事関連時間は，いずれも妻が専業主婦の場合は途中増減があるものの，すべてにおいて増加している。このような社会生活基本調査の結果から男性の家事関連時間が5～6倍ほどにもなったと伝えられ，メディアを通して妻とともに家事，育児を担うイクメンパパが増加したという印象をもつのだが，時間に換算すると25年間で共働きの夫は40分，専業主婦の夫は48分の増加でしかなく，妻の就労状況の違いがあっても，この25年間，家事，育児をおこなっているのが主に妻であることには変わりがない。

　いっぽう，専業主婦と有業主婦では調理に関してどのような違いがあるか，スーパー，デパート，コンビニでの惣菜購入に関するインターネット調査の結果（日清オイリオ生活科学研究室，2015）をみてみよう。調査対象者は週に1回以上夕食を作る20～60代の既婚女性700名（5つの年代群でフルタイムの有業主婦，専業主婦それぞれ70名ずつ）であった。まず，1週間あたりの惣菜購入頻度についてみてみると，有業主婦は1.05回であるのに対して専業主婦は0.83回であり，有業主婦の惣菜利用頻度が高かった。頻度の分布をみてみると，「ほとんど利用しない」は，いずれも21%と同じであったが，週1回以上利用する者は有業主婦が47%であるのに対して専業主婦が39%と差がみられた。惣菜購入理由については，有業主婦は時間がないことが惣菜購入理由の主たる理由であるが，専業主婦は店頭で見ておいしそうなどの衝動買いがみられた。スーパー，デパート，コンビニそれぞれにおける購入理由として違いがみられた点は，デパートについては，専業主婦がちょっと贅沢なものを買えるとする割合が多く，コンビニでは有業主婦が他のものをそこで買う用事があるとしているところであった。いっぽう，惣菜を買うことに対する抵抗感はいずれも60%の者がないとしており，違いがなかった。

　このようなことから，家事関連時間が長時間である専業主婦も有業主婦同様に惣菜を利用しており（ほとんど利用していない割合に差がないことも含めて），両群に顕著な違いがあるとはいいがたい。しかし，惣菜を利用する背景として，有業主婦は時間的な余裕のなさであるのに対して，専業主婦は気分を変えたいというように，違いがあることは確かである。外出すればさまざまな食べ物を容易に入手できる現代社会において，自分の手で調理をするか外部化するかの根本は自身や家族の食をどのように営むかの価値観にあるのかもしれない。

【文　献】

日清オイリオ生活科学研究室（2015）．有職主婦と専業主婦の惣菜利用に関する調査　日清オイリオ『生活科学研究室』レポートNo.30

（長谷川智子）

第6章
食品産業の変化と大学生の食

佐藤康一郎

第1節 大学生の親世代に起きたこと

　大学生の食生活は，その親から大きな影響を受けている。大学生の出生時の親の年齢を30歳前後とすると，現在の大学生の親たちは「新人類」（JMR生活総合研究所，2006）とよばれた世代，すなわち，1961年生まれから1970年生まれまでの2017年時点で40歳代後半から50歳代半ばが中心である。この世代は，第2次ベビーブームや団塊ジュニアの世代の1つ前の世代である。

　大学生の親たちが生まれた時期は1954年から1973年までの高度経済成長期とすっぽりと重なる。1964年に東京都で第18回夏季オリンピックが，1970年には大阪府吹田市で日本万国博覧会が開催され，東海道新幹線や東名高速道路といった社会資本が整備された時期でもある。

　この世代が生まれた1961年から1970年における食の主な出来事をまとめると，次頁の表6-1のようになる。この表からわかるように，日本経済が飛躍的に成長を遂げたこの時期は人々の生活が豊かになっていき，加工食品の普及が一気に進んだ。現在の日本人の食に大きな影響を与えた商品がこの時期に多く発売開始され，ロングセラー商品となっているものも少なくないことがわかる。また，この世代が成長していく過程で大きな影響を受けたものとしては，外食の産業化や食品販売業の変化がある。

　本章では，大学生の親世代の食習慣の形成に影響を与えた要因として，外食の産業化やスーパーマーケットの台頭，コンビニエンスストアの成長，中食市場の拡大をみていく。

表6-1　1961年から1970年までの食にかかわる出来事

1961年	・榮久庵憲司が「キッコーマンしょうゆ卓上びん」をデザインしヒット ・森永乳業がクリーミングパウダーの「クリープ」を発売 ・森永製菓が「森永エンゼルパイ」を発売
1962年	・キユーピー3分クッキングの放送を開始（日本テレビ系全国ネットは1963年から） ・大正製薬が「リポビタンD」を発売する ・東海漬物が「きゅうりのキューちゃん」を発売 ・明治製菓（現在の明治）が「アーモンドチョコ」を発売 ・日本コカ・コーラが日本初の飲料用自動販売機を設置
1963年	・江崎グリコが「グリココーン（現在のジャイアントコーン）」を発売 ・日清食品が即席めんの焼きそば「日清焼そば」を発売 ・江崎グリコが「プリッツ」と「バタープリッツ」を発売 ・日本ケロッグ（アメリカ合衆国のケロッグ社の日本法人）とシスコ製菓（現在の日清シスコ）によってコーンフレークが発売され，急速に普及 ・ハウス食品工業（現在のハウス食品）が「バーモントカレー」を発売（印度カレーは1960年発売） ・ヤクルト本社がヤクルトレディー（通称・ヤクルトおばさん）による販売を開始
1964年	・カルビー製菓（現在のカルビー）が「かっぱえびせん」を発売 ・ロッテが「ガーナチョコレート」を発売 ・森永製菓が高級チョコレート「ハイクラウン」と清涼飲料「森永ネクター」を発売 ・不二家が「不二家ネクター」を発売
1965年	・大塚製薬が「オロナミンCドリンク」を発売 ・日本コカ・コーラが缶入りコカ・コーラを発売
1966年	・江崎グリコが「ポッキー」を発売 ・エスビー食品が「ゴールデンカレー」を発売 ・サンヨー食品が「サッポロ一番（現在のサッポロ一番しょうゆ味）」を発売（初めて乾燥ネギが添付される） ・ハウス食品工業（現在のハウス食品）が「シチューミクス」を発売 ・豊年リーバ（豊年製油とユニリーバの合弁会社）がマーガリン「ラーマ」を製造・発売（現在はJ-オイルミルズが販売）
1967年	・サントリーがびん入り生ビール「純生」を発売 ・森永製菓が「チョコボール」を発売
1968年	・大塚食品工業（現在の大塚食品）が世界初の一般向けの市販レトルト食品である「ボンカレー」を発売 ・明治製菓（現在の明治）が「カール」を発売 ・ヤクルト本社がヤクルトの容器をそれまでのガラス瓶から現行のプラスチック容器に変更 ・サンヨー食品が「サッポロ一番みそラーメン」を発売 ・カネミ油症事件
1969年	・上島珈琲本社（現在のUCC上島珈琲）が世界初のミルク入り缶コーヒーである「UCCコーヒーミルク入り」（現在の「UCCミルクコーヒー」）を発売
1970年	・味の素が和風調味料「ほんだし」とマーガリン「マリーナ」を発売 ・ヤクルト本社が発酵乳「ジョア」を発売 ・日本コカ・コーラが「スプライト」を発売 ・ケンタッキーフライドチキンの日本第1号店が愛知県名古屋市に開店 ・タイガー魔法瓶が電気ジャー炊飯器「炊きたて」を発売

第 2 節　外食の産業化

　我が国の外食にとっての節目は，日本万国博覧会である。1970 年 3 月に日本万国博覧会が大阪府吹田市で開催され，博覧会会場のアメリカゾーンに外食企業が多数出店した。ケンタッキーフライドチキンは実験店を出し，外国店扱いでロイヤル株式会社がステーキハウスを出店した。ケンタッキーフライドチキンは，1 日に最高 280 万円の売上を記録し 1970 年 7 月には，三菱商事株式会社などの出資により日本ケンタッキー・フライド・チキン株式会社が設立され，名古屋市に第一号店が開店した。ロイヤル株式会社も翌 1971 年にファミリーレストラン「ロイヤルホスト」第一号店を北九州市に開いた。

　この他，1970 年は日本を代表する外食企業がいくつも産声を上げている。ダイエーは子会社を通じてドムドムバーガーを東京都町田市のダイエー原町田店内に開いた。また，スーパーマーケットを経営していた「ことぶき食品」が外食に転業し，スカイラーク（創業時は片仮名表記）を東京都府中市に開店する。このスカイラークは日本における郊外型ファミリーレストランの先駆けとされている。「小僧寿し」のチェーン展開が始まったのもこの年である。翌年の 1971 年 4 月にミスタードーナツ第一号店が大阪府箕面市のダイエー箕面店の敷地内に，7 月にマクドナルド第一号店が三越銀座店に，9 月にダンキンドーナツ第一号店が銀座に各々オープンする。フライドチキンもハンバーガーもレストランのハンバーグもドーナツもここから始まっているといっても過言ではなく，このため 1970 年は外食元年と称されることが多い。ハンバーガー 1 個は 80 円でドーナツ 1 個は 40 円と，当時の物価ではやや高額ではあった。

　このように，大学生の親の世代にとっては，外食は特別な機会であり高価な食事であったと考えられる。しかし，大学生の世代になると，もはや特別なものではなくなった。日本マクドナルドが EDLP（エブリディロープライス）をスローガンに「バリューセット」を開始したのが 1994 年であり，ハンバーガーの価格破壊（210 円から 130 円に，さらに 80 円へ）が起きたのが 1995 年である。これはちょうど彼らが生まれた頃である。平日半額キャンペーンと銘打ち，平日は 130 円のハンバーガーを半額 65 円，160 円のチーズバーガーを 80 円となったのが 2000 年であるから幼少時に 80 円ハンバーガーを口にしていたかもしれない。また，親の世代にとっては冠婚葬祭でしか口にできなかったにぎり寿司も，回転寿司が身近になったこともあり，必ずしも「ハレの食」ではなくなっていただろう。

第3節　スーパーマーケットの台頭

　1960年代は八百屋や肉屋あるいは魚屋といった業種店は衰退し，ワンストップショッピングを特徴とする広義のスーパーマーケットが台頭していった時代である。スーパーマーケットは，食料品や日用雑貨などを主体に幅広い品揃えをするセルフサービスの店舗であるが，我が国では総合スーパー（ゼネラルマーチャンダイズストア・GMS），食品スーパー，衣料スーパーなどに分類され，狭義のスーパーマーケットは食品スーパーを指すことが多い。1973年制定の大規模小売店舗における小売業の事業活動の調整に関する法律（以下，大規模小売店舗法）の影響もあり，無秩序に増えたわけではない。しかし広義のスーパーマーケットは着実に増え1970年代には食料品供給の中心となっていた。1972年にはダイエーが百貨店の三越を抜き，小売業売上高日本一を達成している。

第4節　コンビニエンスストアの成長

　コンビニエンスストアも1970年代に登場した。細井（2008）は，1960年代にスーパーマーケットが急成長したことで，新業態としてコンビニエンスストアが日本に誕生したと指摘している。1973年に大規模小売店舗法が制定され，売り場面積1,500平方メートル以上の小売店の出店規制が実施され，1978年には500平方メートル以上の小売店はすべて出店規制の対象となることになった。このことから各社が，新たな成長の道を切り開くために，コンビニエンスストアという新業態を開発することになった。

　日本におけるコンビニエンスストアの始まりは諸説ある。田中（2015）によれば1969年開店のマイショップ（大阪府豊中市）や1971年7月開店のココストア（愛知県春日井市），1973年9月開店のファミリーマート実験店（埼玉県狭山市）の各々第一号店を発祥としている。ただしこれらはすべて単独店舗であり，チェーン展開されなかった（マイショップとココストアはすでに閉店）。このため，1974年5月のセブン-イレブンの第一号店の開店を日本型コンビニエンスストアの始まりとする説もある。

　1975年にはセブン-イレブンが福島県郡山市虎丸店で24時間営業を開始した。取扱いサービスも増え続け，1981年には宅配便の取次サービスが開始され，1987年には公共料金収納代行サービスを，1996年にはスポーツやイベントのチケット

販売，1999年には銀行のATM設置，2004年には医薬部外品の販売が開始された。このように，現在ではコンビニエンスストアのサービスとして当たり前のものが続々と取り扱い対象となっていったのである。2008年には全国のコンビニエンスストア年間売上高が初めて全国の百貨店年間売上高を抜いた。コンビニエンスストアの発展は，日本人の食生活にも大きな影響を与えた。セブン-イレブンの惣菜やファストフードの販売割合は1975年で6.5％であったが，1979年には10.6％，1986年には20.2％，1995年には30.6％と急成長をとげ，現在ではコンビニエンスストアの中核的な商品となっている。セブン-イレブンの惣菜やファストフード類の商品開発の動きは，表6-2のようにまとめられる。

表6-2　セブン-イレブンのファストフード略史

1978年	・「手巻おにぎり」を発売 ・大型弁当ケース導入
1979年	・おでんウォーマーを開発し，関東エリアの一部でおでんを発売
1982年	・「小割けそば」を発売
1983年	・「手巻おにぎりシーチキン」を発売
1984年	・おでんを全国で発売 ・サンドイッチの包装を改良（現在の背中からあけるタイプに）
1986年	・冷し中華を発売
1987年	・電子レンジ対応カップ麺を発売 ・温度調節のできるオープンケース導入 ・デイリー商品の配送を一日3便へ
1990年	・ファストフードの販売額が1,975億円となり，外食企業の売り上げ最上位の日本マクドナルドの1,754億円を抜き，以後差を広げる
1992年	・温度帯別配送開始
1993年	・プライベートブランドのパン「焼きたて直送便」を発売 ・おでん70円セール開始
1995年	・「直巻おむすび」を発売
1998年	・「こだわりおむすび」（従来の価格より高価）シリーズを発売
2000年	・「ミルクたっぷりとろりんシュー」を発売 ・カップ麺の「有名ラーメン店」シリーズを発売
2001年	・160円を超える高級おにぎりを発売（2002年日経MJ賞受賞）
2004年	・「焼きたて直送便」やチルドデザートが保存料・合成着色料不使用へ
2005年	・サンドイッチ「シャキシャキレタスサンド」を発売 ・カップ麺の「地域の名店シリーズ」を発売
2006年	・雑穀米を使用したおにぎりを発売 ・ご当地おにぎりを発売 ・おでんのつゆの味を全国6地域に分ける
2013年	・「セブンカフェ」を発売（大手コンビニエンスストアのカフェブランドの中では最後発）
2014年	・「金のおむすび」（特A評価の米と有明海産のり使用）を発売 ・関西地域で「セブンカフェ ドーナツ」を発売（のちに全国展開へ）

大学生の親世代、とくにコンビニエンスストアの出店の早かった大都市圏で育った親たちは、中高生の頃からコンビニエンスストアのファストフードに接していたと考えられる。結婚して子どもを得た後はプライベートブランドのパンやデザート、コンビニエンスストアの惣菜やファストフードが家庭の食卓に上がることもしばしばだったかもしれない。この頃には、おでんもおでん種をスーパーマーケットで購入して家族で囲むものではなくなり、コンビニエンスストアで家族各々が食べたいものを選んで買う時代になってきている。そもそも家族で食べるメニューというより、個人個人が楽しむものになってきている。

いっぽう、大学生に目を向けると、コンビニエンスストアは日常最も利用する小売店の1つとなっており、大学構内にコンビニエンスストアがあることは珍しくなくなりつつある。近年では、100円でドリップコーヒーが購入できるようになり、本学でも、キャンパス内にあるコンビニエンスストアで休み時間にコーヒーを購入する学生の列ができている。

第5節　中食市場の拡大

店舗内で調理された食品を顧客が店内で食べる食事の形態を外食とよぶ。いっぽう、家庭内で調理された食品を自宅などで食べる食事の形態を内食（うちしょく）とよぶ。中食（なかしょく）とは一般に外食と内食の中間に位置し、自宅外で調理された食品を購入して自宅など（学校や職場も含む）に持ち帰って食べる食事を指す。農林水産省はレストランなどへ出かけて食事をする外食と、家庭内で手作り料理を食べる内食の中間にあって、市販の弁当や惣菜など、家庭外で調理・加工された食品を家庭や職場・学校・屋外などへ持って帰り、そのまま（調理加熱することなく）食事として食べられる状態に調理された日持ちのしない食品の総称を中食と定義している。

中食という語が定着したのは、1990年代である。いわゆる日経四紙（日本経済新聞朝夕刊、日経産業新聞、日経流通新聞、日経金融新聞）の記事データベースである日経テレコン21で中食の語を検索すると1983年に初めて中食の語が出現する。以降、2016年まで推移をまとめたものが図6-1である。

この図から中食という語は1983年に初めて登場したものの、一般的になるのは1990年代半ばであり、2003年以降に増加したことがわかる。つまり、現在の大学生が生まれた頃から増え始めて、小学生くらいになった頃にはかなり浸透していたことが推察される。

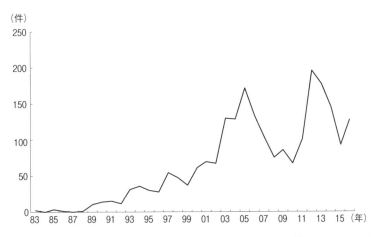

図6-1　1983年から2016年までの「中食」を用いた記事の件数の推移（日経テレコン21）

　1990年代に中食という語が多く出てくるのは，「ミール・ソリューション（食事問題の解決）」の概念の登場及び流行と深い関係がある。ミール・ソリューションとは，働く主婦が多く核家族化した米国で，家庭で料理を一から作る代わりに，デリ（惣菜店）やスーパーの惣菜，下ごしらえされた食材を買い求めて手早く食事を作る傾向のことである。電磁調理器や食器洗い器などの普及，無洗米，骨なし魚や骨ごと魚，皮むき野菜やカットフルーツといった簡便な食材の増加，食材や料理の宅配サービスや外食の増加などによって，今後ますます拍車がかかることが予想される。

　しかし，中食という語が登場する1983年まで「現在，中食とよぶもの」がなかったわけではない。そもそも惣菜を製造販売する店舗は昔から存在していたし，産業としての中食も1970年代に源流をみることができる。先に言及した小僧寿しチェーンの創業やコンビニエンスストアにおける米飯事業の強化の他にも，今日ごく一般に利用されている持ち帰り弁当もこの時期に登場する。

　ほっかほっか亭の母体となる持ち帰り弁当店は1976年に開店し，1978年には株式会社ほっかほっか亭が設立された。炊きたてのご飯と作りたての惣菜の組み合わせは，それまでにない弁当の形態であった。いわゆる「ほか弁」登場以前の弁当は，作り置かれたものが標準であった。ところが「ほか弁」はできたての弁当を提供し，弁当市場を大きくしただけではなく，新たな市場を創造した。1990年頃になると百貨店のいわゆる「デパ地下」が注目され始めた。この「デパ地下」で中心となる

のが惣菜である。デパ地下の代表格ともいえる株式会社ロック・フィールドや牛鍋店をルーツとする株式会社柿安本店はデパ地下惣菜店の双璧となっている。この2社が提供する洋惣菜売り場の拡大は「デパ地下」に華やかさをもたらしただけではなく，従来は単なる添えものに過ぎなかったサラダ類をメインのおかずに変えた。

2017年1月現在で「オリジン弁当」などのブランドで571事業所を展開する，オリジン東秀株式会社のオリジン事業も1994年3月に川崎市高津区（現存するオリジン弁当高津店）で始まった。1982年6月からマミー弁当として持ち帰り弁当事業を展開していたが，惣菜の単価を揃えての量り売りと弁当の併売を新業態として開始した。

このように現在の大学生が生まれた頃から中食が一般化するが，その源流は1970年代からあり，大学生の親世代も子どもの頃に影響を受けていた可能性がある。また，親の世代はバブル期に顕在化したグルメブームも経験している。

第6節　学生食堂離れ

外食や中食の利用が進む半面，学生食堂の利用は減少している。

群馬県は食育推進活動や食の安全性及び表示に関する啓蒙活動に力を入れている県としてよく知られている。群馬県食品安全基本条例は，当該分野において全国の都道府県及び政令指定都市で最も早く制定・施行された条例である（平成16年4月1日施行）。群馬県の食育推進活動においては，群馬県民が食の大切さを理解し，食を通して豊かな人間性を育み，生涯にわたり食育を実践することができるよう「ぐんま食育こころプラン―群馬県食育推進計画」を推進している。

県はその一環として県内のすべての大学における食環境についての現状を把握し，学生の健やかな食生活の実践を支援するための体制整備に向けて検討するために，「大学生の食環境等に関するアンケート調査」を2014年10月から11月にかけて県内すべての大学・短期大学の施設管理者及び食堂事業者に対して実施した。これは，大学生が健全な食生活を実践するためには，大学生のみならず，大学生がよく利用する身近な場所から食生活を支援する環境の整備が必要であると考えたからである。この調査で「学生食堂の運営で課題となっていること」として最も多かったのが「食堂の利用率が低いこと」で，回答した大学が11キャンパス・校（58%）あった。

「学生食堂以外に学内に飲食物を提供する売店や自動販売機等の設置」について

は,「飲料の自販機」が18キャンパス・校（95%）で最も多く, ほとんどの大学が設置している。また,「売店・コンビニ」を設置しているが12校（63%）であり「パン等出張販売」も10校, 約半数（53%）となった。

　学生食堂の利用率が減少しているいっぽうで, 売店やコンビニエンスストアの利用が高まっていることがわかる。学生食堂の利用率の下落は, 10年以上前から指摘されており, 2000年11月16日の朝日新聞夕刊では, 立教大学の学生食堂の利用率低下が取りあげられている。それによれば, 5月の利用数は1984年が約51,000食であったが, 1989年には38,000食, 1999年と2000年は15,000食前後まで落ち込んだという。この記事では, 昼時に目立つのは弁当店やコンビニでパンや弁当を買い, 教室やベンチで食べる学生の姿であると述べ, 志向が変化していることも指摘されている。

　現在ブームとなっている100円朝食は, 大学生に朝食をとる習慣をつけさせるという教育的側面が強調されているが, 学生食堂に客足を取り戻すきっかけとしてもおおいに期待される。

第7節　デフレーションの影響：牛丼を例に

　第3章でも触れたように, 学生（主に男子学生）の間では牛丼店がよく利用されている。大学生の親の世代から大学生の世代まで牛丼の価格の推移をまとめると以下のようになる。第2次石油危機のあった1979年に吉野家の並盛が300円から350円に値上げされたが, その後11年間は据え置かれた。バブル期の1990年に400円となって以降, BSEの影響を受けるまでほぼ一貫して牛丼の価格は下がり続けた。BSEの影響から回復した2009年から増税の影響で価格改定が行われたが, 2014年4月まで競争激化によって牛丼の価格は下がった。牛丼は表6-3のように, 低価格で推移しており, 学生にとっては欠かせぬ食事といえるだろう。

第8節　おわりに

　本章では, 大学生の親世代にとっても, また大学生世代にとっても大きな影響を与えた, 外食の産業化やスーパーマーケットの台頭, コンビニエンスストアの成長, 中食市場の拡大, 学生食堂の利用減少, 食費に影響を与えるデフレーションなどについて考察してきた。近年の変化は「食の外部化」というキーワードでまとめ

表6-3 1979年から2015年までの「牛丼」価格の推移と牛丼を取り巻く状況

1979年	・吉野家が12月に並盛300円から350円に値上げ
1990年	・吉野家が3月に並盛350円から400円に値上げ
1995年	・神戸らんぷ亭が1月に並盛を290円で発売（他社追随せず・1998年3月に400円に）
2000年	・神戸らんぷ亭が7月に持ち帰り並盛のみ400円から290円に値下げ ・松屋フーズが8月に300店舗出店達成して記念に並盛を390円から290円に値下げ（好評だったため継続）
2001年	・1回目の低価格競争 ・神戸らんぷ亭が3月に店内食の並盛も290円に値下げ ・すき家が3月に並盛を400円から280円に値下げ ・吉野家が4月に期間限定で並盛の250円セールを開催 ・吉野家が7月に並盛を400円から280円に値下げ ・神戸らんぷ亭が8月に並盛をさらに290円から270円に値下げ ・なか卯が8月に並盛を400円から280円に値下げ
2002年	・神戸らんぷ亭が2月に並盛を270円から280円に値上げ
2003年	・アメリカ合衆国ワシントン州においてホルスタイン雌牛1頭がBSE（牛海綿状脳症）に感染している疑いのあることが12月24日（日本時間）に確認されたことをきっかけに，アメリカ合衆国産牛肉の輸入が全面的に禁止
2004年	・BSEの影響で各チェーンでの牛丼の販売が休止となり，低価格競争も終了 ・その後，吉野家を除く大手チェーンはオーストラリア産牛肉などを使用し販売を再開するが，値上げが相次ぐ（並盛：すき家350円・松屋フーズ390円・なか卯390円・神戸らんぷ亭350円）
2006年	・吉野家が期間限定や時間限定でアメリカ産牛肉を使用した牛丼の販売を380円（並盛）で再開
2008年	・吉野家が3月に牛丼の常時24時間販売を再開 ・松屋フーズと神戸らんぷ亭が9月に並盛を350円から380円に値上げ
2009年	・2回目の低価格競争 ・すき家が4月に並盛を350円から330円に値下げ ・松屋が並盛を12月3日に380円から320円にし，すき家の並盛330円を下回る ・すき家は11月20日から12月7日まで期間限定キャンペーン並盛を299円にしたところ客足が伸びたため，12月7日より恒常的に280円へ値下げ ・なか卯が並盛の価格を12月21日から390円から350円に値下げ
2010年	・吉野家が1月11日から1月21日まで創業111周年を記念し，期間限定で80円引きキャンペーンを実施
2011年	・3回目の価格競争 ・各チェーンが並盛の価格を200円台中盤に値下げするキャンペーン競争を何度も繰り返し実施
2012年	・松屋フーズが1月に並盛を320円からすき家と同額の280円に値下げ
2013年	・吉野家が4月に並盛を320円からすき家と同額の280円に値下げし，3社が280円で横並びに
2014年	・なか卯が2月に牛丼の販売を終了し，牛すき丼（並盛：350円）を投入 ・消費税増税に伴う価格改訂により，4月1日からすき家は並盛を280円から270円に値下げし，吉野家は並盛を280円から290円に値上げ ・松屋フーズが7月に「プレミアム牛めし」を導入し並盛を380円への実質値上げ ・すき家が8月に並盛を270円から291円に値上げ

ることができるだろう。家庭内で調理コストが大きい食品は加工食品や中食あるいは外食に変わり続けている。大学生の親世代は育ってきた過程で「食の外部化」の進展を体験してきたし，自身で作ることも購入することも選択できた（あるいは現在もしている）。しかし，大学生の世代は，物心がつく段階ですでに「食の外部化」の流れに組み込まれており，購入することが当たり前で，作ることが特別なこととなっている。その食品の原材料が何で，どのように作られるのかなどということを知る機会も少ない。つまり，「食の外部化」それ自体は問題ではないが，「食の外部化」によって失われることに気がつく機会が得にくいことが問題なのである。

【文　　献】
群馬県食品安全課（2015）．大学生の食環境等に関するアンケート調査結果報告, 7-9.
JMR 生活総合研究所（2006）．消費社会白書 2006—動き出した選択消費, 11-12.
田中　陽（2015）．セブンイレブンになれなかった 7 月 11 日生まれのコンビニ　日本経済新聞（2015 年 10 月 7 日）
細井謙一（2008）．小売業態とは何か　石原武政・竹村正明［編］1 からの流通論　碩学舎, pp.119-120.

◆コラム⑥ 大学生と期限表示

　5年ほど外部講師とともに食の安全とリスクコミュニケーションの授業を展開している。その中で「食品の法定表示を読み取る」というタイトルで表示に関する理解を深める授業がある。

　法定表示にはさまざまなものがあるが、とくに身近なのは期限表示である。品質劣化がきわめて遅い砂糖や塩、うまみ調味料といった一部の食品を例外として、ほとんどすべての加工食品は賞味期限または消費期限のどちらかの期限表示が義務づけられている。

　賞味期限は、品質の劣化が穏やかな食品がおいしく食べられる期限を示している。食品期限表示の設定のためのガイドラインでは、定められた方法により保存した場合において、期待されるすべての品質の保持が十分に可能であると認められる期限を示す年月日と定義される。ただし、当該期限を超えた場合であっても、これらの品質が保持されていることがあるものとされ、この期限を過ぎてもただちに食べられなくなるということではない。英語ではBest-beforeと表記される。

　いっぽう、消費期限は、品質が急速に劣化する食品が安全性を欠くおそれがない期限を示している。食品期限表示の設定のためのガイドラインでは、定められた方法により保存した場合において、腐敗、変敗その他の品質の劣化に伴わない安全性を欠くこととなるおそれがないと認められる期限を示す年月日と定義されている。つまり、期限を過ぎたら食べない方が望ましい。英語ではUse-by dateと表記される。

　しかし、大学生の食生活の記録をみるとこれら原則とは異なる行動がみられる。

　A君はコンビニエンスストアでアルバイトをしている。コンビニエンスストアでは日々、消費期限（あるいは販売期限）が切れた弁当やおにぎりといった廃棄食品が発生する。原則としてこれらはゴミ袋に入れて処分されるのであるが、なかにはオーナーの判断で従業員が廃棄食品を持ち帰ることを許容している店舗もある（コンビニエンスストアチェーン本部直営店では許されていないので持ち帰ることはできない）。A君はこの廃棄食品のチェックを実施する時間帯の勤務を好んでするようで、帰宅時に弁当を複数持ち帰る日もあるという。A君は何種類もの弁当を週に何食も食べるので、その経験をもとにお客さんに弁当の推奨をできるまでに熟達した。

　Bさんは週に何回か19時30分頃に炊飯ジャーのスイッチを入れてから近所の大手スーパーに買いものに出る。20時すぎから待望の値引きシール張りが開始されるからである。正価ではなかなか手を出しづらい刺身も30％引きや50％引きになれば手が出せることもある。明日の朝ご飯のおかずの惣菜も安く手にできる。ラベルには消費期限が印刷されており、当日の24時が期限なのだが、気にしないようにしている。

　C君は同居していた祖母の影響もあって食品を目でよく見て、鼻で臭いを確認し、場合によっては一口食べるというように五感を駆使して、まだ食べられるかどうかを確かめている。彼はわが国で年間500～800万トンも発生するといわれる食品ロスの増大

を懸念しており，「もったいない」を口癖にしている。
　このように期限過ぎたからといってすぐ期限切れ食品を廃棄せず，自身の感覚で「適切に」期限を判断している学生が存在する。

（佐藤康一郎）

第3部

大学生の食をみる視点

第3部では，第1部と第2部のデータを踏まえ，(a) 家族，(b) 青年期の自己と対人関係，(c) 格差，(d) 食品産業という4つの視点から，青年期の食の問題を論ずる。(a) 家族では，共食が家庭生活にとってどのような意味をもつのか（7章），世代によって食行動はどのように異なるか（8章）を取りあげる。(b) 青年期の自己と対人関係では，自己概念や自尊感情，自意識やパーソナリティといった心理的構成要素がライフスタイルの一環である食行動とどのように関連するのか（9章），共食に困難を感じる心性の背景には何があるか（10章）を論じる。(c) 格差では，大学生協による学生生活実態調査の経年データを分析することで，大学類型と食習慣の関連性について探るとともに（11章），社会階層の違いがどのように食生活の違いとして現れているのかを分析する（12章）。(d) 食品産業では，大学学生食堂に焦点をあて，なかでも100円朝食の実践を中心に分析を行う（13章）。終章では，飽食という食環境，そして世代の視点から，大学生の食を検証する。

第7章
家族と共食

外山紀子

第1節 孤　食

■ 1-1 子どもの孤食

　近年，子どもの孤食（子どもがひとりで，あるいは子どもたちだけで食事すること）が，しばしば話題になる。2007年に始められた「全国学力・学習状況調査」では，ほぼ毎年，家庭でのコミュニケーションをみる質問項目として，「家の人と普段（月〜金曜日）夕食を一緒に食べていますか」が設けられているが，「全くしていない」「あまりしていない」という回答は，小学6年生では常に10%前後，中学3年生では15%超となっている（文部科学省・国立政策研究所, 2013）。

　子どもの孤食はさまざまな問題と関連するようだ。「児童生徒の食事状況等調査」（日本スポーツ振興センター, 2010）では，夕食をひとりでとる子どもは，「たちくらみやめまいを起こす」「朝なかなか起きられず，午前中身体の調子が悪い」ことや，「イライラする」「何もやる気が起こらない」ことが多く，「食事の時のあいさつ」については「いつもしない」「時々しないことがある」が多かった。孤食の先駆的検討を行った足立（足立他, 1983：2000）でも，朝食をひとりでとる子どもは，朝食の欠食が多く，食事時にお腹が空いておらず，不定愁訴（明確な原因がないのに肩こりやめまい，腹痛などの不調を訴えること）の訴えも頻繁だった。

　共食と家族機能との関連性も報告されている。共食時の会話（食事の時よく話す・食事が終わってもその場に残って話すなど）が多いと親子の心理的結合性（相手を理解している・信頼しているなど）が高いという結果が，小学生・高校生を対象とした調査でも（平井・岡本, 2003），中学以前の食事状況について聞いた大学生対象の調査でも（平井・岡本, 2006）認められている。孤食・共食の状況は家族機能をよく代表

するのである。

■ 1-2　全世代にわたる孤食

　孤食の多さやその問題点の指摘は，子どもに限ったことではない。2011年に内閣府が実施した「食育に関する意識調査」によれば，「1日の全ての食事をひとりで食べる日」が週1日以上ある人（20歳以上）は約23%，およそ5人に1人だった。年代別・性別では20代男性（38%）と70代女性（28%）においてとりわけ高くなっており，都市規模別では町村部（18%）より都市部，なかでも大都市部（24%）において高かった（内閣府食育推進室, 2012）。この調査ではまた，孤食の多さが「バランスのよい食事頻度」の少なさや「食事時間は楽しくない」という回答，「近所付き合いや地域の人々とのつながりは大切とは思わない」という回答と関連していた。

　孤食は食生活の質の低さ，健康面の問題，家族関係・人間関係の希薄さなどと関連するようだが，これらの調査結果を解釈するにあたって留意すべき点がある。まず，調査で示されたことは関連性であって因果ではないこと，そして，孤食や欠食といった食の問題を個人の心がけに還元してはならないことである。先に示した「食育に関する意識調査」では，夕食を家族と一緒にとる頻度が少ない人ほど，「残業や休日出勤が多い」「仕事の関係者と職場以外での付き合いが多い」という回答が多かった。ここから，共食したくてもできない状況がみえてくる。

　近年，子どもの貧困が大きな問題となっているが，親が複数の職場を掛け持ちしなければ十分な収入が得られない場合，共食は難しいだろう。孤食は「共食を大事にしなくなった人」「子どもの食事をないがしろにしている家庭（あるいは母親）」の問題ではなく，恒常的な長時間労働，ワークライフバランスの欠如，貧困といった社会の病を背景にしている。このことを忘れてはならないだろう。

第2節　共　　食

■ 2-1　共食のはじまり

　上記のような調査結果を受け，第二次食育推進計画（2011〜2015年度の計画）では，「家庭における共食を通じた子どもへの食育の推進」が重点課題の1つに掲げられた。いまや国をあげて取り組まれている共食だが，石毛（1982）は，共食と料理を他の動物にはない人間の特徴だと指摘している。世界中のどこにも，ひとりで食べる食事形態が一般的とされる社会はないというのだ。共食はどんな社会でも家族や

親族，友人関係といった人的ネットワークのきわめて重要な部分をなしている。では，なぜ人間は共食をするのだろうか。

人類学では，共食の起源を生存戦略の1つとする見方がある（山極，2008）。人間の祖先が登場した頃，地球規模の寒冷化と乾燥化が進み，私たちの祖先は広く歩き回って食べ物を探さなければならなくなった。省エネルギーで長距離移動できる直立二足歩行に習熟するようになると，産道が狭くなり，よく成熟した子を産めなくなる。未熟な子の養育には長い時間が必要となり，そのため，巣にとどまらざるを得なくなった母親のところに仲間が食べ物を運ぶようになった。これが食物分配と共食の芽生えだというのである。つまり，共食は生き残りをかけて編み出された生存戦略だというのだ。いっぽう，山極（2008）は，当時の祖先が果実中心の食生活を送っていたことを示すデータもあることから，共食には最初から単なる生き残り策以上の意味，すなわち互いの絆を確認したり親睦を深めたりする意味があったのではないかと推測している。

■ 2-2 社会的な分配と共食

人間の共食とその前提になる食物分配はきわめて社会的である（詳細は外山（2008）を参照してほしい）。人間は生物学的必要性のない状況でも，みずからすすんで頻繁に広範囲の相手に食べ物を分配する。こうした分配は他の動物には認められない。たとえば，鳥類の分配（ツバメの親からヒナへの分配など）は繁殖行動の域を出ないし，チンパンジーやボノボ，ゴリラといった霊長類は相手に要求されなければ分配しない。分配先も血縁関係のある個体など，狭い範囲に限られる（山極，2012）。

人間が社会的に食物を分配できるのは，高度な社会的能力が備わっているからである。発達的にみると食物分配は生後9か月前後に出現してくる（図7-1）（川田他，2005）。これはちょうど三項関係が成立し，赤ちゃんの認識世界が大きく変化する時期にあたる。三項関係とは「自己」「他者」「モノ」の三者を結びつける能力であり，この成立によって，それ以前の二項関係ではなし得なかった世界とのかかわりが可能になる。他者を介して世界について知ることができるようになるのである。

チンパンジーと人間はかなり近い認知能力を有するが（友永他，2003），三項関係に関する限り大きな隔たりがある。三項関係の指標となる指さしや社会的参照は，チンパンジーにはほとんど認められないのである。三項関係を基盤とする模倣行動にも，人間とチンパンジーの間には質的相違のあることが報告されている。人間は発達初期から他者の行動の背後にある心（目的・意図・情動など）に重大な関心を寄

図7-1 初めての食物分配

せ，心を軸として他者の行動を理解しようとするが，チンパンジーはこうした視点が弱く，そのため，模倣が表面的な行動の複製にとどまるというのである（明和，2006）。いっぽう，人間の乳幼児は，相手の心を読み取って行動を補完するという高度な模倣を行える。

三項関係に依拠した心の読み取り能力は，社会的な食物分配と共食を支えているのである。「私（自己）が食べたいと思っている食べ物（モノ）に，私と同じように関心を寄せる他者」を想像できるがゆえに，人間は生物学的必要性を離れ，広範囲の他者に食物を分配できるのである。

■ 2-3 食の協同性

食物分配や共食の他にも，人間の食が他者の存在を抜きに語れないことを示すものがある。その1つが甘味への態度である。甘味は栄養のサインであることから，雑食動物の多くは甘味を好む。生まれたばかりの赤ちゃんは，苦味や酸味のある水には顔をしかめるが，甘味のある水には喜んでいるような表情をみせる（Ganchrow et al., 1983）。しかし1か月もすると甘味だけでは物足りなくなる。2週齢の赤ちゃんは泣いている時にショ糖溶液を舌に垂らすと泣き止むが，これと同じことを4週齢の赤ちゃんにしても泣きやまなくなるのである。4週齢の赤ちゃんには，ショ糖溶液を垂らす際に，他者が赤ちゃんの目を見つめるというかかわりが必要になるのである（Zeifman et al., 1996）。1か月というごくわずかな期間に，赤ちゃんは食について他者の存在を強く欲するようになることがわかる。

離乳食を食べる・食べさせるというやりとりにも，高い社会性がみてとれる。離乳食の進め方は社会によって異なるが，養育者が赤ちゃんに食べさせること，赤ちゃんは食べさせてくれるのを待っていること。この2つはどんな社会にも共通しており，人間にとってはごく当たり前のものである。しかし，運ばれてくる食べ物をただ待つという行動はチンパンジーには認められにくい（上野，2007）。

離乳食を食べさせる際，養育者は自分では食べてもいないのに頻繁に口を開ける（図7-2）。根ケ山はこれを共感的開口とよんだが（Negayama, 2000），養育者はただ口を開けるだけではない。その動きのパターンも子どものそれとよく一致するのである（Toyama, 2013）。赤ちゃんが食べ物をとりこむように口をゆっくり動かすと養育者もゆっくり動かし，赤ちゃんが口を大きく開けるようになると養育者も大きく開けるようになる。なぜ養育者は口を開けるのだろう。スコットランドより日本の母親の方がその頻度が高いという観察結果は（Negayama, 2000），母子の関係性がこの行動に影響を与えていることを示唆している。いっぽう，この行動には「手と口の分業」（養育者の手で子どもの口に食べ物を運ぶ）を円滑にする機能があることも指摘されている（Toyama, 2013）。以上のように，人間の食は発達のごく初期から他者とともに行うという意味での共同性，さらには互いが主体的・協調的にかかわることで成立するという意味での協同性を備えているのである。

「なぜ人間は共食するのか」という問いに対する答えの1つは，「それが必要だったから」である。しかし発達心理学の知見は「人間にはそれができたから」，さらには「共食が人間らしい能力をさらに開花させた」という答えも示唆している。

図7-2　養育者も口を開ける

第3節　家族の個人化と共食

■ 3-1　家族・社会の変化

「共食」は「団らん」と同義の言葉として用いられることが多い。平成23年版食育白書では,「共食とは,家族が食卓を囲んで一緒に食事をとりながらコミュニケーションを図ること」としている（内閣府, 2011）。ここからもわかるように,団らんしながらの共食は幸福な家族の象徴だが,団らんの場としての食事が日本で普及したのは第2次世界大戦後のことである（コラム⑦参照）。家族にとっての共食のあり方とその意味は時代や社会によって一様ではないのである。

では,近年,家族・社会にはどのような変化がみられるのだろうか。食の変化に関連すると考えられるものを拾ってみたい。まず,家族の個人化傾向の高まりを指摘できるだろう。これは,家族の一員としてよりも自分らしく生きたいという個人的価値の実現を重視すること,つまりひとりの人間として大事にしていることに時間やエネルギーを優先的に費やそうとする傾向をさす（目黒, 1987）。女性の場合,少子高齢化が進んだ結果,一生の中で母親役割を担う時間は大幅に短くなった。高学歴化もあり,結婚・出産後も仕事を続ける女性はもはや当たり前であり,結婚しても母親にならないこと,結婚しないことを選択する女性も決してマイノリティではなくなった。大きな社会変動の中で,女性の個人化傾向が高まってきたことは至極当然にみえるが（柏木, 2001）,個人化したのは女性だけではないだろう。家族の誰もが,家庭の外で個人として過ごす時間に重きを置くようになれば,家族の共食が少なくなるのは当然ともいえる。

食品産業の発展もまた,食の変化に深く関連しているだろう。第6章でみたように,日本では1970年代に外食チェーン店やコンビニエンスストアが相次いで登場した。1990年代には中食市場が拡大し,コンビニエンスストアの惣菜や持ち帰り弁当などが家庭の食卓に頻繁に登場するようになった。孤食の増加はその恩恵ともいえる。食品産業の発展は,孤食を可能にしてくれたのである。

さらに,共食できない社会状況も指摘できる。日本において食卓での家族団らんが定着した1960年代,夕方6時から7時の間に夕食をとる人は全体の2割を占め,8時半までには大半が夕食を終えていた（表, 2010）。しかし,現在の日本では長時間労働が常態化しており,非正規雇用も拡大している。就労環境をめぐるこれらの問題を是正せず,孤食の問題点をあげつらっても意味がない。結婚・出産年齢

の高齢化や離婚率の上昇にみられるように，個人のライフスタイルも多様化している。夕方定時退社して家族そろって食卓を囲む生活は，もはや標準的とはいえまい。孤食およびそれと関連するさまざまな問題に対処するためには，過去を美化するのではなく，現在の状況にあった共食のあり方を模索していく必要がある。

3-2 共食の形

　これだけ孤食を後押しする要因があるのだから，そのうちに共食は淘汰されてしまうのではないか。この点について，楽観的な見方をすれば，共食の形が変わるだけなのかもしれない。

　外山・長谷川（2016）は，大学生とその親世代（1960年代生まれ）の人たちを対象として，子ども時代の「思い出に残る食事」と「ごちそう」について回答を求めた。親世代では「思い出」「ごちそう」ともに，家族との普段の食事風景をあげる者が多かったが，大学生世代では友だちとの食事，家族といっても正月などに親戚一同が介したハレの日の食事風景をあげる者が多かった。こうした相違はあったものの，「ひとりの食事」や「子どもだけの食事」はあげた者は，どちらの世代でもごくわずかにとどまった（1〜3%程度）。この結果は，ケの食事に対する精神的価値は低下したものの，共食の志向性自体には大きな変化がないことを示唆している。若者世代を中心に，TwitterやFacebook，InstagramなどSNSの利用が増えているが，そこには食べ物の写真が溢れている。「どこのレストランで何を食べた」「こんな料理・弁当を作ってみた」といった書き込みとともにアップされた写真には，食を共にすることへの強い思いがあるとも解釈できる。

　いっぽう，共食はそのうち淘汰されるとみることもできるだろう。私たち人間にそなわっているさまざまな能力は，私たちの祖先が生活に都合がいいように進化させてきたものだ。したがって，使わなければ，そして必要性がなくなれば，能力は衰退していくしかない。これは共食にもあてはまる。社会環境の変化によって孤食はとても容易になった。子どもでもお金さえあれば，親が調理してくれるのを待つまでもなく食べることができる。この状況が続けば，人間の食も栄養摂取機能を残すのみとなり，その社会的意味は失われていくかもしれない。それと同時に，社会的な分配や共食を支えてきた能力も損なわれていく可能性がある。

　共食の形が変わるだけなのか，それとも孤食の広がりの中で食の社会性も，それを支える人間の能力も衰退していくのか。私たちはいま，大きな分岐点に立っているといえるだろう。

【文　献】

足立己幸・NHK「おはよう広場」(1983). なぜひとりで食べるの―食生活が子どもを変える　日本放送出版協会

足立己幸・NHK「子どもたちの食卓」プロジェクト (2000). 知っていますか子どもたちの食卓―生活からからだと心がみえる　日本放送出版協会

石毛直道 (1982). 食事の文明論　中央公論新社

上野有理 (2007). チンパンジーの親子関係にみる食育　発達, **110**(28), 104-112.

表　真美 (2010). 食卓と家族―家族団らんの歴史的変遷　世界思想社

柏木恵子 (2001). 子どもという価値―少子化時代の女性の心理　中央公論新社

川田　学・塚田みちる・川田暁子 (2005). 乳児期における自己主張性の発達と母親の対処行動の変容―事場面における生後5ヶ月から15ヶ月までの縦断研究　発達心理学研究, **16**, 46-58.

友永雅己・田中正之・松沢哲郎 (2003). チンパンジーの認知と行動の発達　京都大学学術出版会

外山紀子 (2008). 発達としての共食―社会的な食のはじまり　新曜社

外山紀子・長谷川智子 (2016). 「小学生の頃の思い出に残る食事」「ごちそう」の世代間比較　食生活学会誌, **26**, 215-222.

内閣府 (2011). 平成23年版食育白書

内閣府食育推進室 (2012). 食育に関する意識調査報告書

日本スポーツ振興センター (2010). 平成22年度児童生徒の食事状況等調査報告書

平井滋野・岡本祐子 (2003). 食事場面の会話と親子の心理的結合性の関連　青年心理学研究, **15**, 33-49.

平井滋野・岡本祐子 (2006). 家庭における過去の食事場面と大学生の父親および母親との心理的結合性の関連　日本家政学会誌, **57**(2), 71-79.

明和政子 (2006). 心が芽ばえるとき―コミュニケーションの誕生と進化　NTT出版

目黒依子 (1987). 個人化する家族　勁草書房

文部科学省・国立教育政策研究所 (2013). 平成25年度全国学力・学習状況調査報告書

山極寿一 (2008). 人類進化論―霊長類学からの展開　裳華房

山際寿一 (2012). 家族進化論　東京大学出版会

Ganchrow, J. R., Steiner, J. E., & Daher, M. (1983). Neonatal facial expressions in response to different qualities and intensities of gustatory stimuli. *Infant Behavior and Development*, **6**, 189-200.

Negayama, K. (2000). Feeding as a communication between mother and infant in Japan and Scotland. *Research and Clinical Center for Child Development Annual Report*, **22**, 59-68.

Toyama, N. (2013). Japanese mother-infant collaborative adjustment in solid feeding. *Infant Behavior and Development*, **36**, 268-278.

Zeifman, D., Delaney, S., & Blass, E. (1996). Sweet taste, looking, and calm in 2- and 4-week-old infants: The eyes have it. *Developmental Psychology*, **32**, 1090-1099.

◆コラム⑦ つくられた家族団らん

図⑦-1 第1期修身教科書の挿絵

　ホームドラマの定番シーンといえば家族団らん，つまり家族の揃った食卓風景である。かなり古いがドラマ「寺内貫太郎一家」でも，超長寿アニメの「サザエさん」でも，ほぼ毎回，家族みなでちゃぶ台を囲むシーンが登場する。お父さんがちゃぶ台をひっくり返すこともあったが，アニメ「巨人の星」の星飛雄馬の家族もやはり家族そろって夕食をとっていた。家族団らんは，幸福な家庭の象徴なのである。

　しかし表（2010）の分析によれば，この一見のどかな家族団らんシーンは，実は国家によって作りあげられ，国民に植え付けられてきたイデオロギーであったという。家族揃って食事をとる習慣は歴史が浅く，日本では大正から昭和初期以降に始まった。さらにそこで会話が許されるようになったのは戦後以降であり，それ以前は食卓での会話は禁じられていた。こうした変化は銘々膳からちゃぶ台へという食卓の変化が関係しており，高度経済成長期にテーブルが普及するにともなって「楽しく会話しながら食べる」という現在の家族団らんが都市部から徐々に広がり定着していったというのだ。

　興味深いのは，この普及に先立って，さまざまなメディアを通じて家族団らんが国家主導で推奨されたという指摘である。図⑦-1は1904年に発行された第I期国定修身教科書に掲載された挿絵（「家庭の楽（たのしみ）」）である。女の子が甘えて祖母のひざに座り，家族みなで男の子の話を聞いている。現代にも通じる家族団らん風景である。家事科（現在の家庭科）教科書では，明治31年に発行された初めての高等女学校検定教科書に食卓での家族団らんが登場して以降，継続して家族団らんが多く記され，とりわけ昭和に入るとその精神的・社会的機能が強調されるようになったという。太平洋戦争時には，戦地に赴く兵隊のための「蔭膳」や「たとえ美味に乏しくとも」といった戦時下特有の表現がみられるようになり，家族の精神的紐帯の重要性が繰り返された。結果的に，家族団らん像は軍国主義教育の一端を担わされることになったのである。

図⑦-2 「家庭教育手帳」の挿絵

　本章で指摘したように，近年「孤食」が問題視され，2005年には食育基本法が成立した。2004年に文部科学省によって作成され，子どものいる全家庭に配布された『家庭教育手帳』では，

「一緒に食べるってとても大切」とわざわざ記されている（図⑦-2はその挿絵）。2002年に文部科学省から発行された道徳副読本『心のノート』でも，家族の食卓を描いた挿絵が多用されている。こうした状況に，家族団らんが国家主導で推奨された戦前の状況を重ねてしまうのは，考えすぎだろうか。

【文　献】
表　真美（2010）．食卓と家族―家族団らんの歴史的変遷　世界思想社

(外山紀子)

第8章
世代による食行動の違い

長谷川智子

第1節　はじめに

　私たちが日頃どのような食べ物を選択し，摂取するかについてはさまざまな要因が直接・間接に影響を与えている。
　加えて，個人の生きる時代が異なると何をどのように食べるかについても変化する。本章では，世代の違いによって食行動がどのように異なるか考えていく。第2節では，まず，時代による食行動の違いを理解するために，現代日本における食物選択に影響を及ぼす要因について論じる。次に，食物選択に直接，間接に影響を与える要因が時代とともにどのように変化したのか検討していく。第3節では，日本の食品産業の急激な発展とともに誕生した団塊ジュニア世代（1971～1974年生まれ）を1つの区切りとして，団塊ジュニアより前に生まれた世代と団塊ジュニア以降の世代の食行動の違いについて，筆者らの研究をデータとして示していく。第4節では，個人の「食の記憶」に着目して，世代差を検討していくこととする。
　本章では，主に世代差の検討をするが，食行動は時代や世代を超えて継承されていく側面もあるだろう。第5節では，食が世代を超えて受け継がれていくにはどのような要因が関与するかをみていくことによって，最後に改めて食行動の世代による違いと継承について論じる。

第2節　食物選択に影響を与える要因

■ 2-1　現代日本における食物選択モデル

　現代日本における主に青年期以降の食物選択について，個人，家族・家庭，社会

表8-1　現代日本における食物選択への影響モデル

①個人の水準
【直接影響を与える要因】
・食意識（食への価値観・関心など）
・食物嗜好
・調理技術
・食事作りに費やす時間
・食費
・食に関する生育暦（親や祖父母・親戚知人からの調理技術・食文化・食意識などの伝達）
・近隣へのアクセス（自家用車所有・スーパー，コンビニエンスストア，フードコート，弁当・惣菜店，飲食店，ファストフード店）
【間接的に影響を与える要因】
・健康意識・痩身意識
・学歴
②家族・家庭の水準
【家族の状況】
・家族構成
・就労状況
・生活状況
・食の担い手の個人の水準の状況
【家庭の状況】
・世帯収入
③社会的環境の水準
【食に関する要因】
・食品産業の発展
・調理器具・食具の進化
・食の流通の多様化（市場を通さず，生産者が直売するファーマーズマーケットなどの展開）
・マスメディア・インターネットなどによる食の情報（食・健康のブームやテーブルセッティング）
【食に間接的に影響を与える要因】
・景気動向
・電子機器・電化製品などの発展
・交通網の整備

的環境の3水準における影響に関するモデルを表8-1に示した。

　個人の水準では，「食は大切なもの」あるいは「食より優先すべきことがたくさんある」というような食に対する価値づけや食への関心を含む食意識，どのような食べ物を好むかに関する食物嗜好は，食物選択に直接影響を与える要因の中でも中心的な要因である。また，個人の調理技術の高さは自ら料理を手作りするか，中

食・外食中心となるかに影響を与える。いっぽう，調理技術が高くとも多忙により調理に費やす時間がなければ手作りが困難となるが，生活圏における中食・外食の入手可能性によっても手作りするか否かの選択は異なるだろう。また，「朝食は和食，みそ汁は欠かせない」などの信念や，料理の構成や盛り付ける器なども幼い頃からの家庭での食習慣が影響を与えるだろう。このように個人の食にまつわる生育歴はその人の現在の食物選択に欠かせない要因となる。また，個人の食物嗜好は単にその食べ物の味やにおい，食感などの感覚的属性のみに起因するものではない。その人が健康志向であれば風味にクセのある野菜をイヤイヤ食べるのではなく，積極的に好んで食べるだろう。

　家族・家庭の水準は，家族と同居の場合に，個人または家族全体に影響を与える。たとえば，父親が毎日職場に母親（妻）の作った弁当を持参する習慣がある場合は，母親は大学生の子どもにも弁当を作るかもしれない。また，幼い子をもつ母親は，家族と一緒の朝食や夕食は健康に気遣ったとしても自分だけで食べる昼食はカップ麺だけですませるかもしれない。このように，家族と一緒に暮らしていると家族それぞれの生活リズムや年齢に応じた配慮が必要となり，家計の状況も加わった上で，日常の食生活が営まれる。

　社会的環境の水準における食に関する要因は，まさに食品産業の発展の側面を示すものである。レストランやカフェ，ファストフード店などの飲食店の多様化，弁当・惣菜店およびスーパーマーケット，コンビニエンスストアなどでの弁当や惣菜の品数の増加，レトルト食品やカップ麺，缶詰など調理済み食品の進化などはさまざまな形で日常の食生活に影響を与える。また，近年保温性の高い弁当箱や麺類用の弁当箱（麺汁や具などを食べる直前に混ぜ合わせることができる）など多様な食具が販売されている。不況による家計の厳しさからの食費節約だけではなく，このような食具の発展も昼食の手作り弁当持参の増加に寄与している。その他，インターネットやマスメディアで取りあげられる健康食品が爆発的に売れるのは珍しいことではなく，雑誌などに掲載されるおしゃれな食器やランチョンマットは自分のテーブルセッティングの参考にしている者もいるだろう。間接的な要因としてあげた交通網の発展は個人が旅行をして普段食べられないようなものを食べたり，遠方からの生鮮食品の短時間での輸送を可能にするなど，人の移動や食品の流通に大きな影響を与える。最後に電子機器・電化製品の発展は情報の共有のされ方や家事全般の軽減にもつながる。

■ 2-2 時代に生きる個人からみた食物選択

　個人の食物選択は，加齢とともに変化する側面と生活する時代の影響を受ける側面の2つがある。胎児期から中年期頃までの食物摂取の変化の研究を大きく俯瞰すると次のようになる（長谷川，2017）。胎児期から乳児期までの子どもは，母親の食物摂取に強く影響を受けている。すなわち，母親が摂取した食べ物の味・においが母体内での羊水の味・におい，母乳の味・においに反映するので，胎児は羊水を摂取することによって，乳児は母乳を摂取することによって，日々変化する母親の食物摂取の影響を受ける。さらに，乳児期の母乳摂取経験がその後の食物受容に影響を与え，母乳を摂取した乳児の方が調整乳の乳児よりもさまざまな食物を容易に摂取できる。離乳期から学童期にかけて，人との関係性の中での食経験が増加することにより食物受容が広がっていく。しかしながら，そのような食物受容の広がりはいったん狭まってしまう。中学・高校の青年期前期になるとスナック菓子やファストフードなどを仲間と食べる機会も増え，高脂肪高エネルギーの食物に偏る傾向がある。青年期後期からは再び高脂肪高エネルギーの食物摂取が減少し，児童期までの食経験の影響が再び現れ，以降少なくとも中年期頃までは健康や仕事の状況などの大きな変化がない限り，食物選択には大きな変動がないようである。もちろん，このような生涯にわたる食物選択もそれぞれの時代の影響を受けるため，どの程度時代の影響を受けるのかは明確にすることはできない。

　本章の第3節，第4節において世代間の比較をしていく中で，主に団塊ジュニア前後の食行動の違いと，現在の大学生と親世代の食の思い出の違いについて着目している。それぞれの世代がどのような時代を過ごしているのか把握するために，戦後の日本の食品産業の推移について，主な出来事，景気，交通・通信状況，世代と共に示した（表8-2 ☞ p.120）。

　団塊世代とは，第2次世界大戦後のベビーブームの世代をいい，狭義には1947〜1949年生まれ，広義には1947〜1951年生まれが該当する。団塊世代が結婚し，出産を迎えたのが1971〜1974年頃であり，第2次ベビーブームという出産ラッシュが生じた。この世代を団塊ジュニア世代という。表8-2からも明らかなように，団塊世代はまさに日本の高度経済成長とともに子どもから大人になった世代である。この世代は，成人になるまでにインスタントラーメンやジュース，コーラなどが存在していたが，日常の食事は家庭で手作りが基本であった。しかしながら，団塊世代は日本の食品産業の発展とともに子育てをしており，手作りをしなくとも，家族の食を外部化することが容易になった最初の世代ともいえる。

120　第3部　大学生の食をみる視点

表8-2　戦後の出来事・交通・景気・食品産業などの変遷

世　代	年	出　来　事	交通・通信・インターネット状況	景気・金融政策など	食品産業
	1945	第2次世界大戦終戦			
団塊世代	1947				全都市児童学校給食開始
（狭義）	1949				
（広義）	1951				バヤリースオレンジ、不二家ミルキー発売
	1953		テレビ放送スタート		日本初のスーパー紀ノ国屋開店
	1954	街頭テレビで力道山人気		神武景気（〜1957）	
	1955		羽田空港旅客ターミナル開館		
	1956			「もはや戦後ではない」	
	1957	三種の神器（冷蔵庫・洗濯機・テレビ）			主婦の店ダイエー1号店・コカ・コーラ発売
	1958	東京タワー完成		岩戸景気（〜1961）	日清チキンラーメン発売
	1959				ベビーラーメン（現：ベビースターラーメン）発売
現在の大学生の主な親世代（1960年代）	1960		カラーテレビ登場	所得倍増計画閣議決定	ハウス印度カレー、森永インスタントコーヒー発売
	1961				マーブルチョコレート、エンゼルパイ発売
	1962	量産品としての電子レンジ製造開始			
	1963		名神自動車道開通（〜1965年）		ケロッグコーンフレーク、日清焼きそば発売
	1964	東京オリンピック開催	東海道新幹線開通		かっぱえびせん発売
	1965		国鉄みどりの窓口開設		冷凍食品販売本格化
	1966	ビートルズ来日			ポッキー発売
	1967				カール発売
	1968		東名自動車道開通（〜1968年）	GNP世界2位	市販レトルトカレー「ボンカレー」地域限定発売
	1969	アポロ1号人類初の月面着陸			
	1970	万国博覧会開催			すかいらーく1号店、小僧寿しチェーン展開、ケンタッキーフライドチキン1号店などオープン、カップヌードル販売開始
団塊ジュニア（〜1974年）	1971				マクドナルド1号店、ロイヤルホスト1号店、ミスタードーナツ1号店
	1972	札幌オリンピック開催、パンダ2頭上野動物園来園、沖縄返還	東北自動車道開通（〜1987年）		ロッテリア1号店、モスバーガー1号店
	1973			第1次オイルショック	
	1974				セブン-イレブン1号店、デニーズ1号店、31アイスクリーム1号店
	1975		山陽新幹線開通		
	1976	ロッキード事件			ほっかほっか亭1号店
	1977				ファーストキッチン1号店

第8章 世代による食行動の違い

世代	年	出来事	交通・通信・インターネット状況	景気・金融政策など	食品産業
	1978		成田空港開港		
	1979			第2次オイルショック	伊藤園ウーロン茶缶入り発売
	1980				
	1982		東北・上越新幹線開通		
	1983	東京ディズニーランド開業			
	1984				ハーゲンダッツ1号店
	1985				ホブソンズ1号店
	1986	男女雇用機会均等法施行		バブル景気（〜1991年）、マネーゲーム	
	1988		青函トンネル開通		
	1989			消費税3%導入	
	1990				
	1992	学校週5日制（第2土曜日休日）開始	東海道新幹線のぞみ運転開始		ガストテスト店、サブウェイ1号店、フレッシュネスバーガー1号店、マクドナルド100円バーガー期間限定販売
	1993				サイゼリヤ
2016年度の主な大学生世代（〜1998）	1994		関西国際空港開港		マクドナルドバリューセット開始
	1995	阪神・淡路大震災、地下鉄サリン事件	九州自動車道全線開通、Windows 95発売		
	1996				スターバックス・コーヒー1号店
	1997			消費税5%導入	
	1998	長野オリンピック開催			
	1999			携帯電話・PHSの番号11桁化	
	2001	東京ディズニーシー、USJ開業		ブログの普及	
	2002	FIFAワールドカップ日韓開催			
	2004		九州新幹線開業・mixi開始		
	2005			個人情報保護法施行	
	2006				クリスピークリームドーナツ1号店
	2007				食品会社の偽装事件相次ぐ
	2008		Facebook・Twitter日本語版公開	米国リーマンブラザーズ経営破綻	中国製餃子による中毒事件
	2010			高速道路一部無料化開始、東北新幹線八戸〜新青森間開通、羽田空港新国際線ターミナル供用開始	
	2011	東日本大震災	九州新幹線全線開通		
	2012	東京スカイツリー開業			
	2014			消費税8%導入	
	2015		北陸新幹線開通		
	2016			北海道新幹線開通	

現在の大学生世代は，食の外部化，とくに中食の広がりや食べ物の低価格化競争が激化した時代に育っている。いっぽう，その親世代が育った1970年代は，日本の食品産業が急速に発展し，また流通面では高速道路が整備されつつあったため，中遠隔地の野菜などを食べることができ始めた時期ではあるが，大都市に生活する一部の者がファミリーレストランやファストフードを利用する程度であり，中学生，高校生頃から徐々に手軽に外で飲食ができるようになった世代であるといえよう。

以上のような戦後の時代の流れを念頭に置きながら，次節以降で世代による食行動の変化の側面と世代を超えて受け継がれていく側面についてみていこう。

第3節　団塊ジュニア世代前の世代と以降の世代の食行動

■ 3-1　食態度・食意識について

今田ら（2013）は，25～44歳の乳幼児をもつ母親を対象に日常の食行動に関する調査をおこなった。調査対象者は子どもが1～3名いる核家族の母親であった。調査時には自身とパートナーそれぞれの両親の生年も尋ねており，調査時点における35～44歳をおおよそ団塊ジュニアより前の世代，25～34歳を団塊ジュニア以降の世代と位置づけることができた。質問項目は，母親の食行動，食への態度，育児，授乳に関する項目であった。対象者の年齢群を20代後半（25～29歳），30代前半（30～34歳），30代後半（35～39歳），40代前半（40～44歳）の4群に分類したところ，年代によって差がみられた主な特徴は次の3つである。

1つめは，若年の母親の食卓状況の簡便化である。食卓のセッティングについては，「スーパーなどで購入した惣菜は別の食器に移し替えて食卓に出す」は，40代前半が61%（他の3群は45～49%），「夕食はおかずを大皿に盛って家族が食べたいものを食べられるようにしている」は，20代後半が51%（他の3群は31～36%）であった。また，実際の食行動については，20代後半は「お菓子やスナック菓子が食事のかわりになることがある」が18%（他3群は9～11%），「昼食はコンビニやファストフードなどで簡単にすませることが多い」が20%（他3群は9%～17%）といずれも高かった。

2つめは，若年の母親の自分専用の食器所有率の低下である。銘々箸，銘々椀，自分専用の湯飲み茶碗，自分専用のコップについてはおおよそ年代が低いほど所有率が低く，いずれも統計的な差異が認められた。この点については，1つめにあげた食器の大皿盛りとも関係している可能性が考えられる。

3つめは，高年齢の母親の食に対する配慮と料理作りの負担感である。40代前半は「料理を作ることは楽しいと感じる」は44%（他3群は若年から48〜51%），「おなかがいっぱいになれば，見かけやおいしさが多少欠けていても満足できる」は16%（他3群は若年から26〜21%）といずれも低いいっぽうで，「自分に不足しがちな栄養素はビタミン剤やサプリメントで補うようにしている」は25%（他3群は若年から16〜18%）と割合が高かった。

　4つめは，若年の母親の偏食の強さと外食の多さである。今田ら（2013）の調査では，食物の入手先およびその頻度から調査対象者を「外食派」「持ち帰り派」「スーパー派」「コンビニ派」の4つに分類し，さらに食品購入時に手がかりとするものに関する回答から「表層的情報」（パッケージの見た目の印象，陳列の様子など），「栄養効用情報」（カロリーや栄養成分），「経済情報」（値段）の3つに分類した。それらについて偏食と関連性がみられたのは，食物の入手先においては外食派，持ち帰り派，コンビニ派の3つに正の相関がみられ，食品購入時の手がかりにおいては栄養効用情報との間に負の相関がみられた。このような結果から偏食をする者は外食・中食，あるいは調理済み食品の利用が多く，購入に際しても栄養について考慮しないという特徴が背景にあることが読み取ることができる。

　以上のことから食の簡便化およびそれに伴う偏食傾向は若年層に顕著であるいっぽう，高年齢の母親においては食や健康，栄養についての配慮や従来型の食器の個別所有は認められるものの料理作りを純粋に楽しいものとはとらえておらず何らかの負担感をもっていることが明らかとなった。このような高年齢の母親における料理作りの負担感の原因は現時点では不明であるが，高年齢の母親には幼児以外にも年長の子どもがいることが多く，生活パターンの多様化による煩雑さも関連しているかもしれない。

■ 3-2　写真法による食事調査について

　長谷川ら（投稿準備中）は，第2章で示した中学生・大学生の写真法と同様の手法を用いて3〜5歳の幼児をもつ母親に調査をおこなった。調査対象となった母親は今田ら（2013）と同様に25〜44歳であり，子どもの人数が1〜3名，核家族の者であった。分析対象者は67名であった。

　はじめに，第2章の対象者であった中学生・大学生の食事と母親の食事についての共通点と相違点についてみてみる。主な共通点は次の3点である。第1は，3つの世代いずれも食事バランスの分類の多くが摂取の目安に達していないことである。

【25〜29歳群】
〔夕食〕
自分で握った鮭わかめおにぎり，みそ汁，サラダ，蒸し鍋

【40〜44歳群】
〔家族と一緒の昼食〕
餃子，焼きそば，たい焼き

【30〜34歳群】
〔昼食〕
タッパーに入ったご飯，インスタントカップ麺，フライドポテト（購入），ご飯

〔朝食〕
おにぎり（購入：食べたのは1つのみ），ゆで卵（購入），手作りみそ汁

〔間食〕
新聞広告にのせられた焼き芋

図8-1　幼児をもつ母親の食器の代用品使用の例

母親の食事では，主菜以外の主食，副菜，牛乳・乳製品，果物の4分類が摂取の目安に達していなかった。第2は，共食の方が孤食よりも食事バランスがよいことである。母親の食事では，共食の方が孤食より主菜，副菜が多く，ひもが少ない傾向にあった（山中他，2016）。第3は，食器の代用品の使用についてである。中学生・大学生と同様に，通常は食器を使用する文脈において，ラップやクッキングシート，購入したパック（弁当などそのまま容器として用いることを想定しているものは除く）などを使用した者は22名（33％）であり，中学生の45％に近い割合であった（図8-1）。しかしながら，その多くは，購入したおにぎりや自分で作ったおにぎりをラップのまま食べたり，袋に入ったパンを袋から直接食べたりドーナツを食べる時に附属のペーパーを敷いたりすることが中心であり，ザルなどの調理器具を食器の代用品にすることはほとんどみられなかった。

相違点としては次の5点があげられる（図8-2）。第1は，母親の欠食率の低さである。母親の朝食，昼食，夕食の欠食率は，それぞれ4％，5％，0.5％であり3

【30〜34歳群】

〔ひとりで食べた昼食〕
ランチョンマット

〔子どもが食べ終わった後にひとり
のんびりとったコーヒーのみの朝食〕

【35〜39歳群】

〔家族そろって食べた朝食〕
ご飯，みそ汁，天ぷら（購入），りんご，
カフェオレ

〔昼食でおなかいっぱいになった後の家族
そろった夕食〕
ご飯，バナナ，味付け海苔，カフェオレ

図8-2　幼児をもつ母親の特徴的な食卓の例

食いずれも中学生・大学生より低いことがわかる。第2は，母親のコーヒーの摂取の多さである。3日間で少なくとも1回はコーヒーを摂取した者は52名（78％）であった。また，母親は主食が麺類，ご飯のときに，茶，水以外を飲んでいた者は9名（13％）で20食であったが，そのうち15食での飲み物がコーヒー（加糖・ミルク入り含む）であった。第3は，母親において，飲料のみを食事とみなした者が4名（6％）いたことである。これらはいずれも朝食であった。第4は，ご飯を食べる際に，母親において保存用のタッパーで食べている者がいた（3名，4％）点である。これは冷やご飯を冷蔵（凍）庫に保存した後に電子レンジで温め，ご飯を茶碗にうつさずそのまま食べるためであり，中学生・大学生ではみられなかった。第5は，食事のときにランチョンマットを使用した者が13名（19％）おり，この点についても中学生・大学生ではみられなかった。

これらのことから，次のようなことが示唆される。幼児をもつ母親世代に最も特徴的なことはコーヒーの摂取頻度の高さであり，主食の種類に関係なく食事のと

きに摂取している者がいることである。これは，成人になって以降職場などで常備されているコーヒーを頻繁に飲む習慣が形成されていたり，カフェが増加したりしていることも影響しているかもしれない。次に，欠食率が低いにもかかわらず食事バランスの4分類において摂取の目安に達していないのは，ひとりで食べる食事が偏っていたり，一度の食事の分量自体が少ない可能性もある。さらに，母親が残り物を食べることが多く食器洗いの後片付けを自身ですることから洗い物を少なくする工夫として食器代わりにタッパーを利用するのであろう。また，ランチョンマットの使用者が多いのは，テーブルウェア関係の商品の増加や，雑誌などのマスメディアやインターネットなどで食卓にランチョンマットをひいた写真などを目にする機会の増加によるかも知れない。以上のような母親の食の特徴の多くは，表8-1に示した食物選択への社会的環境の水準が影響していることがわかるだろう。

次に，母親の年代を25～34歳（以下，低年齢群）と35～44歳（以下，高年齢群）の2群に分けて比較したところ相違点は次の3点であった。第1に，食事バランス分析において高年齢群の方が低年齢群より牛乳・乳製品の摂取量が多かったことである。第2に，食器の代用品に関する点については，高年齢群は低年齢群より食器の代用品およびタッパー使用が少なかったことである。第3に，高年齢群は低年齢群よりも主食が麺類・ご飯のときに，水，茶以外の飲み物を摂取することが多い傾向がみられた点である。高年齢群が食器の代用品やタッパーの使用が少ないのは，今田ら（2013）で示された高年齢群の方が銘々箸や銘々茶碗など食器の個別所有が多いことと関連していると考えられる。しかしながら，高年齢群が主食が麺類・ご飯のときに，水，茶以外の飲み物の摂取頻度が高かったことの原因は現時点では不明である。

第4節　食の思い出

子どもの頃の食の思い出といえば，どのようなものがあるだろうか。子どもの頃の食の思い出はその時代の状況を色濃く反映する。『あの日，あの味』（月刊『望星』，2007）は，66名の著名人が昭和時代における自らの食の記憶についてのエッセイ集である。執筆者はおおよそ1940年代およびそれ以前に生まれた人達が多く，戦前・戦中も含む長い人生を振り返った中で強く印象に残った食の記憶である。それぞれのエッセイに登場する食の記憶は時代背景も含めて実に多様であるが，食べ物の味，におい，執筆者の心情，それを取りまく人の様子がたとえ何十年も前のこ

とであっても，読者にもありありと思い浮かぶほど鮮明に記述されている。また，エッセイで取りあげられている食べ物は，食料難の時代にあっても，飽食とよばれる時代にあっても，日常生活に密着し，かつ母など身近な人が作ってくれた素朴なものであることが多いだけでなく，苦しい思いをして生きているときにそれを食べて精神的に救われたというようなものも少なくなかった。ここに登場する著名人だけでなく，誰しもがこのような食にまつわる思い出をもっているだろうが，どの世代の人も，『あの日，あの味』の戦中戦前生まれの執筆者達のように，日常の素朴な食事に想いをはせるのだろうか。

　そこで，現在の大学生とその親世代の小学生の頃の食の思い出はどのようなものであり，世代による違いはどのように描き出されるのか，第7章でも取りあげられた外山・長谷川 (2016) について詳しくみていこう。

　調査当時の大学生が小学生の頃は主に 1999〜2009 年頃であり，1960 年代に生まれた親世代は 1966〜1981 年頃であった。親世代については食品産業が大きく成長した 1970 年代が含まれているが，その影響を受けた可能性があるのは大都会が中心であった時期といえよう。まず，両世代の背景をとらえるために，「小学生の頃の家族との思い出」について比較する。思い出として記述された場所については，大学生，親世代それぞれ自宅が 11%，16%，旅行先が 63%，56%であり，その他も含めて場所に関する世代差は認められなかった。これらのデータをさらに細かくみていくと，とくに旅行先に関しては，それぞれの世代の差が浮き彫りになる。たとえば，大学生においては旅行に行った者の中で海外旅行と記載した者は 13%いるいっぽう，親世代は 1 名のみで 0.6%であった。また，親世代については「めったに行けなかった」「新しい洋服を着て出かけた」など，親世代の子どもの頃は旅行が特別な出来事であり，そのことが鮮明に記憶に残っている様子がうかがえる。また，「最も思い出に残る家族との食事」の場所については，大学生，親世代それぞれ自宅が 29%，58%，旅行先が 16%，7%，外食が 33%，26%と大学生の方が自宅外での食事を最も思い出に残るものと位置づけている。これら旅行先と外食についてこれらのデータをさらに細かくみていくと，大学生ではホテルのビュッフェ形式の食事やファミリーレストラン，海外旅行先などが 15%ほどであったのに対して，親世代については外食の中ではデパートの食堂が 10%であった。

　大学生世代も親世代もいずれも家族との思い出として思い出されることは旅行に関することが多いが，親世代での旅行は現在のように安価ではないし，交通機関も発展途上であったことからも容易に経験できるものではなく 1 回の旅行の価値は

大学生世代よりも大きいものであっただろう。そのような時代背景の中での親世代のデパートの食堂での思い出は，現在の大学生の旅先の豪勢な食事や外食よりも貴いものなのであろう。また，このように親世代においても旅先の思い出が6割近くあげられるのは，前述した『あの日，あの味』の戦前，戦中時代生まれの主な執筆者達と生きてきた時代が異なるからかもしれず，食の思い出も世代によって異なるのであろう。

第5節　家族の食の継承

　第3節，第4節では主に世代による食の違いについて着目してきた。しかしながら，食は世代を超えて受け継がれていく側面もある。本節では3つの調査について概説することによって，さまざまな属性の人たちの食の継承について論じていく。

　はじめに，食の外部化についての継承である。平成17年乳幼児栄養調査（2006）では，乳幼児をもつ母親の幼少期における調理済み食品の摂取頻度と自身が母親になり子どもとの間で営む食生活の関連性を検討している。母親自身の幼少期に調理済み食品を「よく食べた」場合，自分の子どもにベビーフードを「よく使用した」者は46％であるのに対して，料理済み食品を「ほとんど食べなかった」場合にベビーフードを「よく使用した」者は22％であった。また，同じく母親自身が幼少期に調理済み食品を「よく食べた」場合，自身の子どもと「週に1回以上」外食する者は28％であるのに対して，「ほとんど食べなかった」場合では子どもと「週に1回以上」外食する者は17％であった。これらのことから，母親の幼少期の食の外部化の経験は自身が親になった後に営む食生活に影響を与えていることが明らかとなった。

　次に既婚男性の料理行動と料理にまつわる生育歴との関係をみてみる。東京ガス都市生活研究所（2010）は，30〜50代の既婚男性900名を対象として，料理に関する意識と行動を検討している。包丁やコンロを使う料理を「する」と回答した者は全体の64％，「しない」「今はしない」と回答した者は36％と，全体の約2/3の者が料理をしていることが示された。料理実施者を，日常における料理の頻度によって，「日常実施者」（「週に3〜4日」と「ほぼ毎日」の合計），「休日実施者」（「月1〜2日」と「週に1〜2日」の合計），「非日常実施者」（「年に1〜2日」と「半年に1〜2日」の合計）に分類したところ，料理実施者のうちの割合はそれぞれ21％，64％，11％であった。日常実施者の育った背景をみてみると，子どもの頃に料理作

りを手伝っていた者が68％，父親が料理していた者が39％と他群よりも多かった。いっぽう，料理をしない者のうち36％は自分が料理することに抵抗感をもっており，その割合は他群より多かった。また，料理をしない者は，子どもの頃に料理作りを手伝っていた者が30％，父親が料理をしていた者が17％といずれも他群よりも少なかった。これらのことから，東京ガス都市生活研究所（2010）では，子どもの頃の料理経験や，父親の料理する姿を見ることが料理に対する価値観形成に影響し，そのことが現在の料理作りに影響を与えるものととらえている。

　最後に正月料理に関する世代間の継承についてみていく。塩谷（2002）は，現代の家族の食生活は，世代間の関係がどのようであれば伝承あるいは断絶が生じるか検討している。対象は食文化や家族関係に比較的伝統的傾向が残る山漁村部あるいは急激な近代化・都市化により価値観が多様化し家族／世代間の関係が大きく変化している都市部に住む三世代の女性であった。中年期にある母世代を主対象者とし，上の世代である祖母，下の世代である孫の三世代に面接調査を実施している。家族形態は主に家後継同居（家業，家産，祭祀を継ぐことを目的とした同居），手段的同居（住居の強要や家事援助など生活上の利便性を目的とした同居），別居（当初夫側の家を継いで同居していたが，世代間関係に問題を生じたなどの理由によって途中で夫の家から別居）に分類された。

　まず，あらかじめ指定された22品目を対象として，正月料理の品数について検討した。平均総料理数は地域差がなくおよそ13品目であった。しかしながら，山漁村部の方が手作りの品数が多く，都市部の方が市販品の利用が多かった。料理の継承についてみてみると，妻側から継承した料理を継承することが多く，とくに妻側に同居・近居した例の9割が妻側の料理の影響を受けており，継承意識も強かった。いっぽう，夫側に同居・近居した場合は，夫側の料理の影響を受けている家庭は4割弱であった。夫側の影響が比較的強かった夫側の家後継同居では現在の料理品数は多かったが，今後の料理への断絶，不安定さが強く，本音と建て前に差がある事例が多いことが示された。また，継承要因としては，多い順に協働調理や共食を通じた家族の絆を重視していること，出自や生家の料理に誇りやこだわりをもっていること，家庭内役割としての料理を重視していること，伝統文化や食文化を重視していること，母・父，妻・夫両側からの料理が融合して食文化が豊かになったことをあげた。断絶要因としては，家庭内役割に不満や負担感をもっていること，世代間の葛藤の結果，前の世代の料理に拒否感をもっていること，生活が個別化・多様化していることであった。また，継承と断絶の間で迷っている不安定要因とし

ては，世代交代による伝統や食文化に対する意識の変化や世代間関係の変化，調理の分担度の変化，生活上の価値観や食文化の評価が多様化しつつあることなどであった。また，塩谷（2002）は当初，孫世代については，若者世代の生活の個別化や世代間関係の変化により家庭の食文化も断絶の一途をたどることを予測していた。しかしながら，結果としては，家族関係の規範や拘束から自由になった孫世代も，家族の正月料理を自発的に継承しようとしている傾向が示されていた。とくに，生活上の諸条件や体力・能力に応じて調理を分担し，互いの好みを尊重・評価しつつ，平等で公平な家族・世代間の交流をもつことができた場合には，孫世代は祖母から母へと受け継がれてきた伝統料理を魅力あるものと評価しており，結果として食文化が継承され，相互の交流を通じて世代間の関係も良好なものとなっていた。反対に，価値観や食文化への評価，家庭内役割の負担，家庭内勢力関係がどちらかの世代に偏るなど不平等がある場合には，食文化も断絶する傾向が強かった。これらのことから，塩谷（2002）は，食文化の継承には世代間関係の良否や世代交代による家庭内の地位の変化，ライフステージの変化などの人間関係の要因の他に，その背景となる家庭内勢力関係や権威の所在，継承家産の有無，階層などの社会・経済的要因が影響していることを示唆している。

第6節　おわりに

　本章では，時代の変化に伴って変わりゆく食を中心に論じてきた。外食や中食を容易に得られない環境では，材料を買って家で調理することしかできない。いっぽう，人が食の外部化が容易な環境に置かれると，その外部環境を利用するかどうかには食への価値づけなどが影響をすることが本章より明らかとなった。その食への価値づけに影響を与えるものは，幼少期から家庭で食がどのように位置づけられ，家族や自分自身がどのような感情をもちながら調理に関与したかの表象であることは見逃せない。現代の日本社会では，大きな地域差なく，いつでも手軽に「おいしいもの」を購入できる。しかしながら，同じ社会，同じ時代に生きていても，その人の食卓風景は異なるだろう。食に対して簡便性とアウトプットとしての「おいしさ」を重視するのか，心のつながりをもつ関係で作られた食事を重視するのか，今後ますますその人のそだちによって大きく分かれていくのかもしれない。

【文　献】

今田純雄（2013）．フードシステムに取り込まれる食　根ケ山光一・外山紀子・川原紀子［編］子どもと食—食育を超える　東京大学出版会，pp.265-283.

今田純雄・長谷川智子・田崎慎治（2013）．家族の食卓と子育て（1）—飽食環境の母親広島修大論集，**53**, 81-109.

月刊『望星』編集部［編］（2007）．あの日，あの味—「食の記憶」でたどる昭和史　東海教育研究所

厚生労働省（2006）．平成17年度乳幼児栄養調査結果の概要

塩谷幸子（2002）．食文化の継承と世代間関係—正月料理の変化を通して　日本家政学会誌，**53**(2), 157-168.

長谷川智子（2017）．食行動の生涯にわたる変化　今田純雄・和田有史［編］食行動の科学—「食べる」を読み解く　朝倉書店，pp.74-91.

長谷川智子・今田純雄・田崎慎治・山中祥子（投稿準備中）．写真法から見た幼児をもつ母親の食事の特徴について—母親の年代と食事パターンの違いから

長谷川智子・川端一光・今田純雄（投稿準備中）．乳幼児をもつ母親の食生活と育児に関する説明モデルの探索的研究

東京ガス都市生活研究所（2010）．男性の料理に関する意識と行動2011—「オトコの料理」の実態　都市生活レポート

外山紀子・長谷川智子（2016）．「小学生の頃の思い出に残る食事」「ごちそう」の世代間比較　日本食生活学会誌，**26**(4), 215-222.

山中祥子・長谷川智子・坂井信之（2016）．だれかと食べるとたくさん食べる？　だれかと食べるとおいしい？　行動科学研究，**54**, 1-9.

◆コラム⑧　食の思い出：マクドナルドは高級品！？

　筆者は 1960 年代後半に生まれ，高校卒業まで神戸で過ごした。筆者が幼児期だった 1970 年代前半，生活圏内で記憶にあるマクドナルドは神戸を代表する繁華街にある三越神戸店と三宮の国際会館の 2 店舗だった。その当時，街に行ったときの昼食といえば百貨店でのお子様ランチが定番。そもそも外食自体めったにできることはなかったし，よそ行きの洋服を着て，国旗の立ったチキンライスやデザートとして添えてあるプリンを食べるのが何より楽しみな時代……そんな中，独特の赤色の看板，店のキャラクターのドナルドの大きい顔，ハンバーガーのニオイ，どれをとっても他の飲食店と大きく異なっており，子ども心をぐっとつかんだ。筆者がマクドナルドに行けるのは年に 1 度，夏休みに入ったばかりの時期に開催されるピアノの発表会の後だった。この上ない一張羅を着てステージに立った後，一緒にレッスンを受けていた友達家族と一緒に行くのがマクドナルド。ハンバーガー，フライドポテト（S）とマックシェイクを注文すると 340 円，マックシェイクはストローを使うが，基本は片手で食べられる。当時の定食の値段が 250〜300 円程度，オイルショックで物価が急騰している最中，簡便といえどもかなり値がはるものだった。マックシェイクは子どもには多すぎ，冷たすぎで，毎年少し飲んだところでおなかいっぱいになり，残念な気持ちで残した。夏休みはマクドナルド特製のカレンダーがもらえる特別な時期でもあった。そう，筆者にとってのマクドナルドは「高級品」で特別な思い出なのだ。その後，筆者の住んでいた地域の最寄り駅にマクドナルドができたのは 1979 年頃だっただろうか。「あの」マクドナルドが近所にできるなんて！　幼い頃にかいだマクドナルドの独特のニオイをいつでもかぐことができ，気軽に買うことができる。そして，高校時代には学校帰りに寄って友達とおしゃべりをする場になった。

　マクドナルドは 1980 年初頭から半ばに第 1 期の店舗数を増加させ，1990 年代半ばには本格的な低価格路線をとった。現在では，ハンバーガー店もさまざまなコンセプトのものができ競争がますます激化している。店内のニオイもハンバーガーのパテの味や食感も昔と違うと感じるのは気のせいだろうか。何かの拍子にそんなことを思い出し，仲間にふと話すととても共感してくれる人とそうでない人がいる。共感してくれる人は筆者と同年代かそれより少し年上で都市部に住んでいた人。共感してくれないのは同年代でも田舎に住んでいて幼い頃にマクドナルドに行った経験のない人と団塊ジュニア世代以降の人たち。団塊ジュニア以降の世代であれば都市部に住んでいたら，幼い頃にはマクドナルドは「どこにでもある手軽な食べ物」であったに違いない。そんな経験を何度かしているうちに「マクドナルドは高級品！」と話が盛り上がったとき，日の浅い付き合いの人であっても，同じ時代を生きた郷愁がわいてくる。

（長谷川智子）

第9章
青年期の自己・パーソナリティと食

小塩真司

第1節　はじめに

　食事は，非常にパーソナルな行為である。いつどこで誰と何を食べたか，それは自分自身の意志で決めた個人的な行動であり，食事という行為は基本的に誰かに見せるための行動でもないと考えられる。ところがFacebookを始めとするSNSを覗いてみれば，老若男女を問わず多くのユーザーが食事の写真をコメント付きでアップしており，飲食店の口コミサイトにも数多くの写真投稿が行われる。このような食事の情報は，自分と外界をつなぐ道具として機能しており，どのような食事情報を他者に提示するかによって他者の印象をコントロールする機能も有しているといえるのではないだろうか。

　この章では，まず青年期の自己やパーソナリティの特徴について概説し，それらの特徴と食との関連を実際の研究例をあげながら考察していくことにしたい。

第2節　自己・パーソナリティ

■ 2-1　自己概念

　自分が自分のことを認識する際に，「私はこういう人間である」といったように，自分自身を表現する内容のことを自己概念という。自己概念とは自分自身についての知覚の体制化されたものであり（榎本他, 2009），私たちは現在だけでなく過去のさまざまな時点の自分を思い起こしたり，未来のさまざまな時点の自分を想像したりするなど，時間や空間を超えてさまざまな時点・場所の自分のイメージをもつことができる。

児童期から青年期にかけて，この自己概念は次の3つの特徴を伴いながら変化していくといわれる（Bernstein, 1980）。第1に，分化である。これは，単純な自己概念が徐々に複雑なものへと変化していくことである。また第2に，抽象化である。これは，現実場面に即した具体的な「自分とはこういう人物である」というイメージから，より抽象的で必ずしも現実に依拠しない自分のイメージへと変化していくことを指す。そして第3に，統合化である。これは，個々バラバラな自己概念が，全体として大きく1つのイメージにまとまりをみせることを意味する。このような変化を経て，「自分にはさまざまな側面があるが，全体としてこのような人物である」という自己概念が獲得されていく。

■ 2-2 自尊感情

自分とはこのような人物である，という自己イメージに対し，その自己全体を評価した結果として得られる感情のことを自尊感情という。古くは，この自尊感情はジェームズ（James, 1890）によって，願望（pretensions）に対する成功（success）の比率で表現された。またローゼンバーグ（Rosenberg, 1965）は自尊感情を，自己に対する肯定的または否定的態度であると表現した。このことは，自尊感情が自己概念に対する評価を伴う態度であることを示唆しているが，ジーグラー・ヒル（Zigler-Hill, 2013）はこの点を強調し，自尊感情は人びとが自分のことを好ましいと思ったり，自分を有能だと信じたりする程度を反映した自己の評価的側面であると述べている。自尊感情の定義は研究者によって異なる側面があるが，自分自身に対する全体的評価感情の肯定性，つまり自分自身を基本的に良い人間であり価値ある存在だと感じる程度であるといえる（遠藤, 2013）。

自尊感情は，年齢に応じて変化することが知られている。海外の研究では，思春期から青年期の自尊感情は低く，その後成人期を通じて上昇していく。そして，おおよそ60歳前後がピークとなる（図9-1）。日本の調査においても，高校生の自尊感情は大学生以降に比べて低く，大学生の時期を経て成人期にかけて自尊感情得点が上昇していく傾向がみられることが明らかにされている（松岡, 2006；小塩他, 2014）。

■ 2-3 自意識

人は，時に自分自身に注意を向けることがある。鏡で自分自身の姿を見たとき，カメラを向けられたとき，録画された自分自身の姿を見た時や自分の声を録音した

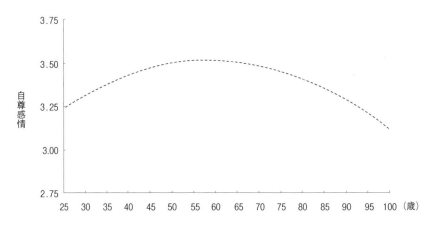

図 9-1 自尊感情の年齢変化推定値（Orth et al., 2010）

声を耳にした時などに，このような現象が生じやすくなる。

また，このような自分自身に向ける意識の程度には，個人差もあることが知られている（Fenigstein et al., 1975）。そしてこの個人差を分析していくと，自分への注目は大きく分けて2つの要素で成り立っていることが明らかにされた。1つは自分自身の思考や性格，長所短所を考えるなど，自分自身の内面に意識を向けることであり，これは私的自意識とよばれる。もう1つは自分の服装や髪型など，他者から見える自分の外面に意識を向けることであり，これは公的自意識とよばれる。

青年期になると自己中心的な思考に陥りがちであることが指摘されている（Elkind, 1967；Lapsley, 2003）。青年期に入る頃，他の人々が自分自身の思い込みを共有するものだと自己中心的に仮定し，自己と他者の関心・思い込みを分化することに失敗する。その傾向は，1つは個人的寓話（personal fable）としてあらわれる。それは，自分自身の重要性について大げさな判断を行うことであり，自分は決して傷つけられないという不壊，自分が特別な権威や影響力をもつという全能，自分の観点は特別で誰も自分のことを理解できないという独自性といった特徴を含むものである。またもう1つのあらわれは，想像上の聴衆（imagenary audience）であり，周囲の人びとは自分に関心をもっているはずだと想像し，確信することである。これらの特徴は，青年期の自意識の高まりの1つのあらわれであるということができるだろう。

2-4 ビッグファイブ・パーソナリティ

　青年期は，自我や自己を再構成する時期であるといわれる。青年期には，自分とは何かという全体的な答えを探求し，アイデンティティ（自我同一性）を形成したり確立を模索したりする。青年期という時期にいる人々は，自分自身の内面の動揺，苦痛や孤独を体験しながら，自分自身の主体である自我を再発見し，自分の主観的世界を再統合し，新たに作り出すことを試みていくのである。このような試みは，自分自身がこのような人間であるという，自分のパーソナリティの明確化をもたらすと考えられる。

　パーソナリティにはさまざまな定義があるが，人の生活に方向性と（一貫した）パターンをもたらす認知，感情，行動の複雑な体制（Pervin, 2003）であるとされたり，人がそれぞれ独自で，かつ時間的・状況的にある程度一貫した行動パターンを示すという現象，およびそこで示されている行動パターンを指し示し，表現するために用いられる概念の総称（渡邊, 2010）といわれたりする。パーソナリティは，人間の比較的一貫したパターンとして表現される概念であり，人間内部の多様かつ複雑な機構を含むものであるといえる。

　人間にはさまざまなパーソナリティ特性が想定されるが，もっとも研究者の間でコンセンサスが得られているのが，表9-1に示すビッグファイブ・パーソナリティである。これは，神経症傾向（N），外向性（E），開放性（O），協調性（A），勤勉性（C）という5つの次元で，人間全体のパーソナリティを最小限に過不足なく表現するモデルである。

　パーソナリティは何歳の時点で完成する，というような発達過程をたどるわけではない。年齢とともに安定性の程度は上昇していくものの，一生涯にわたって変化し続けることが明らかにされている（Roberts & DelVecchio, 2000）。アメリカでは100万人以上の調査参加者による大規模な横断調査によって，ビッグファイブ各特性の発達変化が検討されている（Soto et al, 2011）。その結果によると，思春期から青年期にかけて女性においては一時的に神経症傾向が高くなり，男女とも児童期に比べて青年期は内向的になり，一時的に協調性や勤勉性が低下することなどを見出すことができる。このような一時的な変化は，青年期の一時的な心理的動揺を表している。そしてその後成人期から老年期にかけて，女性の神経症傾向は低下していき，男女とも協調性と勤勉性が上昇していく様子がうかがえる。なお，成人期以降のこのような変化は，日本の大規模な横断的調査においてもみられることが明らかにされている（川本他, 2015）。

表9-1 ビッグファイブ・パーソナリティ (小塩, 2010)

英語名	日本語名	関連するキーワード	主な意味内容
N Neuroticism	神経症傾向 情緒不安定性	不安・神経質 敵意・怒り 抑うつ・落ち込み 自意識過剰 衝動性 傷つきやすさ	・感情の不安定さや落ち着きのなさ ・非現実的な思考を行いがち ・自分の欲求や感情をコントロールできない ・ストレスへの対処が苦手
E Extraversion	外向性	暖かさ・他者との絆 つきあいを好む 自己主張性 活動性 刺激を求める 肯定的な感情経験	・積極的に外の世界へアプローチ ・人に興味があり、集まりが好き ・ポジティブな思考をする ・上昇志向が強い ・興奮することや刺激を求める
O Openness (Openness to Experience)	開放性 経験への開放性	空想・想像力 審美性・美を好む 豊かな感情経験 変化や新奇を好む 興味の幅の広さ 柔軟な価値観	・さまざまなことに好奇心をもつ ・新しい理論や社会・政治に好意的 ・既存の権威に疑問をもつ ・複雑であることを許容する
A Agreeableness	協調性 調和性	他者への信頼 実直さ 利他性 他者に従う 慎み深い やさしい	・社会や共同体への志向性をもつ ・他者への敵対心や競争心をもたない ・グループ活動を好む ・周囲の人からも好かれる傾向
C Conscientiousness	誠実性 勤勉性	有能感 秩序を好む 誠実さ 達成追求 自己鍛錬 慎重さ	・欲求や衝動をコントロールする ・目標や課題を達成する ・計画を立てて事に当たる ・行動する前に十分考える

■ 2-5 自己愛的パーソナリティ

若者の行動に密接にかかわると考えられるパーソナリティ特性の1つに，自己愛的パーソナリティがある。自己愛的パーソナリティは，自己の肯定性に強い関心をもち，それを自己の権利の主張や自己顕示性などの独特な方法で表出しやすいパーソナリティ特性として考えることができる（岡田・小塩, 2012）。また自己愛的パーソナリティは公的自意識にも関連し，他者からの承認や賞賛を求める傾向ももつ。

このことは，ファッションや SNS をはじめとする自分自身を他者に見せる行動に結びつくことを示唆する。

第3節　自己・パーソナリティと食との関連

■ 3-1　自己と食の関連

　身体に関する自己概念を，ボディ・イメージという。日本とロシアの女子大学生を対象とした調査結果では，現実のボディ・イメージと理想のボディ・イメージはともに，摂食障害傾向に結びつくことが明らかにされている（Oshio & Meshkova, 2012）。摂取エネルギーを抑制しようと必要以上に食事の節制をしたり，食事に含まれるエネルギー量や栄養の種類を過度に気にしたりする背景には，このような理想と現実とのギャップを埋めようとする心理的な動きがあると考えられる。

　先に述べたように，理想と現実のギャップが大きくなると，自尊感情の低下につながる。そしてこれは，ボディ・イメージについてもいうことができる。たとえば自尊感情の低い者は，やせることへの願望である痩身願望が強い傾向にある（田崎, 2006；2007）。このことは，自尊感情の低さがボディ・イメージの理想と現実のギャップを背景としていることにのかかわると考えられる。自尊感情は低い状態よりも高い状態であることのほうが望ましく，多くの人は自尊感情を高めたいという願望や動機づけをもつ。したがって，このような理想のボディ・イメージと現実のボディ・イメージとの間のギャップを強く抱くことで自尊感情が低下すると，その自尊感情を回復しようとする動機づけが生じると考えられる。そして，この自尊感情の低下を補うためにダイエットや特定の過度な食物選択行動へとつながる可能性は十分に予想できる。実際に内海と西浦（2014）は，自尊感情が自らの体型の意識や痩身願望などを経て，食行動異常へとつながるモデルを示している。

　自尊感情は，ボディ・イメージだけで形成されるわけではない。多くの現実生活の中での経験が自尊感情にかかわっている。勉強でよい成績をとったり，スポーツでよい結果を残したり，人から賞賛されたり認められたりする経験は，自尊感情を高める1つの要素となる。また家族をはじめ，対人関係全般が良好であることも自尊感情に関連する要因である。このように多くの事柄が自尊感情にかかわることが明らかになってきたが，さまざまな食に関連する活動も，自尊感情にかかわることが明らかにされている。たとえば，自尊感情が家族とともに食事をする傾向や，料理の実践と関連することが報告されている（伊東他, 2007）。

また，自尊感情の高い女子大学生ほど，食品のバランスを考慮したり揚げ物の摂取を抑制したりするなど，健康的な摂食行動をとる傾向にあることも示されている（大仁田他, 2012）。女子大学生が食品のバランスを考慮したり揚げ物を避けたりする背景として思い浮かぶのは，身体を意識することではないだろうか。それは，ボディ・イメージに理想と現実の差があれば，理想に近づけようとする動機づけから現実の食生活のコントロールを試みるということである。しかし，自尊感情が高い学生ほど食品バランスを考慮するという関連の方向性は，このボディ・イメージの理想と現実のズレからは説明することが難しい。なぜなら，自尊感情の高さというのはボディ・イメージの理想と現実の差が大きいことではなく小さいことを意味しているからである。そのいっぽうで，自尊感情の高さが全体的な精神的健康度の高さの反映だと考えれば，自尊感情の高さと健康な食行動との関連は，日々の生活の中で健康的な食生活を営む余裕が生じていることが背景にあるのではないかと考えられる。

■ 3-2　自意識と食

先に説明したように自意識は，自分自身に意識を向ける程度を意味する。そして公的自意識は自分自身の外面に意識が向けられること，私的自意識は自分の内面に意識が向けられることを意味する。上原ら（2013）は，児童期から思春期の間に位置すると考えられる小学5年生を対象とした調査から，朝ご飯をひとりで食べることが多い子よりも朝ご飯を家族の誰かと食べることが多い子の方が，公的自意識が低く私的自意識が高いことを見出している。この研究では，共食に代表される家族とのかかわりが，児童の自意識を促進すると述べている。家族とともに食事をとり，さまざまな会話を行う中で，自分とはどのような人間であるのかという自己意識の発達へと結びつく可能性があると考えられる。

より微細な視点で，自意識の高まりと食物摂取との関連を検討した研究のレビューがある（Robinson et al., 2015）。この研究では，他者と一緒にいたり他者が食べる姿を観察していたりするなど自意識の高まりを操作した9つの実験室実験をレビューし，その食物摂取に及ぼす効果をメタ分析によって統合している。メタ分析とは，個別の研究で見出された複数の統計量を統合する系統的なレビューの手法である。ロビンソンら（2015）は，このメタ分析手法によって，実験状況によって自意識の高まりや自己に注目する傾向が高まった場合に，複数の研究知見において摂取エネルギーが抑制される傾向にあることを示した。

自意識の高まりが摂取されるエネルギーを抑制するのは，自己に意識が向かうことで理想の自己と現実の自己のギャップを意識しやすくなるからだと考えられる。このようなことから，とくに自分の外見や他者からの評価を気にする公的自意識の高さは，外見の理想と現実の自己のギャップの意識につながることから，痩身願望やダイエットに強く関連すると考えられる。

　このような自意識が過度に高まると，他者の目を過剰に気にする対人不安や対人恐怖へとつながる可能性もある。自分自身の外見だけでなく，あらゆる事柄が他者からどう見られているか，という意識につながっていく。すると，他者と一緒に食事をとること自体が苦痛になるかもしれない。近年，「便所飯」とよばれる行為が注目を集めたことがあった。このような行動の背景には，ひとりぼっちで食事をすることを他者から見られるよりも，便所の個室で食事をしたほうがまし，という自意識の高さが背景にあると考えられる。

■ 3-3　パーソナリティと食

　さまざまなパーソナリティ特性が食行動に関連すると考えられるが，とくにビッグ・ファイブ・パーソナリティのうち勤勉性については，これまでに多くの研究で検討されてきた。たとえば，勤勉性が食物繊維を摂取したり脂質を避けたりするなど健康的な食生活に関連するという知見がある (Goldberg & Strycker, 2002)。また，勤勉性が比較的安定的に，健康な食習慣に対して正の関連をすることが示されている (Bogg & Roberts, 2004)。

　この勤勉性が高い者は，低い者よりも長く生きる可能性が高いことが知られている (Martin et al., 2007)。なぜなら，勤勉性の高い者は低い者に比べて，過度な飲酒にならないよう控えたり，危険な薬物や喫煙，危険な運転，暴力，リスクの高い性交渉などを避けたりするという特徴を有するからである (Bogg & Roberts, 2004)。勤勉性の高さは，自己制御や意志力，やりぬく力など，経済学者ヘックマンが非認知能力特性とよぶ，将来のパフォーマンスに影響を及ぼすパーソナリティ要因にかかわると考えられる（ヘックマン，2015)。勤勉性が実生活に及ぼす影響は，単に食事の面だけでなく，健康なライフスタイル全体の一環として現れるといえよう。

　さらに，ビッグ・ファイブ・パーソナリティのうち神経症傾向が高く勤勉性の低い者は，そうでない者に比べてBMIが大きくなる傾向にあることが知られている (Sutin et al., 2011)。神経症傾向の高さはストレスへの敏感さにもつながることから，ストレス解消の一環として食べ過ぎの傾向へとつながるのかもしれない。

さらには，パーソナリティが味覚の好みに関連するという研究知見もある。調査対象者は多くないものの，甘みが強い食物や，甘くて脂肪分の多い食物を好む者は神経症傾向が高い傾向にあることが示されている（Elfhag & Erlanson-Albersson, 2006）。また，辛口のワインよりも甘口のワインを好む人のほうが衝動的で開放性が低いという研究もある（Saiba et al., 2009）。甘いものが手放せないなど，特定の食物を好む背景には，このようなパーソナリティの違いが存在している可能性もある。

また自己愛傾向は，男性においてのみではあるが自撮り写真をSNSに投稿する傾向に関連したり（Sorokowski et al., 2015），画像共有SNSのInstagramでかっこよく見せようと写真を加工するのに時間を費やす傾向に関連したりすること（Sheldon & Bryant, 2016）が明らかにされている。このように自己愛傾向は，インターネット上で自分自身を他者により良く見せようとする振る舞いにかかわる。SNSに食事を投稿する背景には自己愛的な，他者からの反応，とくに好ましい反応への期待があるのではないだろうか。食事は自分の中に取り込まれるものであり，自己に非常に近い意識をもつものであるだけに，その写真を投稿して好意的な反応を得ることは，自分自身が褒められているような感覚へとつながるのかもしれない。

第4節　まとめ

青年期は，認知的な発達や対人関係の複雑化・多様化を背景として，自分とはなにかという認識を明確化していく時期である。そして，そこで明確化される自己概念，自尊感情，自意識やパーソナリティといったそれぞれの心理的構成要素は，ライフスタイルの一環である食行動にもかかわりをもっている。

もちろん，それらの要素と食行動との間の関連は，直接的かつ単純なものではないだろう。特定のパーソナリティや自意識などの持ち主が，特定の食行動をとりやすいという方向の因果関係を想定することももちろん可能であろう。そのいっぽうで，ライフスタイルのあり方の変化は自分がどのような人物であるかという自己概念を変容させる。自尊感情やパーソナリティについても，生涯を通じて変容していくことが推測されることからも，食生活をはじめとしたライフスタイルをどのように構築していくかということが，この変容にかかわることが推測される。

【文　献】

伊東暁子・竹内美香・鈴木昌夫（2007）．幼少期の食事経験が青年期の食習慣および親子関係に及ぼす影響　健康心理学研究, 20, 21-31.

上原正子・大場和美・加藤象二郎（2013）．小学5年生の家庭での共食頻度と自己意識の発達との関連—愛知県内小学校への質問紙調査　瀬木学園紀要, 7, 1-6.

内海貴子・西浦和樹（2014）．女子大学生における食行動異常の因果モデルの作成　宮城学院女子大学発達科学研究, 14, 19-24.

遠藤由美（2013）．自尊感情　藤永　保［監修］最新 心理学事典　平凡社, pp.287-290.

榎本博明・安藤寿康・堀毛一也（2009）．パーソナリティ心理学—人間科学, 自然科学, 社会科学のクロスロード　有斐閣

岡田　涼・小塩真司（2012）．隣接概念をめぐって—自己愛, 自尊感情との類似点と相違点　速水敏彦［編］仮想的有能感の心理学—他人を見下す若者を検証する　北大路書房, pp.15-34.

大仁田あずさ・三成由美・崔　光善（2012）．女子大学生の自尊感情と食行動の自己効力感が摂食行動に及ぼす効果　中村学園大学・中村学園大学短期大学部研究紀要, 44, 1-8.

小塩真司（2010）．はじめて学ぶパーソナリティ心理学—個性をめぐる冒険　ミネルヴァ書房

小塩真司（2014）．パーソナリティ心理学—Progress & Application　サイエンス社

小塩真司・岡田　涼・茂垣まどか・並川　努・脇田貴文（2014）．自尊感情平均値に及ぼす年齢と調査年の影響—Rosenberg の自尊感情尺度日本語版のメタ分析　教育心理学研究, 62, 273-282.

川本哲也・小塩真司・阿部晋吾・坪田祐基・平島太郎・伊藤大幸・谷　伊織（2015）．ビッグ・ファイブ・パーソナリティ特性の年齢差と性差—大規模横断調査による検討　発達心理学研究, 26, 107-122.

田崎慎治（2006）．痩せ願望と食行動に関する研究の動向と課題　広島大学大学院教育学研究科紀要　第一部　学習開発関連領域, 55, 45-52.

田崎慎治（2007）．女子大学生における痩せ願望と自己評価および自己受容の関連　広島大学大学院教育学研究科紀要　第一部　学習開発関連領域, 56, 39-47.

ヘックマン, J. J.／古草秀子［訳］（2015）．幼児教育の経済学　東洋経済新報社

松岡弥玲（2006）．理想自己の生涯発達—変化の意味と調節過程を捉える　教育心理学研究, 54, 45-54.

渡邊芳之（2010）．性格とはなんだったのか—心理学と日常概念　新曜社

Bernstein, R. M. (1980). The development of the self-system during adolescence. *Journal of Genetic Psychology*, 136, 231-245.

Bogg, T., & Roberts, B. R. (2004). Conscientiousness and helth-related behaviors: A meta-analysis of the leading behavioral contributors to mortality. *Psychological Bulletin*, 130, 887-919.

Elfhag, K., & Erlanson-Albertsson, C. (2006). Sweet and fat taste preference in obesity have different associations with personality and eating behavior. *Physiology &*

Behavior, **88**, 61-66.
Elkind, D. (1967). Egocentrism in adolescence. *Child Development*, **38**, 1025-1034.
Fenigstein, A., Scheier, M. F., & Buss, A. H. (1975). Public and private self-consciousness: Assessment and theory. *Journal of Consulting and Clinical Psychology*, **43**, 522-527.
Goldberg, L. R., & Stricker, L. A. (2002). Personality traits and eating habits: The assessment of food preferences in a large community sample. *Personality and Individual Differences*, **32**, 49-65.
James, W. (1890). *The principles of psychology*. Cambridge, MA: Harvard University Press.
Lapslay, D. K. (2003). Adolescent invulnerability, risk behaviors and adjustment. 教育心理学年報, **42**, 202-209.
Martin, L. R., Friedman, H. S., & Schwartz, J. E. (2007). Personality and mortality risk across the life span: The importance of conscientiousness as a biopsychosocial attribute. *Health Psychology*, **26**, 428-436.
Orth, U., Trzesniewski, K. H., & Robins, R. W. (2010). Self-esteem development from young adulthood to old age: A cohort-sequential longitudinal study. *Journal of Personality and Social Psychology*, **98**, 645-658.
Oshio, A., & Meshkova, T. (2012). Eating disorders, body image, and dichotomous thinking among Japanese and Russian college women. *Health*, **4**, 392-399.
Pervin, L. A. (2003). *The science of personality*, 2nd edition. New York: Oxford University Press.
Roberts, B. W., & DelVecchio, W. F. (2000). The rank-order consistency of personality traits from childhood to old age: A quantitative review of longitudinal studies. *Psychological Bulletin*, **126**, 3-25.
Robinson, R., Hardman, C. A., Halford, J. C. G., & Jones, A. (2015). Eating under observation: A systematic review and meta-analysis of the effect that heightened awareness of observation has on laboratory measureed energy intake. *American Journal of Clinical Nutrition*, First published online July 15, 2015. doi: 10.3945/ajcn.115.111195
Rosenberg, M. (1965). *Society and the adolescent self-image*. Princeton, NJ: Princeton University Press.
Saiba, A. J., Wragg, K., & Richardson, P. (2009). Sweet taste preference and personality traits using a white wine. *Food Quality and Preference*, **20**, 572-575.
Sheldon, P., & Bryant, K. (2016). Instagram: Motives for its use and relationship to narcissism and contextual age. *Computers in Human Behavior*, **58**, 89-97.
Sorokowski, P., Sorokowska, A., Oleszkiewicz, A., Frackowiak, T., Huk, A., & Pisanski, K. (2015). Selfie posting behaviors are associated with narcissism among men. *Personality and Individual Differences*, **85**, 123-127.
Soto, C. J., John, O. P., Gosling, S. D., & Potter, J. (2011). Age differences in personality traits from 10 to 65: Big Five domains and facets in a large cross-sectional sample.

Journal of Personality and Social Psychology, **100**, 330–348.

Sutin, A. R., Ferrucci, L., Zonderman, A. B., & Terracciano, A. (2011). Personality and obesity across the adult life span. *Journal of Personality and Social Psychology*, **101**, 579–592.

Zigler-Hill, V. (2013). The importance of self-esteem. In V. Zigler-Hill (Ed.), *Self-esteem*. New York: Psychology Press, pp.1–20.

◆コラム⑨　動機はダイエット

　ある日の昼休み，大学の廊下を歩いていたら，何かその場にそぐわないような臭いがしてきたことがある。「この臭いはなんだっただろう」と思いながら歩き，周囲を見てみると，原因がわかった。廊下の傘立てのに腰を掛け，豆腐のパックを一丁開けて箸で口にかき込む男子学生がそこにはいたのである。しかし「なぜここで豆腐を？」と思いはしたが，急いでいた私はその学生に話しかけることもせずに立ち去った。

　彼はダイエットのためにそのような食事をしていたのだろうか，それとも金銭的な理由だろうか。もしかしたら，タンパク質の多い豆腐を食べることは筋肉をつけるためかもしれない。あの学生はボディビルか何かをしている学生なのだろうか……など，あれこれと想像してみたもののどれも確たる証拠はなく，その後同じ姿を校舎で見かけることもなかった。

　第2次世界大戦以降の日本人のBMIの時代変化を見ると，男性は上昇傾向にあるが10代20代では頭打ちとなっている。その一方で，女性は1970年代まで増加しその後は低下傾向にある。また欧米諸国と比べても，日本人の肥満率は低いといえる。筆者は比較的身体は大きい方なのだが，アメリカを訪れるといつも，その体格の大きさに圧倒されてしまう。それにもかかわらず，日本の人びとは男性も女性もさらに体重を減らそうと食事に気を遣い，ダイエットに効果があると聞くとすぐにそれを試し，シェイプアップ効果の高い運動があると耳にすればやってみようとする。

　ただし，いずれもそこには「手軽にできる」という要素があるように見受けられる。「これさえやれば……」「たったこれだけの工夫で……」「すぐに驚くような効果が……」といったキャッチフレーズに，私たちはとても弱い。ダイエットやシェイプアップを意識的に達成するには，長い時間と多くの労力がかかる。本来は生活習慣を変えてしまうことが効果的だろうと思うのだが，慣れ親しんだ日々の生活を変化させるのも一筋縄ではいかない。そのためには強い自制心も求められるが，周囲のサポートや目標の設定など，様々な工夫が必要になると思われる。

　他の学生たちの視線も気にせず豆腐を口にかき込んでいたあの学生の目的がダイエットなのかどうか，「食事を豆腐に置き換えるだけで効果が出る」という内容を信じてそのようなことをしていたのかどうかは，もちろんわからない。しかし，あの一風変わった学生の様子だけは，今も脳裏に焼き付いている。

(小塩真司)

第10章
青年期の対人関係と食

岡田　努

第1節　はじめに

　食の場は，単に栄養補給としてだけではなく，食の楽しみを通じて心を健康にし，人と人がともに語らい，かかわる場としての意味がある。たとえばレオナルド・ダ・ヴィンチの名画「最後の晩餐」では，食の場を通してイエス・キリストと弟子たちの関係や，弟子の人間的な弱さなどが表現されている。現代でも，食事をともにする中で外交上の重要な話合いがなされるなど，食事は人と人のかかわりを織りなす重要な場面の1つである。

　食卓には，①一定のメンバーで食卓を囲むこと，②お互いの表情や態度，雰囲気が読み取れ，言語外のメッセージも相手に届くような距離の近さ，③そのような影響が食事の時間中ずっと続き人間関係が共有される時間の継続，④日に数回，毎日，毎月，毎年のように頻繁に繰り返される，といった特徴があり，こうした場面を通じて，人はコミュニケーションの基本感覚を獲得すると室田（2004）は述べている。このように食は単に身体維持のためだけではなく，楽しい会食を通して人間関係を形成する機能も期待されており，食育の目標としても対人関係がしばしば言及されている（公立学校における食育に関する検討委員会，2006など）。

　では現代における食事＝対人場面はどのようなものであろうか。現代の子どもの食生活は「こ食」という言葉で表すことができるという（長谷川，2005）。これには，ひとりで食べるという「孤食」，食べる量が少ない「小食」，個人の好きな物を各々が食べる「個食」，スパゲティや麺麹などいわゆる「粉物」を好む「粉食」，自分の好きな固定したものしか食べない「固食」という意味が含まれるという。そして，長谷川によると近年の子どもの「孤食」は必ずしも増加しておらず，むしろ減

少を示すデータもあるという。このように全体としては孤食の子どもが増加しているとはいえない反面，少数ながらそうした子どもが存在している。また，家族との食事に関しては「楽しかった」「楽しくなかった」のいずれの回答も増加している。長谷川によると，ひとりで食べる子どもの特徴として，他の家族がその時間帯にいないのではなく，同じ家の中にいながら別のことをやっているといった特徴がみられるという。室田（2008）は，「こ食」状況は，発想や行動を調整する相手やモデルを欠いた食事であり，このことが，子どもの心身面や集団場面でのさまざまな問題行動につながっているとしている。

いっぽう，青年期については摂食障害などの臨床的な問題に関する考察が大半であり，一般の青年にみられる対人関係と食のかかわりを論じた研究は少ない。よってここでは，そうした一般的な青年の中にみられる食の問題と，それが現代の青年の対人関係の特徴にどうかかわるかをみてみたい。

第2節　ランチメイト症候群

ひとりで昼食を食べる姿を見られると，友だちがいない人間だと思われる，それがいやでトイレの個室などで隠れて食事をする青年の姿が話題になっている。昼食を一緒にとる相手がいないという訴えは臨床場面でもみられ，町沢（2001）はこれを「ランチメイト症候群」とよんでいる。食事相手を何としても見つけ出そうとする行動の背景には，現代青年が，他者の視線のプレッシャーを強く感じていること，その1つとして，友だちがいないようにみられることを耐えがたく感じているという指摘がある（辻, 2009）。

尾木・諸星（2014）によると，大学生に対するアンケートの結果「ひとりで食堂で食事をすることは考えられない」「ひとりで食事をしているところを見られたくない」といった自由記述があり，実際にトイレの個室で昼食をとった経験のある学生も500人中10人程度みられたという。また，トイレの個室で昼食をとるためにトイレ前に行列ができる大学もあること，こうした現象はすでに数年前から中学，高校段階でもみられていたことなども述べられている。その背景には，ひとりでいることで友だちがいない人間だとみなされ，人間として非常に低い評価を受けること，携帯電話などの普及により，常に連絡を取り合わなければならないこと，大学入学前にすでにSNSなどでグループが出来てしまっているため，そこから外れた人間は居場所がなくなってしまうことなどをあげている。

ランチメイト症候群については佐藤・畑山（2002）が女子大学生に対して調査研究を行っている。それによると、対人関係を円滑にこなせる技能（社会的スキル）が低い学生ほど、大学での昼食時間や授業の空き時間をうまく過ごせない不安感が高い傾向がみられた。

このようにランチメイト症候群は、青年の対人関係のあり方と深いかかわりがある。岡田（2016）はこの佐藤・畑山らの質問項目に新たな項目を加えランチメイト症候群傾向を測る尺度を作成した。ここで測られたランチメイト症候群傾向が高い大学生は、他者の目から自分を見たり他者の視線を気にしたりする傾向（公的自己意識）が高く、友人から傷つけられることを回避し、さらに不安や抑うつを自分で調節する力が弱く他者にその緩和を期待する傾向（「自己緩和不全」、上地・宮下，2009）も若干みられた。このことから、ランチメイト症候群的傾向が高い青年は不安や抑うつを調整できず不安定な状態が続いていると考えられる。

第3節　ふれ合い恐怖

山田ら（1987）や山田（1989）は、現代の青年に特有な対人恐怖の型として「ふれ合い恐怖」という症状を取りあげている。これは人と食事をすることを怖れる「会食恐怖」を中心とし、浅い付き合いや形式的で機械的な共同行動では問題がないものの、雑談や深い付き合いができないことなどの特徴をもつという。従来から知られる対人恐怖症が、人と人のかかわりが始まる「出会いの場」で症状が起きるのに対して、人と人のかかわりが深まる「ふれ合い」の場で発症することから、これを「ふれ合い恐怖」と名づけた。従来型の対人恐怖が青年期前期に発症するのに対し、ふれ合い恐怖は青年期後期で発症し、また、臨床的には必ずしも重篤とはいえない青年にも多くみられることなどを山田らは指摘している。

■ 3-1　ふれ合い恐怖的心性

岡田（2002；2010）は、一般的な大学生におけるふれ合い恐怖的な傾向（ふれ合い恐怖的心性）を想定し、その特徴について検討を行った。

日常の対人関係で自分自身が楽な気持ちで振る舞える場面、または、ストレスを感じたり楽に振る舞えなかったりする場面についての自由記述に基づき、対人場面に関する項目（不安場面項目）を作成し、各項目についてどの程度安心感があるかを尋ねた。これらを分析した結果3つの場面に分類された。すなわち①「サークル

や部活でOBとまじめな話をするとき」「大学の先生と勉強についての話をするとき」など「公的場面・年長者の前」の場面，②「同じ学科やクラスの学生たちと一緒に食事をするとき」「親しい同性の友だちと行事の打ち合わせなどの会議をするとき」などの「心情的に近い他者との場面」，③「特別に親しい程でもない友だち（同性）と，一緒に食事をするとき」「初対面の人と，一緒に食事をするとき」などの「心情的に遠い他者との場面」である。

これらの場面と，ふれ合い恐怖的心性との関連が検討された。ふれ合い恐怖的心性には次の2つの要素が含まれると考えられる。人といて話題がなくなったり，しーんとしてしまうことを恐れうまく関係がもてない「関係調整不全」，および，友だちと食事をしたりわいわい騒ぐことを避けできるだけひとりでいたいと思う傾向である「対人退却」である。

この2つの要素の得点パターンから回答者を分類し，各不安場面との関連を検討した。

その結果，図10-1～3にあるように，次のようなことが見出された。「心情的に近い他者」場面（図10-1）では，「対人退却」以外の対人恐怖傾向が高い「従来型対人恐怖群」の青年は「親しい同性の友だち」との場面で安心感を得るが，ふれ合い恐怖群ではむしろそうした場面に不安を感じていた。「心情的に遠い他者」「公的・年長者の前」場面（図10-2, 10-3）では，従来型の対人恐怖群では安心感が低いが，ふれ合い恐怖群はむしろ安心感が高く，とくに雑談や一緒に食事をするといった場面において，こうした傾向が顕著にみられた。これらのことからふれ合い恐怖的な者は，心情的に近い他者との場面で「会食恐怖」「雑談恐怖」を感じやすく，あまり親しくない相手との場面（「心情的に遠い他者」や「公的・年長者の前」場面）ではかえって安心感をもつこと，これは従来からみられる対人恐怖とは異なる不安

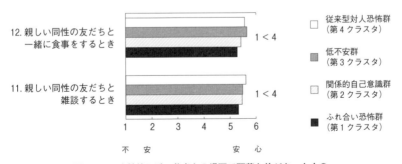

図10-1 心情的に近い他者との場面で顕著な差があったもの

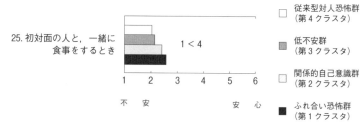

図10-2 心情的に遠い他者との場面で顕著な差があったもの

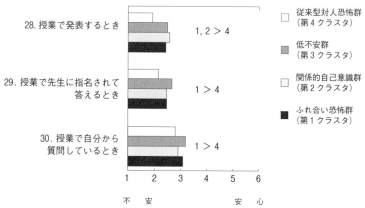

図10-3 公的場面・年長者の前で顕著な差があったもの

の型である，といったことがデータからも示された。

■ 3-2 ランチメイト症候群とふれ合い恐怖的心性の違い

ランチメイト症候群とふれ合い恐怖はともに，社会的スキルを含む対人関係上での困難と友人との会食場面の困難が結びついているという点では共通しているが，その内面的な力動過程についてはどうなのだろう。

自分で自分を愛するという心理的力動過程を自己愛とよぶ（小塩, 2013）。他者との関係に困難を感じそのことに劣等感を抱いている対人恐怖症者の内面の力動にはこの自己愛が深くかかわっていると考えられている（岡野, 1998 など）。自己愛は自分を尊重する気持ち（自尊感情）を保つために一般的に誰もがもつ健全な心理的機能であるいっぽう，そうした機能が異常，未熟だったり偏った方法でしか行えない人を「自己愛性パーソナリティ障害」とよぶ（川崎, 2013）。アメリカ精神医学会の

診断基準（DSM-5）によれば，自分が重要であると誇大に思い込んだり，際限のない成功，権力，才気，美しさ，理想的愛などの空想に心を奪われたり，自分は特別な人間であり特別扱いされて当然だと思い，尊大な態度を示し，過剰なまでに人から賛美されることを求めたりするといった特徴があるとされている。いっぽうで他人を平気で利用し他人の心の痛みには無頓着でありながら，他人に強く嫉妬するといった特徴も示されている。そして臨床的研究においては，自己愛性パーソナリティ障害は他者の視線に敏感で内気な「過敏型」と，反対に他者を気にせず傲慢な特徴をもつ「誇大型」（ないしは無関心型）に分かれることが知られている（Gabbard, 1994；狩野，1994 など）。ギャバードによれば実際のケースはこの 2 つの両極の間に位置づくことから，過敏型から誇大型に至る特徴の連続（スペクトラム）を提唱している。岡田（2011）は，他者からの評価・視線への懸念と自己愛のあり方から現代青年のさまざまな様相を分類した（表 10 - 1）。それによると，ランチメイト症候群の青年は，他者からの評価・視線への懸念が大きく，その視線の圧倒的なプレッ

表 10 - 1　現代青年のさまざまなタイプと他者からの評価・視線への懸念，自己愛の関連についての試案（岡田（2011：197）に基づいて再構成）

他者からの評価・視線への懸念	表に現れた形	特　徴	自己愛のあり方
大　↑↓　小	(1) ランチメイト症候群	他者の視線のプレッシャーに圧倒されて逃避	過敏型自己愛　↑↓　誇大型自己愛
	(2) 気遣い・群れ	傷つけ合うことを避けて円滑な関係を維持	
	(3) 多元的自己	さまざまな自己を分離させておくことで他者からの視線に傷つくことから防衛	
	(4) 内面的・個別的関係	他者から傷つけられることを恐れず関係をもつ	
	(5) 仮想的有能感	他者からの評価を気にせず自己愛的になれる	
	(6) ふれ合い恐怖心性	他者からの視線・評価の県外に撤退　誇大的な自己が露呈しないよう防衛	

※便宜上より適応的と考えられるものを中心付近に，不適応的と考えられるものを上下の端に位置するように並べてある。

シャーから逃避しようとしていると考えられる。これは過敏型自己愛の様相と類似したものともいえよう。いっぽう，ふれ合い恐怖的心性の青年は，先に述べたように，あまり親しくない人との場面にかえって安心感を抱くことなどから，他者からの視線や評価にさらされない圏外に撤退することで，傲慢さや尊大さなど自分が誇大的な心をもっていることが他人に露呈しないようにしているという点では誇大型自己愛に近いのではないかとしている。すなわち，ふれ合い恐怖的心性の青年は他者の評価の及ばない孤独場面で安定感を得ているいっぽう，ランチメイト症候群の青年は，やむを得ず孤食に陥っているだけで，その状態で安定感・安心感は得ていないものと考えられる。しかし岡田（2016）の結果によると，ふれ合い恐怖的心性とランチメイト症候群はともに誇大性と過敏性の両方の特徴をもちながらも，ランチメイト症候群はとくに過敏性との関連が顕著であるという結果になった。つまりふれ合い恐怖的心性をもつ青年が誇大型，ランチメイト症候群が過敏型の特徴を示すといった単純な結果ではなく，ランチメイト症候群傾向をもつ者も他者の視線に怯えると同時に，自分を過大評価する誇大的な心性を隠している可能性が示唆された。またふれ合い恐怖とランチメイト症候群の間にはマイナスの相関（いっぽうが高いと他方が低いという関係）がみられた。このことからも，ふれ合い恐怖を示す青年は，恐怖が起きる場から撤収することで「安定」を得ているのに対して，ランチメイト症候群の青年は「不安定」な場に留まり続けるという反対の傾向を示していることが推測できる。

　ふれ合い恐怖，ランチメイト症候群それぞれの特徴を測る尺度の問題点も含め，両者の異同については今後，さらなる実証的な検証が必要となるだろう。

第4節　孤独感の発達といわゆる「ぼっち席」について

　先に述べたように，食育の観点からは，人と楽しく食事をすることは，対人関係の基本であり，そうした場を避け孤食を選ぶ傾向は適応的な姿ではないということができる。

　また高等教育機関においても，友だちづくりなどへのサポートといった人間関係の構築への支援が重視されている（日本私立大学連盟，2015など）。たしかに人は社会的動物であり，対人関係を結べず孤立した状態では，健康な社会生活を送れないだろう。しかし，青年期において孤独を感じることは必ずしも不適応の現れだけではないという指摘もある。落合（1989；2002）は青年期の孤独感について，実証的

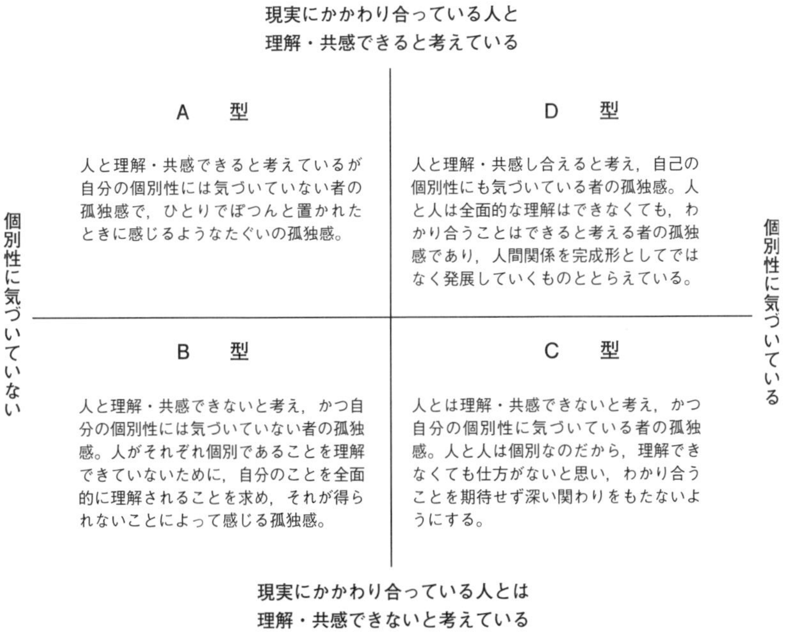

第10章 青年期の対人関係と食

現実にかかわり合っている人と
理解・共感できると考えている

	A 型	D 型
	人と理解・共感できると考えているが自分の個別性には気づいていない者の孤独感で，ひとりでぽつんと置かれたときに感じるようなたぐいの孤独感。	人と理解・共感し合えると考え，自己の個別性にも気づいている者の孤独感。人と人は全面的な理解はできなくても，わかり合うことはできると考える者の孤独感であり，人間関係を完成形としてではなく発展していくものととらえている。
	B 型	C 型
	人と理解・共感できないと考え，かつ自分の個別性には気づいていない者の孤独感。人がそれぞれ個別であることを理解できていないために，自分のことを全面的に理解されることを求め，それが得られないことによって感じる孤独感。	人とは理解・共感できないと考え，かつ自分の個別性に気づいている者の孤独感。人と人は個別なのだから，理解できなくても仕方がないと思い，わかり合うことを期待せず深い関わりをもたないようにする。

（左軸）個別性に気づいていない　（右軸）個別性に気づいている

現実にかかわり合っている人とは
理解・共感できないと考えている

図10-4　孤独感の4つの類型（落合（1989：73）に基づいて作成）

なデータに基づいて，現実にかかわっている人との間で「人間同士の理解・共感」ができると考えているかどうか，および「個別性に気づいている」かどうかの2軸から図10-4にあるようなA型〜D型の4つの類型に分類した。

この類型は，A型から始まり，その人の内面の成熟とともにB，C，D型の順で変化していくと落合は指摘している。また鈴木（2012）の調査によると，A型の青年は，広く深い友人関係をもつ者ほど，自分をありのまま受け入れにくい傾向がみられた。すなわち，A型の青年は，人はひとりだという個別性への認識が低いために，人との関係が深まることで起きる葛藤を処理することが難しいことが示された。

このように「人はお互いに共感などできない」と考えるような孤独を経ることで，成熟した人間関係をもてるようになるともいえ，青年期においてはひとりで食事をとりたがることを一概に不適応と位置づけることはできないかもしれない。

近年，大学食堂などで「ぼっち席」とよばれるひとりで食事をするための席が広がりをみせている（産経新聞社，2015など）。周囲の目を気にせずひとりで食事ができることに安心感をもてる，ということで人気があるらしい。これは，大学や店

舗が「ひとりで食べていてもよい」と「お墨付き」を与えることで，周囲の視線とは異なり学生にひとりでいることへの承認を与える意味があるとも考えられる（岡田，2015）。食事をする相手や友だちがいないからといって，わざわざトイレなどに隠れなくても，堂々と「ひとりで」食事が出来るような場を提供できるならば，そうした場を通じて，「孤独」を単なる社会的孤立ではなく，成熟した人間関係に結びつける可能性はあるかもしれない。

第5節 まとめ

　青年期の食と日常の対人関係がどのようなつながりをもつかについては，心理学においてはまだほとんど研究がなされていない。冒頭に紹介した子ども時代の家庭での食の光景と，本章で取りあげた，青年期の会食恐怖やランチメイト症候群とが関連しているかどうかは不明である。もともと孤食傾向があったために人と食事をとる習慣がない，あるいはひとりで食事をとることが好きな青年なのか，あるいは，人といる場面そのものが苦手な青年なのか，さらに会食を望んでいながらそうした相手が得られないのか，などについては，縦断的な研究も含め今後の解明が待たれる。

　青年期の段階では，人はすでに，それまでの家庭や社会からさまざまな影響を受け，その結果としての対人パターンや性格がつくられている。食についても，1つの型にはめて「適応・不適応」を考えるのではなく，背後にある本人の生き様の中で，その人の食のあり方をとらえていくことが重要であろう。

【文　献】

岡田　努（2002）．現代大学生の「ふれ合い恐怖的心性」と友人関係の関連についての考察　性格心理学研究, **10**, 69-84.

岡田　努（2010）．青年期の友人関係と自己—現代青年の友人認知と自己の発達　世界思想社

岡田　努（2011）．自己愛と現代青年の友人関係　小塩真司・川崎直樹［編著］自己愛の心理学—概念・測定・パーソナリティ・対人関係　金子書房, pp.184-200.

岡田　努（2015）．現代青年のトモダチ事情　大学時報, **64**(362), 34-37.

岡田　努（2016）青年期の友人関係における現代性とは何か　発達心理学研究, **27**, 346-356.

岡野憲一郎（1998）．恥と自己愛の精神分析—対人恐怖から差別論まで　岩崎学術出版社

尾木直樹・諸星　裕（2014）．危機の大学論—日本の大学に未来はあるか？　角川書店
小塩真司（2013）．自己愛傾向　藤永　保［監修］最新心理学事典　平凡社，p.277.
落合良行（1989）．青年期における孤独感の構造　風間書房
落合良行（2002）．あなたには親友がいるか—友人関係　落合良行・伊藤裕子・齊藤誠一　青年の心理学 改訂版　有斐閣，pp.153-169.
上地雄一郎・宮下一博（2009）．対人恐怖傾向の要因としての自己愛的脆弱性，自己不一致，自尊感情の関連性　パーソナリティ研究，**17**(3), 280-291.
狩野力八郎（1994）．自己愛性人格障害　牛島定信［編］シリーズ 精神科症例集 5 神経症・人格障害　中山書店，pp.274-285.
川崎直樹（2013）．自己愛の心理学的研究の歴史　小塩真司・川崎直樹［編著］自己愛の心理学—概念・測定・パーソナリティ・対人関係　金子書房，pp.2-21.
公立学校における食育に関する検討委員会［編］（2006）．公立学校における食育に関する検討委員会報告書　東京都教育庁学務部学校健康推進課
佐藤静香・畑山みさ子（2002）．女子大学生の昼食時間への不安に関する調査研究—ランチメイト症候群検証の試み　宮城学院女子大学発達科学研究，**2**, 81-87.
産経新聞社（2015）．「もう1人でも怖くない」大学公認"ぼっち席"学食に広がる（産経ニュース2015年1月12日）〈http://www.sankei.com/premium/news/150112/prm1501120011-n1.html（最終閲覧日：2016年9月20日）〉
鈴木賀央里（2012）．孤独感と友人関係における自己受容の関わり　日本心理学会第76回大会論文集，**42**.
辻　大介（2009）．友だちがいないと見られることの不安　月刊少年育成，**54**, 26-31.
日本私立大学連盟（2015）．大学新入生の"トモダチ作り"を考える　大学時報，**64**, 32-33.
長谷川智子（2005）．変わる家族の食卓—社会の変化と家族の食　今田純雄［編］食べることの心理学—食べる，食べない，好き，嫌い　有斐閣，pp.131-153.
町沢静夫（2001）．ランチメイト症候群について　学校保健のひろば，**23**, 84-87.
室田洋子（2004）．子どもの心と食　小児科臨床，**57**, 2455-2460.
室田洋子（2008）．食卓からみえる子どもの食の現状　健康かながわ，**483**.
山田和夫（1989）．境界例の周辺—サブクリニカルな問題性格群　季刊精神療法，**15**, 350-360.
山田和夫・安東恵美子・宮川京子・奥田良子（1987）．問題のある未熟な学生の親子関係からの研究（第2報）—ふれ合い恐怖（会食恐怖）の本質と家族研究　安田生命社会事業団研究助成論文集，**23**, 206-215.
Gabbard, G. O. (1994). *Psychodynamic psychiatry in clinical practice:The DSM-IV Edition*. Washington DC: American Psychiatric Press.

◆コラム⑩　現代青年と「食」の場の意味

　本文でも述べたように食の場面は対人関係の基本となる重要な場と考えられている。しかしこれは，乳幼児期・児童期における「食の場」が，その後の対人関係のあり方の基礎となるという発達的な観点を元にしたものである。青年期という横断的な時点において，他者との会食の場をもつことと，青年の適応とはどのようにかかわるのだろうか？
　近年，社会学を中心に，以下のような指摘がなされている。現代の青年は，1つの一貫した自分らしさをもちつつ特定の相手と深くかかわるのではなく，アルバイト，遊び，ネットなどさまざまな場面や遊ぶ内容によって相手を使い分けるとともに，それに対応して自分らしさも切り替えるようになっているというのである（浅野，2005；2006など）。
　こうしたかかわりの場は，直接的に対面する場（Face-to-Face：FTF）だけでなく，SNSなどネットを介したバーチャルな場面でのかかわり（Computer-Mediated Communication：CMC）も含まれている。つまり，現代においては，一貫した自分として，人と一緒に食べ，遊び，学び，語り合うといった，特定の相手と親密な場を継続的に共有する必要性が，低くなっているということになる。もしそうであれば，青年期においては，他者と食の場を共有できないことは，さほど大きなデメリットではなく，他にも多くの適応できる場の選択肢があるのかもしれない。ただし，そうしたさまざまな場は人によって重要さが異なると考えられるため，どのような場がとりわけ重要だということは特定できなくなってきている。いっぽう，現実の若者の対人関係は，多くが「学校」を出会いの場としており，実際の対人関係の場は同質性が高まっているという指摘もある（辻，2016）。逆にいえば，そうした同質性の場から外れてしまう青年の中から，本文で述べた「ランチメイト症候群」などの食行動に至る者が出てくる可能性もあるだろう。そうだとすれば，学生・生徒ケアを行う際にも同質性への圧力を強め，そのような青年をさらに追い詰めてしまうのではなく，より個々人の違った生き方が受け入れられるような居場所づくりが必要となるかもしれない。

【文　献】

浅野智彦（2005）．物語アイデンティティを越えて？　上野千鶴子［編］脱アイデンティティ　勁草書房，pp.77-101.
浅野智彦（2006）．若者の現在　浅野智彦［編］検証・若者の変貌―失われた10年の後に　勁草書房，pp.233-260.
辻　泉（2016）．友人関係のへ変容―流動化社会の「理想と現実」藤村政之・浅野智彦・羽淵一代［編］現代若者の幸福―不安社会を生きる　恒星社厚生閣，pp.71-96.

（岡田　努）

第11章
大学生の階層的位置と食習慣

橋本健二

第1節　格差拡大と大学教育の社会的位置

　日本では2005年ごろから，経済格差が拡大傾向にあることが指摘されるようになり，「格差社会」という言葉が流行語になった。これまでの経緯を簡単に振り返っておこう。

　高度経済成長が終わった1970年代の後半から，「日本は国民の9割が中流の生活を送る平等な社会だ」「日本は一億総中流社会だ」などという言説が流布するようになった。その根拠とされたのは，内閣府が毎年行なっている「国民生活に関する世論調査」である。この調査には「お宅の生活の程度は，世間一般からみて，どうですか」という設問があり，「上」「中の上」「中の中」「中の下」「下」という5つの選択肢（「わからない」を含めれば6つ）から1つを選ぶことになっている。ここで回答者の約9割が自分の生活程度を「中の上」「中の中」「中の下」のいずれかだと答えているので，国民の9割は中流だ，というわけである。

　5つのうちの真ん中の3つまでが「中」になっているわけだから，これを合計して「中」とみなすなら，「中」が多くなるのはあたりまえだろう。実際，時系列的にみると，この設問が設けられた1964年から最近まで，景気などの変化にともなって「中の上」あるいは「中の下」が増減するなど細かな変化はあるものの，「中」の合計はほぼ90％プラスマイナス3％の範囲に収まっている。経済格差が当時よりはるかに大きくなっている最近の調査では，むしろ「中」の比率が増加し，93％にも達している。こんな設問から，社会の格差の様子を知ることなどできるはずはない。

　格差の動向を知るためには，人々の所得分布に関する客観的な指標をみる必要

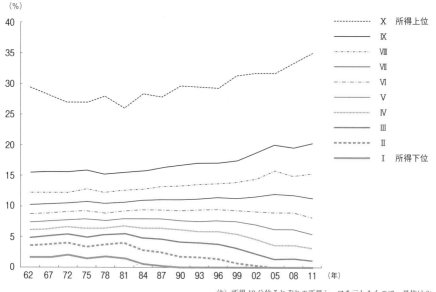

注）所得10分位それぞれの所得シェアを示したもので、単位は％。

図11-1　日本の所得格差の動向（出典：「所得再分配調査」）

がある。代表的な統計調査である「所得再分配調査」から、所得分布の変化の様子を示したのが、図11-1である。集計の基礎は、全世帯を所得額によってそれぞれ10％ずつ、10のグループに分けた所得10分位で、それぞれのグループが、各時点の所得全体に占めるシェアをグラフで示したものである。

1962年から72年までは、所得の格差が縮まっている。最も所得の多い第Ⅹ分位のシェアが29.5％から27.0％にまで低下したいっぽう、所得下位のグループが一様にシェアを伸ばしている。たしかに1970年代の日本は、格差が小さくなっていたのである。その後81年までは、小刻みな変化が続くが、84年には明らかに格差が拡大し、それ以降はほぼ一貫して格差拡大が続いている。2011年には第Ⅹ分位のシェアが35.0％に達し、20.3％を占める第Ⅸ分位とあわせれば、55.3％を占めるに至っている。これに対して下半分に位置する第Ⅰ分位から第Ⅴ分位までのシェアは、合計しても10.0％に過ぎない。いかに現代日本の経済格差が大きいかがわかる。

国際的にみても、日本の経済格差はかなり大きい。OECD（2015）によると、経済格差の大きさの指標であるジニ係数は、OECD加盟33か国のなかで9番目に大きく、主要国では米国、英国、スペインに次ぎ、これ以外のすべての先進諸国を

上回っている。また日本の貧困率は16％に達しており，チリ，メキシコ，トルコ，米国に次ぐ5番目の高さで，先進諸国に限れば米国に次ぐ2番目である。

第2節　大学教育の構造的位置

　それでは「格差社会」とよばれるに至った日本の社会で，大学教育はどのような社会的位置を占めているだろうか。この問題を考えるため，いくつかの概念を導入しておこう。

　社会に存在する格差は，収入や資産など経済的資源の格差にとどまるものではない。権力（他者を自分に従わせる能力），威信（名誉や社会的評価），情報（有用な知識やデータ）など，広い意味で財，あるいは社会的資源とよばれるものは，社会に不均等に分布していて，それぞれに格差の基盤となる。

　こうした格差の構造を理解するため，社会学で用いられるのが，「社会階層」という概念である。社会階層とは，人々が，その保有する社会的資源の種類や量によっていくつかの集群に序列化または区分化されている状態，またはこれらの序列化・区分化されたそれぞれの集群のことである。このように社会階層という概念は，構造全体と，これを構成する部分という2つの意味で用いられるが，両者を区別する必要がある場合は，前者を「階層構造」，後者を「階層」とよぶ。社会階層は，英語で social stratification という。stratification は，大地を構成する「地層」と同じ言葉だから，直訳すれば「社会の地層」ということもできる。つまり社会が，いちばん下には社会的資源の乏しい人々，中間にはある程度の社会的資源をもつ人々，そしていちばん上には多くの社会的資源をもつ人々というように，上下に積み重なった構造をもっているとき，この構造，あるいはそれぞれの部分を社会階層とよぶのである。

　近代社会においては，社会的資源を獲得する主要な手段は職業だから，どのような職業に就いているかが，階層所属の基本的な指標となる。このため職業分類，あるいはその変形が階層分類として用いられることも多く，これを職業階層とよぶ。たとえば，職業をノンマニュアル（専門技術，管理，事務），準ノンマニュアル（販売，サービス），マニュアル（技能工・生産工程，運輸），農林漁業の4種類に分ける職業4分類などである。また資本主義社会では，社会的資源のなかでも，生産に必要なさまざまな財貨，つまり生産手段を所有しているか否かがとくに重要であるため，これに基づいて区分された社会階層は，他の社会階層と区別して「階級」とよ

ばれる。職業に経営者,被雇用者,自営業者などの従業上の地位を組み合わせれば,階級所属を推定することができ,資本家階級,新中間階級,労働者階級,旧中間階級を区別した階級4分類がよく用いられる。

さて,大学教育は社会階層と密接な関係にある。そして両者の関係には,2つの側面がある。

第1に,進路選択期の若者たちが大学に進学できるか否かは,出身階層,つまり親の所属階層によって強く影響されている。戦後日本では大学教育が急速に大衆化し,大学進学率（3年前の中卒者数に対する大学進学者の比率）は50％を上回るに至っている。しかし多くの研究が明らかにしているように,今日でも大学進学率には,親の学歴や所属階層による大きな格差があり,しかも格差が縮小する一貫した傾向はみられない。進学率の全体的な上昇にもかかわらず,大学進学が相対的な特権である事情には大きな変化がないのである[1]。

第2に,大学卒の学歴をもっているか否かは,その人の所属階層を決定する重要な要因である。大学教育の大衆化によって,大学を卒業することは,必ずしも高い階層的地位につくことを保障するものではなくなっている。かつて大卒者の職種は,専門技術職と,管理職へつながるキャリアのある,あるいはこれに準ずる事務職が中心だったが,今日ではその職種は,販売職,サービス職から,部分的にはマニュアル職にまで広がっている。非正規労働者となる大卒者も多い。とはいえ大卒者は,依然としてノンマニュアル職を中心に正規労働者として就職するのが主流であり,正規労働者として就職すること自体が困難である非大卒者との差は大きい。こうした事実は,『学校基本調査』などのような官庁統計から,容易に知ることができる。図11-2は,その様子をみたものである。階層分類は,大卒者の多くがノンマニュアルであることから,これを専門技術と事務（卒業後の初職では管理はごく少数のため,事務に含めた）に2分した,職業階層5分類である。

高卒者と大卒者の所属階層は,大きく異なる。高卒者の大部分が準ノンマニュアルとマニュアルであるのに対し,大卒者の大部分は専門技術と事務である。1980年と2014年を比較すると,高卒者で事務が大幅に減り,マニュアル職が増えている。これに対して大卒者では,専門技術と事務が減少して準ノンマニュアル職が増加しているが,変化はさほど大きいとはいえず,むしろ高卒と大卒の違いが明確になったといっていい。

---

1) 最近の研究としては,橋本（2013）,荒巻（2011）,濱中・米澤（2011）がある。

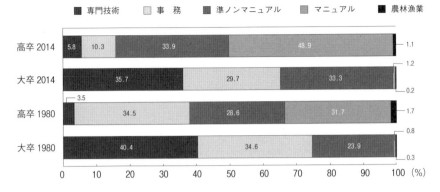

図11-2　学歴と初職時の所属階層（出典：『学校基本調査』）

　しかし，大学教育と社会階層の関係には，もう1つの側面がある。というのは日本の大学教育の内部には，入試難易度の序列に代表される一種の階層的構造があり，これもやはり社会階層と関係しているからである。こうした階層的構造に占める位置の違いによって区別される大学の集群を，ここでは大学類型とよんでおこう。

　これまでのいくつかの研究が明らかにしてきたように，この大学類型も親の社会階層と関係がある。つまり入試難易度の高い大学ほど，専門技術や管理など，高い階層的地位を占める親をもつ学生が多いのである（中西，2000；荒巻，2011など）。また卒業後に所属する社会階層にも，大学類型による違いがある。入試難易度の高い大学の卒業者の多くが大企業に就職し，順調に昇進するいっぽう，そうでない大学の卒業者は中小企業への就職者が多く，また最近では就職内定率自体が100％にはほど遠く，非正規労働者になりやすい傾向にある（竹内，1995；苅谷・本田，2010など）。

　以上のように大学教育は，①出身階層による大学進学の機会の格差，②出身階層による進学先の大学類型の違い，③大卒者とそれ以外の所属階層の違い，④どのような大学を出たかによる所属階層の違い，という4つの側面において，社会階層と関係している。このように大学教育は，社会の階層構造に組み込まれ，強固に枠づけられているとみることができる。

第3節　大学生の出身階層と大学類型

このような4つの側面から大学の社会的位置を明らかにしようとする場合，全国規模で適切にサンプリングされ，しかも調査対象者の卒業した，あるいは在学する大学名までが判明する調査データが必要になる。これはかなり難しい条件だが，全国大学生活協同組合連合会が実施している「学生生活実態調査」はこの条件をほぼ満たしている。この調査は毎回，数十校の国公私立大学の学生を調査対象としており，所属大学とともに両親の職業と収入に関する情報が得られる[2]。ただし両親の職業は，自営と被雇用，正社員とパート，大企業と中小企業の区別はあるものの，階層的位置を知る最も重要な区別であるノンマニュアルとマニュアルの区別がない。この点で，出身階層に関する情報は十分とはいえないが，ある程度の傾向は示すことができるだろう。また大学生に関する調査だから，非大学進学者との比較はできないので，この点は他のデータで補う必要がある。

まずは大学生の出身階層分布をみることにしよう。

表11-1の左側は，2012年の調査から，大学生の父親の職業をみたものである。経営者・管理職が44.8％と最も多く，大企業の非管理職が23.4％とこれに続き，自営業者と中小企業非管理職は少ない。大学生の父親の所属階層が，比較的高い方に偏っていることはみてとれるが，大学生のデータだけでは，進学機会にどの程度の

表11-1　大学生の父親の職業分布と進学機会の格差
(出典:「学生生活実態調査」(2012)，「SSM調査」(2005))

	大学生協調査 (2012) 父親		SSM 調査 (2005) 45-59歳男性		結合指数
経営者・管理職	44.8%	(6,094)	30.7%	(253)	1.461
大企業	23.4%	(3,179)	18.8%	(155)	1.244
中小企業	15.8%	(2,143)	29.3%	(242)	0.537
自営業	16.0%	(2,182)	21.2%	(175)	0.756
合計	100.0%	(13,598)	100.0%	(825)	

注) 括弧内は実数 (名)。

[2] データの使用にあたっては，東京大学社会科学研究所附属社会調査・データアーカイブ研究センターSSJデータアーカイブから個票データの提供を受けた。データ寄託者は，全国大学生活協同組合連合会である。

格差があるのかまではわからない。そこで表の右側には，2005年SSM調査（社会階層と移動全国調査[3]）から，大学生の親世代にあたる45〜59歳男性の職業分布を，同じ職業分類で示しておいた。

SSM調査データによると，経営者・管理職は30.7%である。父親の職業による出生率の違いはないと仮定すれば，30.7%の人々が大学生の44.8%を占めていることになる。逆に中小企業労働者は，全体では29.3%を占めるのに，大学生のなかでは15.8%を占めるに過ぎない。明らかに，大学進学機会には格差があるということができる。ここで両者の比率をとれば，結合指数とよばれる指標になる。経営者・管理職の結合指数は1.461だから，全体平均に比べて1.461倍も大学生になりやすいとみることができる。次に進学しやすいのは大企業非管理職で，1.244倍である。他の2つは1倍を割っているから，平均以下の確率でしか進学できていない。とくに中小企業非管理職は0.537倍で，平均の半分程度しか進学のチャンスがないことになる。

より詳しくみるため，大学生を性別，文理別，そして大学類型別に区別した結果が，表11-2である。男性と女性では，ほとんど違いが認められない。文系と理系の結合指数を比較すると，経営者・管理職ではそれぞれ1.510と1.418，自営業者では0.714と0.794となっており，理系の方がやや格差が小さいようだ。大学類型別にみると，最も進学機会の格差が大きいのが有力私大，次いで旧帝大などである。

表11-2　性別・文理別・大学類型別にみた大学進学機会の格差（2012年）
（出典：「学生生活実態調査」(2012)）

	全体	男性	女性	文系	理系	旧帝大など	その他国公立	有力私大	その他私大
経営者・管理職	1.461	1.459	1.464	1.510	1.418	1.523	1.374	1.686	1.459
大企業	1.244	1.258	1.228	1.247	1.242	1.414	1.256	1.227	1.102
中小企業	0.537	0.539	0.535	0.515	0.557	0.451	0.627	0.341	0.537
自営業	0.756	0.745	0.769	0.714	0.794	0.636	0.749	0.719	0.887

注）数字は結合指数。旧帝大などは，旧七帝大，一橋大，お茶女大，東京外大，大阪外大，神戸大，広島大。有力私大は，早稲田大，慶応大，法政大，同志社大，立命館大。

---

[3] 社会学者を中心とする研究グループによって1955年から10年おきに実施されている大規模調査。2015年に第7回調査が実施された。データの使用にあたっては，2015年SSM調査データ管理委員会の許可を得た。

表11-3 性別・文理別・大学類型別にみた大学進学機会の格差（2000年）
（出典：「学生生活実態調査」(2000)）

	全体	男性	女性	文系	理系	旧帝大など	その他国公立	有力私大	その他私大
経営者・管理職	1.485	1.507	1.465	1.495	1.476	1.592	1.323	1.677	1.552
大企業	1.107	1.105	1.108	1.116	1.095	1.238	1.166	1.048	0.934
中小企業	0.503	0.510	0.496	0.490	0.518	0.433	0.599	0.351	0.493
自営業	0.891	0.852	0.929	0.887	0.895	0.718	0.940	0.876	0.961

注）表11-2と同じ。

　それでは，経済格差が拡大しているといわれるなかで，進学機会の格差はどうなっているのか。これを確かめるため，2000年の調査から同じように結合指数を算出したのが，表11-3である。どの部分をみても，結合指数の変化の様子はよく似ている。経営者・管理職は，1.4から1.7程度で，ほとんど変化がない。これに対して大企業の非管理職は，1.1から1.2程度だったものが，1.2から1.4程度へと，明らかに上昇している。中小企業非管理職は，やや大きくなったが，変化はごくわずかである。そして自営業者は，0.8前後から0.7前後へと，明らかに低下している。全体としては，進学機会の格差が拡大したといっていい。とくに有力私大では，経営者・管理職が1.7近くを維持し，大企業非管理職が1.048から1.227と指数を上昇させた反面，中小企業非管理職の指数は0.341ときわめて低く，自営業者の指数は0.961から0.887とかなり低下した。有力私大は，階層的な閉鎖性を強めているということができる。

第4節　大学類型と学生生活

　以上のように，現代の大学生は，依然として比較的恵まれた階層の出身者が多数を占めている。大学類型別にみると，この傾向は有力私大，旧帝大などで顕著であり，しかも2000年から2012年の間に強まっている。
　それでは大学類型によって，学生の生活や意識にどのような違いがあるだろうか。表11-4は，これを概観したものである。
　両親の収入は，有力私大の学生が最も高く，1,000万円を超えて1,037.9万円に達している。次いで高いのは旧帝大など（965.6万円）で，以下，その他私大（866.8

表11-4　大学類型と学生生活 (出典:「学生生活実態調査」(2012))

	旧帝大など	その他国公立	有力私大	その他私大
両親の年収（万円）	965.6	800.7	1,037.9	866.8
自宅外生の仕送り月額（万円）	7.51	5.75	7.17	6.09
日本学生支援機構の奨学金を受けている（%）	28.9	39.4	31.3	35.8
今の大学が第1志望（%）	80.8	52.5	58.4	46.9
自分の大学が好きだ（%）	43.1	31.9	40.5	27.4
学生生活が充実している（%）	37.1	30.0	35.2	26.5
就職にとても不安を感じる（%）	22.1	30.9	32.7	40.0
1週間の勉強時間（分）	460.5	381.4	388.4	335.6
大学で得た知識を仕事や生活に生かしたい（%）	60.8	57.3	47.7	52.6
大学で学んだ分野以外の勉強を始めたい（%）	21.9	20.0	26.9	20.3
世界を舞台に活躍したい（%）	19.0	11.9	24.6	11.3

万円），その他国公立大（800.7万円）と続く。父親の職業の違いからみた階層的な偏りが，所得にもそのままあらわれているといってよい。ただし，2005年SSM調査データから，大学生の父親にあたる45～59歳男性の平均収入をみると，本人年収が554.9万円，妻年収が139.5万円，合計694.4万円に過ぎない。やはり大学生は，両親年収の比較的低い旧帝大など以外の国公立大学も含めて，恵まれた家庭の出身者が多いといってよい。

　両親の年収の違いは，仕送り額の違いにも反映されている。自宅外生の受け取っている仕送り額は，旧帝大などと有力私大では7万円を超えるが，その他私大では6万円を少し上回る程度で，その他国公立大では6万円を大きく下回る。同様に奨学金を受け取っている学生の比率も，家計の豊かさと対応しており，旧帝大など，有力私大で低く，その他国公立大で高くなっている。

　自分の通う大学，そして大学生活への評価も，大学類型によって大きく異なる。旧帝大などに通う学生80.8%は第1志望で入学しているが，この比率は有力私大では6割弱，その他国公立では5割を少し超える程度で，その他私大では46.9%にとどまる。自分の大学が好きだと答える学生の比率は，これと正確に対応しており，旧帝大などと有力私大では4割を超えるが，その他国公立では3割で，その他私大は3割を下回る。現在の学生生活が充実していると考える学生の比率も，まったく同様である。

厳しい就職状況の中，学生の多くが就職に不安を感じているが，その比率は大学類型によって大きく異なる。就職に「とても不安を感じる」という学生は，旧帝大などでは 22.1% に過ぎないが，その他国公立では 30.9%，有力私大でも 32.7% と高くなり，その他私大では 40.0% に達する。

勉強時間にも，大きな差がみられる。最もよく勉強しているのは旧帝大などの学生で，1 週間あたり 460.5 分である。その他国公立大と有力私大が 380 分台で続き，その他私大は 335.6 分である。そして旧帝大などは，大学で学んだ知識を仕事や生活で生かしたいという学生が多い。この比率は，有力私大で最も低くなっているが，有力私大の学生はその代わりに，大学で学んだ分野以外の勉強をしたいと考える傾向が強い。世界を舞台に活躍したいと答える学生が 24.6% と多くなっていることと考えあわせると，有力私大には，大学，そして日本という枠を超えて活動しようとする野心をもつ学生が多いようである。

以上のような大学類型による学生生活の違いは，全体として，入学時点で学生たちの間に存在した差異を，大学類型に沿う形でさらに拡大する結果を生むように思われる。

第 5 節 出身階層・大学類型と食習慣

■ 朝食をとっているか

それでは，以上のような学生たちの出身階層，大学類型，そして出身階層と大学類型の対応関係を踏まえながら，大学生の食生活の分析に入ることにしよう。ここで取りあげるのは，食習慣の最も典型的な指標と思われる「朝食をとったか否か」である。表 11-5 は，調査のあった当日に朝食をとった学生の比率を示したものである。この調査では，朝食とは午前 9 時までにとった食事のことで，9 時以降 11 時までの場合は「朝昼兼用」とみなされている。比較のため，2000 年の同じ調査の結果

表 11-5 朝食をとった学生の比率（%）
（出典）「学生生活実態調査」（2000, 2012）

		2000 年	2012 年
全体		65.1	69.5
性別	男性	56.4	64.3
	女性	74.2	75.3
学年別	1 年	73.5	78.0
	2 年	67.4	71.1
	3 年	60.9	65.6
	4 年	55.9	60.4
文理別	文系	64.6	67.1
	理系	65.7	71.6
居住形態	自宅	76.0	80.2
	自宅外	55.7	59.8

も示しておいた。ここからまず、基本的な傾向を確認しよう。

朝食をとった学生の比率は、69.5%である。予想されるとおり、男女を比べると男性の方がかなり低い。しかしこの12年間で、朝食をとる男性が増えたのに対し、女性の方はほとんど変化しなかったため、男女差はかなり縮まった。学年別にみると、学年が上がるにつれて朝食をとらない学生が増えるという、かなりはっきりした傾向が認められ、2つの時点を比較しても一貫している。文系と理系を比べると、2000年にはほとんど差がなかったのに、2012年では理系の方が朝食をよくとる傾向がみられるようになっている。これは朝食をとる男性が増加したこととも関連していよう。居住形態別では、当然ながら自宅生の方が朝食をよくとっており、2時点を比較しても、両者の差はほぼ一定である。

それでは、出身階層と大学類型は食習慣と関係しているだろうか。これを確かめる場合、すでに上の集計から性別と居住形態が食習慣と強く関連していることがわかっているので、この両者を区別しておくことが必要だろう。そこで性別・居住形態別の4重クロス集計で、朝食をとったか否かと出身階層・大学類型の関係をみたのが、表11-6である。

父親の職業と食習慣の関係は、強いものではない。女性自宅生と男性自宅外生で辛うじて関係が認められ、大企業非管理職の父親をもつ学生がよく朝食をとり、女

表11-6　大学類型・父親の職業と朝食をとった学生の比率（%）（出典：「学生生活実態調査」(2012)）

		自宅生		自宅外生	
		男性	女性	男性	女性
父親職業	経営者・管理職	77.8	84.5	54.1	66.9
	大企業	79.0	85.5	57.5	68.7
	中小企業	76.3	83.1	51.0	67.7
	自営業者	77.1	79.7	52.2	65.6
	Cramer の V	0.021	0.050	0.044	0.022
	p	0.725	0.053	0.043	0.672
大学類型	旧帝大など	82.9	88.6	60.9	72.7
	その他国公立	79.0	84.4	53.4	67.8
	有力私大	75.7	83.1	49.7	61.3
	その他私大	73.5	79.6	50.6	63.4
	Cramer の V	0.081	0.076	0.075	0.072
	p	0.000	0.000	0.000	0.000

性自宅生では自営業者，男性自宅外生では中小企業非管理職と自営業者の父親をもつ学生が，あまり朝食をとらない傾向がある。これに対して大学類型は食習慣とかなり強く関係しており，旧帝大など，次いでその他国公立大の学生がよく朝食をとるという，はっきりした傾向が認められる。

しかし先にみたように，性別と居住形態以外にも，学年や文理の別のように食習慣と関連する要因は多いし，また父親の職業と大学類型自体が関連している。学生の属性と食習慣の関係は，さらに複雑だろう。そこで，それぞれの要因の影響を独立に取り出すため，多変量解析の一種であるロジスティック回帰分析により，朝食をとったか否かの規定要因を分析した結果が，表11-7である。モデル1は基本属性と出身階層のみを投入したモデル，モデル2はさらに文理の別，大学類型，学年を投入したモデルである。母親の職業については，常勤，パート，無職の3分類とした。数値はオッズ比で，朝食をとらない学生の比率が，基準となっているカテゴリーと等しい場合に1となり，比率が大きいほど値が大きくなる。

まずモデル1をみると，先にも確認したとおり，性別と居住形態は，いずれも

表11-7 朝食をとった否かの規定要因（ロジスティック回帰分析）
(出典:「学生生活実態調査」(2012))

変数（基準カテゴリー）	カテゴリー	モデル1	モデル2
性別（女性）	男性	1.681***	1.896***
居住形態（自宅外）	自宅	0.356***	0.320***
父親の職業（自営業者）	経営者・管理職	0.905*	0.921*
	大企業	0.811***	0.820***
	中小企業	0.950	0.954
母親の職業（無職）	常勤	1.129*	1.133**
	パート	1.153***	1.157***
文理（理科系）	文化系		1.519***
学年（4年生）	1年生		0.392***
	2年生		0.569***
	3年生		0.755***
大学類型（その他私大）	旧帝大など		0.597***
	その他国公立		0.765***
	有力私大		0.852**
χ^2		856.5	13,871.9
Negelkerke の R^2		0.095	0.141

注）数字はオッズ比。*** $p<0.01$，** $p<0.05$，* $p<0.2$。

食習慣に強く影響している。これに対して出身階層の影響力はあまり大きくないが，それでも父親が経営者・管理職または大企業非管理職の場合は，自営業者の場合に比べて，朝食をとらない学生の比率が有意に低下する。また母親が無職である場合を基準にとると，常勤，パートを問わず母親が有職の場合に，朝食をとらない学生の比率が有意に上昇する。

次にモデル2をみると，モデル1で確認した各変数の影響はいずれも保たれており，とくに性別の効果はより明確になるようだ。文科系の学生は理科系の学生に比べて，オッズ比で1.52倍，朝食をとらない学生が多い。朝食をとらない学生の比率は学年とともに着実に上昇し，3年生になるとかなり4年生に近づく。そして大学類型は，さまざまな要因を統制しても，なお朝食をとったか否かに強く影響しており，朝食をとる習慣が最も定着しているのは旧帝大など，定着していないのはその他私大である。

第6節　朝食をとることの意味

朝食をとることが，児童・生徒の体力や学力と関連しているという指摘は多い。2014年に文部科学省が行なった「全国学力・学習状況調査」によると，学力調査における小学6年生の平均点は，朝食を毎日とる児童で最も高く，まったくとっていない児童との差は，国語Aで17.0点，国語Bで18.0点，算数Aで17.1点，算数Bで20.4点に上っている（内閣府，2015）。しかし食習慣は家庭の社会階層や豊かさとも関連しているから，これだけでは食習慣そのものが学力に影響しいるかどうかはわからない。単に家庭の社会階層が，食習慣と学力の両方に影響していて，両者の間に疑似相関を生み出しているだけかもしれないからである。

今回の大学生調査データからも，食習慣が大学生の生活や意識と関連している事実は見出せる。これを示したのが，表11-8である。たしかに朝食をとらなかった学生と比べると，朝食をとった学生は，自分の大学を好きだと考え，学生生活は充

表11-8　朝食と大学生の勉学状況と意識　（出典：「学生生活実態調査」(2012)）

	自分の大学が好き (%)	学生生活が充実している (%)	就職にとても不安を感じる (%)	1週間の勉強時間 (分)
とった	35.3	32.4	30.8	391.4
とらなかった	30.3	27.8	34.1	370.3

実していて，勉強時間も長い傾向がある。就職に強い不安を感じる学生の比率は低い。しかしこれらはいずれも，表11-4でみたように大学類型と強く関連しているし，また表11-5と表11-6でみたように，朝食をとったか否か自体が，父親の職業や大学類型をはじめとする多くの要因と関連している。したがってこの結果のみから，朝食をとることが学生の意識や生活と直接に関係していると結論することはできない。

そこで「自分の大学が好き」「学生生活が充実している」の2つの質問への回答を，「好き vs. まあ好き＋あまり好きではない＋嫌い」「充実している vs. まあ充実している＋あまり充実していない＋充実していない」の2カテゴリーに分け，回答を規定する要因に関するロジスティック回帰分析を行なった結果が，表11-9である。

予想されたように，自分の大学が好きか否かを規定する最大の要因は大学類型

表11-9 朝食をとったか否かと学生生活（ロジスティック回帰分析）
(出典：「学生生活実態調査」(2012))

変数（基準カテゴリー）	カテゴリー	自分の大学が好き	学生生活は充実している
性別（女性）	男性	0.735***	0.743***
居住形態（自宅外）	自宅	0.967	0.989
父親の職業（自営業者）	経営者・管理職	1.058	1.072
	大企業	1.002	0.946
	中小企業	0.870*	0.861**
母親の職業（無職）	常勤	1.044	1.098*
	パート	0.998	1.066*
文理（理科系）	文化系	1.225***	1.042
学年（4年生）	1年生	0.915*	0.897**
	2年生	0.718***	0.749***
	3年生	0.757***	0.787***
大学類型（その他私大）	旧帝大など	2.220***	1.641***
	その他国公立	1.267***	1.150***
	有力私大	1.705***	1.410***
朝食（食べた）	食べなかった	0.801***	0.819***
χ^2		395.2	211.5
NegelkerkeのR^2		0.044	0.024

注）数字はオッズ比。*** $p<0.01$，** $p<0.05$，* $p<0.2$。

で，その他私大と旧帝大の間にはオッズ比で2.220倍，有力私大との間でも1.705倍の違いがあり，その他国公立との違いは大きくないものの，統計的には有意である。性別による違いはかなり大きく，男性は女性に比べて自分の大学を好きと考えない傾向がある。また学年にも一定の影響力があり，4年生に比べて下級生，とくに2年生と3年生は自分の大学を好きと考えていない。文理の別では，文化系学生の方が自分の大学を好きと考える傾向が認められる。親の職業はあまり影響していない。そして朝食をとったか否かは，強くはないものの，独自の効果をもっているようだ。オッズ比は0.801である。表11-8に示した数値からオッズ比を算出すると，(30.3÷69.7)／(35.3÷64.7) でほぼ0.8となるから，他の要因を同時に考慮しても，ほぼ同じくらいの違いが残ったことになる。

　学生生活が充実しているか否かについては，文理の別の影響力が認められず，大学類型の影響力がやや弱いこと以外は，ほぼ同じ結果といっていい。朝食をとったか否かに関するオッズ比は0.819である。同様に表11-8に示した数値からオッズ比を算出すると約0.8となるから，他の要因を考慮しても，朝食をとったか否かによる違いは小さくなっていないとみてよい。

　もちろん，この結果を「朝食をとることによって，学生は自分の大学を好きになり，学生生活を充実していると感じるようになる」と単純に理解すべきではない。ここでいえるのは，朝食をとることが，ある大学の学生である自分を肯定的に受け止めること，そして充実した学生生活を送っていると感じることと，ゆるやかに結びついているということだけである。また朝食をとったか否かによる違いが，大学類型による違いに比べればはるかに小さいということも忘れてはならない。

　それでも，この結果は一定の重要性をもっているように思われる。同じ大学類型の同じような属性の学生どうしを比べても，食習慣が大学への愛着や学生生活の充実度と結びついているということは，食習慣を正すことが大学への不適応を改善する契機になりうること，少なくとも食習慣の乱れが大学への不適応のシグナルになるということを示唆しているからである。

第7節　おわりに

　進学率が5割を超えた今日，大学教育は単一の教育段階としての性格をすでに失っているといっていい。たしかに進学機会の点からみても，また将来の所属階層の点からみても，非大卒者に比べたときの特権的性格は，完全には失われていない。

しかし多数派となった大卒者は，学歴序列において最上層から平均前後までの広がりをもつに至っている。日本の大学は，進学率の上昇とともに多様化し，その内部の序列関係を強めてきたということができる。

そして今回の分析から第1に明らかになったのは，日本の大学で学ぶ学生たちが，大学の多様性と明確に対応する形で多様化しているということである。日本の大学は，単に入試難易度が異なるだけではなく，意識の上でも生活の上でも，大学類型に明確に対応する形で多様化した学生たちを相手にしているのである。学生たちは，各大学類型の内部で純粋培養される形で学生生活を送り，おそらくは相互の差異を固定化もしくは拡大させ，大学への社会的な評判通りの学生となって社会に出ていくのかもしれない。

とはいえ当然ながら，同じ大学類型の同じような属性の学生たちの中にも，まだまだ多様性が存在する。今回示されたもう1つの結論は，こうした多様性の中の座標軸の1つとして，食習慣が一定の重要性をもっているらしいということである。少なくとも生活習慣や意欲などの点で問題を抱える学生たちの指導において，1つのヒントになる発見だとはいえるだろう。

【文　献】

荒巻草平（2011）．教育達成過程における階層差の生成　佐藤嘉倫・尾嶋史章　現代の階層社会1　格差と多様性　東京大学出版会

苅谷剛彦・本田由紀（2010）．大卒就職の社会学―データからみる変化　東京大学出版会

佐藤嘉倫・尾嶋史章編（2011）現代の階層社会1　格差と多様性　東京大学出版会

竹内洋（1995）．日本のメリトクラシー―構造と心性　東京大学出版会

内閣府（2015）．平成27年版食育白書　内閣府

中西祐子（2000）．学校ランクと社会移動　近藤博之［編］日本の階層システム3　戦後日本の教育社会　東京大学出版会

橋本健二（2013）．「格差」の戦後史―階級社会日本の履歴書（増補新版）　河出書房新社

濱中義隆・米澤彰純（2001）．高等教育の大衆化は何をもたらしたのか？　佐藤嘉倫・尾嶋史章（2011）現代の階層社会1　格差と多様性　東京大学出版会

OECD（2015）．*In it together : Why less inequality benefits all.*

◆コラム⑪　格差拡大と若者の飲酒行動

　最近の学生は酒を飲まなくなった，という声を聞くことがある。そんなことはない，という声もあるけれど，若者たちが全体として酒を飲まなくなったのは事実のようだ。
　下の図は，飲酒習慣者の比率をみたものである。ここで飲酒習慣者というのは，厚生労働省が定義したもので，週3日以上，1日につき日本酒換算で1合以上を飲む人のことをいう。その比率は，1995年と2000年には27.0％だったが，2010年には20.2％に下がってしまった。とくに男性の下がり方が著しく，1995年の54.4％に対して，2010年は35.4％と，20％近くも低下してしまった。
　20歳代男性の変化は，さらに著しい。1995年には34.9％だったのに，2010年はわずか14.7％，減少幅で約20％，比率でみれば4割近くにまで減ってしまったのである。女性はどうかというと，1990年から2000年まで上がり続け，男性に追いつく動きを示したが，その後はやはり下がってしまった。しかし女性はもともと飲酒習慣者の比率が低いので，若い男性の酒離れの方が深刻といえる。
　ここにも，経済的な格差の拡大がかかわっている。「全国消費実態調査」などの統計を

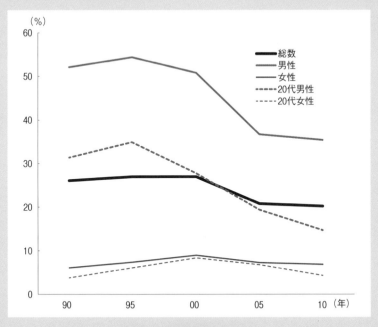

図⑪-1　飲酒習慣者比率の推移
注）飲酒習慣者とは，週3日以上で，清酒換算で1日1合以上飲酒する人。
出典）「国民健康・栄養調査」より。

みれば，酒の消費額を所得階層別にみることができる。これによると，高所得者では酒の消費額に大きな変化がないのに，それ以外では全体に消費額が減っており，この傾向は低所得になるほど著しい。格差拡大とともに，酒を飲むことのできない人々が増えているのである。最近の格差拡大は，低賃金の非正規労働者が増加したことによる部分が大きい。とくに若者はそうである。フリーターの増加により，いまや若者たちは，正社員と非正社員という2大グループに分け隔てられているといって過言ではない。そして低賃金のフリーターたちは，酒を飲むことができなくなっているのである。

酒はあくまで嗜好品だから，飲まなければならないというものではない。しかし，最も多くの人々の好む嗜好品の1つである。食文化の欠くことのできない重要な部分でもあり，また多くの人々に安らぎを与え，人と人とのつながりを生み出している。

日本の酒は，いま史上最高のレベルに達している。日本酒や焼酎の質は著しく向上し，ファンを増やしている。ワインやウイスキーも，国際的に高く評価されるようになった。その上，世界中からありとあらゆる美酒が入ってくる。外国人たちも日本の酒を好み，居酒屋（IZAKAYA）を求めて日本にやってくる。

しかし若者が酒を飲まなくなれば，次世代の飲み手が育たない。そうすれば，日本の酒文化は継承者を失い，衰退を避けられない。日本の酒文化を守るためにも，若者たちに安定した職業と収入を保障する社会であってほしいものである。

(橋本健二)

第12章
社会階層と食生活

量的データによる食格差の分析

小林　盾

第1節　食生活に格差はあるのか

■ 1-1　現代日本の階層格差

　人びとの生活や生き方は，平等なのだろうか，それとも不平等なのだろうか。現代の日本社会には，あちこちに不平等がある。たとえば，父親の教育が高いほど，子が大学進学しやすい（教育格差という）。父親が中卒であると子のうち23.8%が大学進学し，父親が高卒，大卒である場合はそれぞれ43.0%，67.5%だった（森，2014）。

　さらに，本人の教育が高くなるほど，ホワイトカラー職や正規雇用などよい職業に就きやすい（職業格差）し，その結果として生涯賃金が上昇する（経済格差）。具体的には，男性の生涯賃金は，中卒では1.8億円であるのに対して，高卒，大卒はそれぞれ2.0億円，2.5億円となる。いっぽう，女性の生涯賃金は，中卒では1.1億円に対して，高卒1.3億円，大卒2.0億円となる（独立行政法人労働政策研究・研修機構，2013）。

　結婚にも教育の影響がある。本人の教育が高いほうが，おおむね結婚しやすい（家族形成格差）。未婚率をみると，男性では，中卒の場合は38.7%であるのに対して，大卒では22.3%へと低下する。女性では，中卒の場合は18.9%であるのに対して短大卒では14.2%へと低下するが，大卒では18.2%と上昇し，中卒と同程度となる（総務省（2000）35〜39歳のデータより）。

　文化活動にも教育による違いがある（文化格差）。美術展や博物館に年1回以上行くのは，中卒では9.4%，高卒では19.0%，大卒では35.2%だった（2015年社会階層と社会意識全国調査研究会，2015）。

このように，本人や親の教育，職業，収入などの影響により，ライフコース（人生設計）やライフスタイルに不平等な偏りが発生することを，「格差」という。とくに教育などのグループごとの違いに着目するとき，そうした原因となるグループは「階層」とよばれ，その結果である不平等は「階層格差」という。現代社会には，教育格差，職業格差，経済格差，家族形成格差，文化格差などがあるため，格差社会だといえるだろう（ライフコースやライフスタイルにおけるさまざまな格差は，山田・小林（2015）に詳しい）。

■ 1-2　青年期と成人期を通した食格差

では，人びとの食生活にも格差が存在するのだろうか。「なにを食べるのか，食べないのか」は階層によって異なり，いわば「食格差」が進行しているかもしれない。そうだとすれば，食格差は文化格差の1つといえるだろう。

ここでは，「食生活が人生の中でどう連鎖するのか」に着目したい。そこで，「青年期の食生活が，成人してからの食生活に影響を与えるのか」を分析する。青年期になにを食べるかは，本人の意識よりも，家族や周囲の影響が大きいだろう。しかし，青年期の食生活と成人期の食生活の比較や相互関連は，これまで十分に解明されていない。もし未解明のままであると，ややもすれば格差が加速し拡大したとしても，見逃してしまうかもしれない。その結果，人びとの生き方や生活が，食生活を通して不平等なまま再生産される危険があるだろう。

■ 1-3　階層格差は「海藻」格差

これまで，青年期の食生活の格差についてなにがわかっているのだろうか。佐藤・山根は，2005年に愛知県内の高校7校で，高校生514名を対象に食生活と家族構成について調べた。その結果，父親がブルーカラー労働者であると，子（高校生）は朝食や夕食を毎日食べることが少なかった（佐藤・山根，2008）。母親が結婚前から仕事を続けていると，朝食摂取回数が少なかった。また，父親の教育が高いほど，子は高価な果物（メロン）と一手間かかる伝統的な副菜（ごまあえ）を好んだ。

いっぽう，成人期の食生活の格差については，筆者が分析をおこなってきた。まず，2009〜2010年に東京都西東京市において35〜59歳の1,581名を対象に，食生活とライフスタイルについて調査を実施した。副菜に着目したところ，女性，年配，現在結婚している人ほど，教育が高い人ほど，さらに世帯収入が多い人ほど，野菜も海藻もよく食べた（小林，2015b）。たとえば，両方を毎日食べる人の割合は，

中卒では6.5%だが，大卒では16.5%と中卒よりも多かった。世帯収入599万円以下では12.6%だったが，1,200万円以上では24.0%へと増加した。

さらに，野菜や海藻をよく食べる人ほど，健康であることもわかった（小林，2010）。したがって，階層格差は「海藻格差」ともいえる。

生鮮食品と調理済み食品のどちらを食べるかでも，格差があるかもしれない。筆者の前述と同じ調査データから，教育が高い人ほど，生鮮野菜や生鮮果物を家に常備する人が多く，カップ麺や缶詰の果物やスナック菓子を常備する人が少なかった（小林，2011b）。いっぽう，収入が多いほど，生鮮野菜やカップ麺などどちらも常備していた。

料理に着目すると，どのような特徴がみられるだろうか。2011年に22～69歳の東京都西東京市民294名を対象に，別の調査を実施した（第2節参照）。その結果，既婚者や正規雇用労働者ほど，天ぷらをよく食べていた（小林，2015a）。また，未婚者や教育が低い人や無職の人ほど，カップ麺をよく食べていた。性別でも違いがあり，男性ほど天ぷらとカップ麺を食べることが多かったのに対して，女性はスナック菓子を食べる傾向が強かった。

海外では，ブルデューがフランスで，食費の内訳を調査している。その結果，ホワイトカラー労働者はエンゲル係数（食費の割合）が低く，パン，豚肉，バターなどが少なく，魚，果物，食前酒などが多かったという（ブルデュー，1990）。

第2節　量的データで食生活をとらえる

■ 2-1　2011年暮らしについての西東京市民調査

ここではアンケート調査による量的データを用いて，青年期と成人期の食生活を統計分析していこう。インタビューや写真といった事例に基づく質的データは，人びとの食生活を具体的に知りたいときに役立つ。いっぽう，量的データは，全体像を提供してくれる。

それでは，青年期と成人期の食生活をどのように特徴づければ，格差をあぶりだすことができるだろうか。エネルギー，品数，栄養バランス，1日の食事回数，費用，外食かどうか，だれと食べるかなど，食生活はさまざまな視点から分析することができる。

ここでは，寿司やコロッケといった「料理」のうちなにを食べているのかに着目したい。現代ではエンゲル係数が20%台と低下したため，およそどのような料理

178　第3部　大学生の食をみる視点

でも食べようと思えば食べることができる。それだけに,「どの料理を食べ,どの料理を食べないかによって,人びとの間に格差が生じているかもしれない」と,見通し(仮説)を立ててみよう。

　データとして,2011の年暮らしについての西東京市民調査を用いる。筆者が中心となり,22〜69歳の東京都西東京市民から500人をランダム・サンプリングし,郵送にてアンケート調査を実施した(有効回収294人,回収率59.5%,詳しくは小林・渡邉(2012)を参照)。後に詳しく記すが,分析対象者は275名であり,内訳は男性48.7%,平均年齢42.3歳,現在結婚68.7%,中・高卒46.2%,短大卒10.6%,大学・大学院卒43.2%,平均等価所得412.7万円だった(等価所得とは世帯収入を家族の人数で調整したもの)。

■ 2-2　料理の格の高さを調べる

　調査では,8つの代表的な料理について,以下のように「格の高さ」を質問した。これは,社会学で職業や文化活動の評価を調べるのと同じ方法を用いている。医師や炭鉱夫といった職業ごとに,100点満点で得点をつけたものを「職業威信スコア」という。医師は90.1点,炭鉱夫は36.7点だった(都築,1998)。文化活動にも「文化威信スコア」があり,たとえば美術展や博物館に行くのは64.1点,パチンコをするのは27.7点だった(片岡,1998)。

　この方法を料理に応用して,格が高いと100点,やや高い75点,ふつう50点,

表12-1　食料威信スコアの質問

問：ここにいろいろな食べ物,飲み物が書いてあります。世間では一般に,これらを「格が高い」とか「低い」とか言うことがありますが,いま仮にこれらを分けるとしたら,あなたはどのように分類しますか

	格が高い	やや格が高い	ふつう	やや格が低い	格が低い
寿司	5	4	3	2	1
カップ麺	5	4	3	2	1
みそ汁	5	4	3	2	1
うなぎ	5	4	3	2	1
焼き魚	5	4	3	2	1
天ぷら	5	4	3	2	1
コロッケ,フライ	5	4	3	2	1
ポテトチップ	5	4	3	2	1

やや低い 25 点，低い 0 点とし，料理ごとに回答者の平均値を求めた（表 12 - 1）。それを，職業威信スコアのように，その料理の「食料威信スコア」と呼ぶ（詳しくは小林，2011a；2012）。いわば，「料理の格」についての「値札」のようなものといえよう。

　その結果，食料威信スコアは高いものからうなぎ 76.7 点，寿司 71.5，天ぷら 61.3，焼き魚 50.1，みそ汁 48.6，コロッケ・フライ 43.1，ポテトチップ 24.5，カップ麺 21.6 となった。この順序は，男女，年齢，未婚既婚，教育，職業，収入などでグループに分けて比較しても，グループの間で一致した。また，個々の料理を食べている人といない人とで比較しても，順序が一致した（小林，2012）。たしかに寿司には，回転寿司からカウンターの高級寿司まである。それでも，人びとの評価は一貫していた。このように料理の多様な形態を，一緒くたに扱えるのが，食料威信スコアのメリットといえる。

　因子分析をおこなった結果，8 つの料理が 3 つに分類された。うなぎ，寿司，天ぷらからなる 60 点以上の「高級食」，みそ汁と焼き魚で 50 点前後の「中間食」，そしてコロッケ・フライ，ポテトチップ，カップ麺で 45 点以下の「大衆食」である。

■ 2-3　食生活を食料威信スコアで特徴づける

　こうして「料理ごと」に食料威信スコアが算出されることがわかったが，「個人ごと」に食料威信スコアを割り当てることはできるのだろうか。このデータでは同時に，各個人が 15 歳時と現在について，月 1 回以上これらの料理を食べるかどうかを表 12 - 2 のように質問している。職業威信スコアでは最初の職業を「初職」，現在の職業を「現職」という。これにならって，15 歳時の食事を「初食」，現在の食事を「現食」とよぶことにする。

表 12 - 2　食生活の質問

問：あなたは普段，以下のものを月 1 回以上食べますか（○はいくつでも）
問：では中学 3 年のころ，給食以外でそれらを月 1 回以上食べていましたか
　　（○はいくつでも）（選択肢は同じ）

1　寿司	5　焼き魚，煮魚	9　手打ちそば，うどん
2　カップ麺，インスタント麺	6　焼き肉，鉄板焼き	10　ハンバーガー，ハンバーグ
3　みそ汁	7　天ぷら	11　スナック菓子，駄菓子
4　うなぎ	8　コロッケ，フライ	88　どれも食べない

調査では回答しやすいよう，「焼き魚」のかわりに「焼き魚・煮魚」「ポテトチップ」のかわりに「スナック菓子・駄菓子」とした。他に焼き肉，鉄板焼き，手打ちそば・うどん，ハンバーガー・ハンバーグについて質問したが，ここではとりあげていない。

なお，調査対象者のうち最高齢は1942年生まれであり，1945年以降なら駄菓子が入手可能だったろうと推測できる。最初のインスタント麺が発売されたのは，1958年のチキンラーメンであり，1942年生まれの人は16歳だった。

もしある人がいくつかを食べていた場合，それらの料理の食料威信スコアの平均を求めて，その人の食料威信スコアとできる。たとえば，ある人が天ぷらとコロッケ・フライを食べていたなら，天ぷら61.3とコロッケ・フライ43.1の平均52.2がその人の食料威信スコアとなる。8つのうちどれも食べていない場合，計算できないので，分析から除外した（その結果，分析対象者は275名となった）。

もしある人の食料威信スコアが高かったなら，「この人は寿司や天ぷらといった高級食をよく食べ，ポテトチップやカップ麺といった大衆食をあまり食べないのだろう」と推測できる。

第3節　青年期と成人期の食生活

■ 3-1　なにを食べるのか

青年期と成人期で，食生活はどのように異なるのだろうか。その結果，食料威信スコアはどれくらい違ってくるのだろうか。

図12-1は，15歳時と現在について，8つの料理ごとに「それぞれ月1回以上食べる人がどれくらいいるのか」を表している。どちらの時点でも，中間食がもっともよく食べられ，大衆食，高級食と続いていた。

2つの時点で比較すると，高級食のうちうなぎ，寿司で現在のほうが食べる人が増えた。コロッケ・フライ，スナック菓子・駄菓子といった大衆食は，15歳時と同じか現在の方が減少した。

■ 3-2　料理数と食料威信スコア

では，個人の食料威信スコアは，2時点間でどのように異なるのだろうか。まず，8つの料理のうち，月1回以上食べる料理の数を比較しよう（図12-2上）。すると，5個以上で現在のほうが多くなっている。15歳時の平均は4.4個であるのに対して，

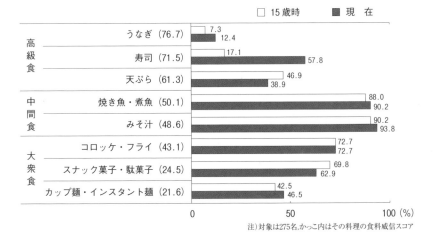

図12-1 15歳時と現在について，料理別月1回以上食べる人の割合

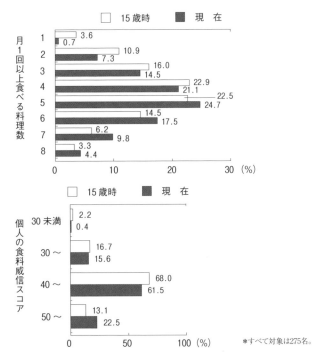

図12-2 15歳時と現在について，月1回以上食べる料理数の分布（上），個人の食料威信スコアの分布（下）

現在は 4.8 個だった（統計的に有意な差）。したがって，人びとは成人になると，より多様な料理を食べるようになったといえよう。

次に，個人の食料威信スコアの分布を比較したところ，40点台までは15歳時のほうが多く，50点以上では現在が多くなった（図12-2下）。平均を求めると，15歳時 43.9 点から現在 46.4 点へと上がり，統計的に有意な差だった。したがって，人は成人すると食べるものが多様になり，食料威信スコアが高くなることがわかった。

第4節　成人期の食生活に格差はあるのか

■ 4-1　食生活はどのように決まるのか

現在の食生活に15歳時の食生活は影響しているのだろうか。対象者は22歳以上なので，おおむね教育を終え，働いて収入を得ている。結婚していることもあるだろう。さらに，15歳時の食料威信スコアが高い人ほど，現在の食料威信スコアが高くよいものを食べているかもしれない。

そこで，グループ別の比較をおこなったところ，15歳時の食料威信スコアが高い人ほど，現在の食料威信スコアも高かった（図12-3）。つまり，青年期に格の高いものを食べていた人ほど，現在も同様であった。

寿司，スナック菓子，カップ麺に着目すると，短大卒の人がとくにカップ麺を食

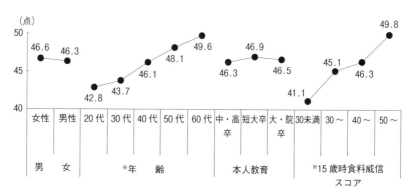

注）*は統計的に有意な差があることを表す（分散分析，有意水準10%）。

図12-3　グループ別の現在の食料威信スコアの比較

べなかった。15歳時の食料威信スコアが高いほど、寿司をよく食べ、スナック菓子とカップ麺を食べなかった。

重回帰分析をおこなったところ、年配の人ほど、教育が高い人ほど、現在の料理数が多い人ほど、そして15歳時の食料威信スコアが高い人ほど、現在の食料威信スコアが高かった（表は省略）。したがって、成人期の食生活には、「青年期の食生活と教育階層によって格差が生じている」といえるだろう。

■ 4-2 食生活への満足, 健康に格差はあるのか

では、その結果、現在の食生活になにか影響があるのだろうか。そこで、5段階の食生活への満足度（現在の自分の食生活に～だ、1：とても不満～5：とても満足）と5段階の主観的健康感（1：とても悪い～5：とても良い）を従属変数として調べた。

重回帰分析をおこなったところ（表は省略）、現在の食料威信スコアが高いほど、現在の食生活への満足度が高かった（現在食料威信スコア40未満の満足度平均3.66から50以上の満足度平均3.87）。いっぽう、主観的健康感にはとくに効果がなかった（現在食料威信スコア40未満と50以上の健康感平均はどちらも3.39）。主観的幸福感やストレスにも、現在の食料威信スコアは効果をもたなかった。したがって、人びとの生活には、「（食生活への満足度という）一部で成人期の食生活による格差がある」といえる。以上の分析結果を整理すると、図12-4となる。

注）矢印は統計的に有意な影響があることを表す。

図12-4 分析結果の整理

第5節 まとめ

■ 5-1 写真法で食生活を捉える

では,成人期の食生活には実際にどのような違いがあるのだろうか。そこで,写真法を用いて,教育の異なるAさん(30代男性,高卒,建設作業員),Bさん(40代女性,大学院修士卒,事務職)の2名に,4日間の朝食と夕食を写真で記録してもらった。ここでは典型的な1日を紹介する。どちらも,既婚者で子どもがいる。

Aさんの食事(図12-5)は,どちらも車で移動中に外出先でとったという。朝食に寿司,夕食に(天ぷらの一種である)かき揚げという高級食が入っている。そのため,食料威信スコアはけっして低くない。ただし,カップ麺という大衆食も入っている。

紅茶,おにぎり2個,巻きずし　　　カップ麺,かき揚げ丼

図12-5　Aさん(30代男性,高卒,建設作業員)のある日の朝食(左)と夕食(右)

パン,サラダ,みそ汁,ヨーグルト,紅茶　　　白米,漬け物,みそ汁,筍と海老の和え物,マグロのステーキ,牛乳と苺,ワイン

図12-6　Bさん(40代女性,大学院修士卒,事務職)のある日の朝食(左)と夕食(右)

いっぽう，Bさんの食事（図12-6）は，どちらも自宅でとった。みそ汁という中間食が入っているが，この日に高級食はない。しかし，ふたりの食事で，品数が大きく異なる。Aさんが（3品と2品で）平均2.5品であるのに対して，Bさんは（5品と7品で）平均6品ある。その結果，彩りも多く華やかな印象を与える。

もちろん，これらはわずか2名であるため，この2名の食事の差は教育の違いではなく性差，職業，現在の年収の違いを反映している可能性もあるし，単なる個人差である可能性もあることには注意をしておきたい。

■ 5-2　羅針盤を疑う：自由だが平等な食生活のために

本章では，「青年期の食生活が成人期の食生活にどのような影響を与えるのか」を，とくに階層格差の視点から検討した。その結果，現在の食料威信スコアは，15歳時のスコアが高いほど，また本人の教育が高いほど上昇したし，そうした人ほど現在の食生活に満足していた。この意味で，成人期の食生活には，青年期の食生活や教育に基づく階層格差があった。

今回の分析から，一見すると人びとは自分で好きなものを選んで食べているつもりが，実は出身家庭や教育プロセスに影響されていることがわかった。そのため，われわれは自由に食べているはずなのに，知らず知らずのうちに「格の高い食べ物」や「低い食べ物」に偏っているのかもしれない。

これは，青年期の食生活を通して，「食事とはこういうものだ」という食についての「規範意識」が形成されるためと推測できる。たとえば，「食事とは栄養さえとれればよい」のか「他人とコミュニケーションを楽しむ場」なのか，「できるだけ早く食べるほうがよい」のか「できるだけゆっくり食べるべき」なのか，「好きなものだけ食べればよい」のか「嫌いなものでも満遍なく食べるほうがよい」のかなどについて，われわれはおおむね成人するまでになにかしらのイメージを固めるだろう。その結果，そうした規範意識がいわば強力な「羅針盤」となって，成人期に「〜を食べたほうがよい」「〜は食べないほうがよい」といった指針を与えるようだ。

では，どうすればよいのだろうか。食生活は個人の自由だし，自由であるべきだろう。ただ，食事の背後には格差のメカニズムが隠れている。そこで，もし食生活における階層格差を減らし平等を目指すなら，青年期の羅針盤をあえて疑ってみて，「できるだけ偏らず，多様な食べ物にチャレンジする」という姿勢が役立つのかもしれない。たとえば，先入観をひとまず捨てて，普段スナック菓子を食べない人は

あえて試してみたり，たまには天ぷらを食べてみたりすることも，悪くないのかもしれない．

【文　献】

片岡栄美 (1998). 文化弁別力と文化威信スコア―文化評価の構造と社会階層　片岡栄美 [編] 文化と社会階層　1995年SSM調査研究会, pp.249-261.

小林　盾 (2010). 社会階層と食生活―健康への影響の分析　理論と方法, **25**(1), 81-93.

小林　盾 (2011a). 食生活の評価の構造―食料威信スコアと飲料威信スコアの測定をとおして　成蹊大学文学部紀要, **46**, 125-136.

小林　盾 (2011b). ライフスタイルにおける社会的格差―食生活の外部化を事例として　アジア太平洋研究, **36**, 235-242.

小林　盾 (2012). 食べ物に貴賎はあるか―社会規範と社会調査　米村千代・数土直紀 [編] 社会学を問う―規範・理論・実証の緊張関係　勁草書房, pp.148-159.

小林　盾 (2015a). 和食―だれが寿司や天ぷらを食べるのか　社会学アプローチ　成蹊大学 [編] データで読む日本文化―高校生からの文学・社会学・メディア研究入門　風間書房, pp.27-41.

小林　盾 (2015b). 食事―階層格差は海藻格差か　山田昌弘・小林　盾 [編] ライフスタイルとライフコース―データで読む現代社会　新曜社, pp.1-16.

小林　盾・渡邉大輔 [編] (2012). 成蹊大学社会調査実習2011年度報告書―第3回暮らしについての西東京市民調査

佐藤裕子・山根真理 (2008). 「食」と社会階層に関する研究―高校生に対する「食生活と家族関係」についての調査から　愛知教育大学家政教育講座研究紀要, **38**, 83-98.

総務省 (2000年). 平成12年国勢調査

都築一治 [編] (1998). 職業評価の構造と職業威信スコア　1995年SSM調査研究会

2015年社会階層と社会意識全国調査研究会 (2015). 2015年社会階層と社会意識全国調査

ブルデュー, P.／石井洋二郎 [訳] (1990). ディスタンクシオン―社会的判断力批判 I, II　藤原書店

森いづみ (2014). 教育―なぜ大学に進学する人としない人がいるのか　文化資本　数理社会学会 [監修] 小林　盾・金井雅之・佐藤嘉倫・内藤　準・浜田　宏・武藤正義 [編] 社会学入門―社会をモデルでよむ　朝倉書店, pp.61-69.

山田昌弘・小林　盾 [編] (2015). ライフスタイルとライフコース―データで読む現代社会　新曜社

労働政策研究・研修機構 (2013). ユースフル労働統計―労働統計加工指標集

◆コラム⑫　子どもの食格差

　かつて日本は「一億総中流社会」といわれていた。日本国民すべてが中流であり，上流も下流もない，まことに平等な社会だった（だ，と思われていた）のである。しかし，ここ30年の間に子どもの相対的貧困率は16.1%となり（2012年，5章参照），6人に1人の子どもが貧困のもとで暮らしている。ひとり親家庭の状況はとりわけ厳しく，ひとり親家庭の貧困率はOECD加盟国中第1位という不名誉な結果になっている（内閣府，2014）。

　貧困は健康や食の問題とダイレクトにつながっている。21世紀出生児縦断調査（2001年のある期間に生まれた子ども約47,000名を7年間追跡した厚生労働省の調査，ただし7年間で約1万人が脱落）データを分析した阿部（2013）は，貧困家庭の方が，入院経験のある子どもの割合が高いことを報告している。いっぽう，アトピー性皮膚炎については所得の高い層ほど通院率が高く，これらをあわせると，貧困家庭では子どもの病気が重篤でない場合，通院という対応がとられにくく，そのこともあって，入院治療が必要になるまで病気が重症化しやすいことが推測できる。

　第11・12章では，青年期・成人期の食格差を論じているが，子どものいる家庭でも食格差の報告が相次いでいる。厚生労働省は10年に1度，乳幼児栄養調査を実施しているが，2015年度の調査において初めて，社会経済的要因との関連性を調査した（厚生労働省，2016）。それによれば，経済的な暮らし向きが「ゆとりがある」層では，魚，大豆・大豆製品，野菜，果物の摂取頻度が高く，「ゆとりがない」層では，菓子（菓子パン含む），インスタント麺・カップ麺の摂取頻度が高かった。収入の低い家庭ほどインスタント麺の摂取頻度が高く，野菜の摂取頻度が低いという結果は村山（2014）でも確認されている。

　菓子パンやインスタント麺は100円ショップなどでも販売されており，比較的安く手に入る。その上，一応，「パン」「麺」なので，それだけで食事をした気分にもなるだろう。これらのことが，収入の低い層における菓子パン・インスタント麺の摂取頻度の高さと関係しているのかもしれない。しかし，安さという点では，豆腐をはじめとする大豆製品も負けてはいないはずだ。それなのに，所得の低い層では大豆製品の摂取頻度が低かった。貧困家庭では経済的にゆとりがないだけでなく，栄養に関する知識や健康への意識，さらには調理経験や技術が低いため，健康な生活を設計し実践していくことが困難なのかもしれない。

　深刻化する子どもの貧困を背景として，ここ数年，子ども食堂の取り組みが全国に広がっている。毎日営業する飲食店とは異なり，1か月に数回程度，空き店舗や教会，個人の住宅などを借りて開催しているところが多い。ボランティアの方々がメニューの決定から食材の調達，調理，片付けなど手分けして行っており，「誰でも無料」というところもあれば，「子ども無料・大人300円」程度の参加費を設定しているところもある。

利用者は貧困家庭の子に限らず，親の帰りが遅い子，不登校だった子，赤ちゃんづれの母親など，多岐にわたるようだ。1か月に数回とはいえ，手作りの野菜中心の食事を，誰かと食卓を囲んで食べる経験は，子どもにどれほどの安心を与えてくれるだろう。子ども食堂の意義は，食事の提供はもちろん，人とつながる場を提供しているところにあるように思う。

　日本が1994年に批准した「児童の権利に関する条約（いわゆる子どもの権利条約）」第24条には，子どもには「到達可能な最高水準の健康を享受する」権利があると書かれている。もちろん日本国憲法も，「健康で文化的な最低限度の生活を営む権利」である生存権（第25条）を保障している。しかし，現在の日本では，貧困家庭に生まれたことで，当然享受できるべきこれらの権利が脅かされているのである。この現実に対して私たち一人ひとりにできることは結構ある，身近にあるということを，子ども食堂の取り組みは教えてくれているように思う。

【文　献】

阿部　彩（2013）．子どもの健康格差の要因―過去の健康悪化の回復力に違いはあるか　医療と社会, 22, 255-269.
厚生労働省（2016）．平成27年度 乳幼児栄養調査結果の概要
豊島子どもWAKUWAKUネットワーク［編著］（2016）．子ども食堂をつくろう！―人がつながる地域の居場所づくり　明石書店
内閣府（2014）．平成26年度版 子ども・若者白書
村山伸子（2014）．日本人の食生活の内容を規定する社会経済的要因に関する実証的研究　平成25年度厚生労働科学研究費補助金循環器疾患・糖尿病等生活習慣病対策総合研究事業報告書

（外山紀子）

第13章
学生食堂における朝食支援

佐藤康一郎

第1節　学生食堂の変遷

■ 1-1　学生食堂の始まり

　慶応義塾大学の季刊広報誌「塾」(2007) によれば，慶応義塾が芝新銭座にあった 1860 年代初めに寄宿舎の敷地内に食堂が存在した。1871 年に慶應義塾が三田に移転した際に制定された「慶應義塾社中之約束」では食事時間や食堂におけるマナーなどの規則も定められた。

　たとえば，「第一条　食事の時刻は，日の長短に従て，時々布告す可し」「第二条　食事の時間は朝夕一洋時半づゝ，昼は一洋時を限る。此期に後るゝ者は食に就くを許さず」「第三条　銘々名前の席に就き，互に席を乱る可らず。食椅を汚す事あれば，其席主の責なり」「第四条　立て食事をする禁ず，腰掛台に乗て食事するを禁ず」「第五条　ドテラ，三尺帯等，不相当の衣服を着誌，食に就くを禁ず」などと食事時間や食堂におけるマナーに言及している。

　学生生活を寮で過ごすことは現在でもあるが，寮歌に象徴されるように旧制高等学校では人間形成にもつ意義を重視して全寮制をとることが多かった。佐々木・藤田 (2009) によれば，旧制高等学校の寄宿舎のほとんどは，学校成立とほぼ同時に，校舎本館の建築に引き続いて建てられている。第一高等学校（東京大学などの前身）から第七高等学校造士館（鹿児島大学の前身）はその前身の高等中学校寄宿舎を引き継いでおり，最も古いのは 1889 年建築の第三高等中学校（京都大学の前身）寄宿舎と第五高等中学校（熊本大学などの前身）寄宿舎である。

　日本女子大学校四拾年史 (1942) に掲載されている 1906 年 2 月の 1 週間の献立表をみると，現代では実際にどのようなメニューであったか類推しにくいものも含

まれているが，当時の寮の食堂の食事の様子がわかる（表13-1）。日本女子大学校は女性への教育は有害無益であると考えられていた時代に，日本で初めてつくられた組織的な女子高等教育機関である。それ以前は1900年に開校した，現在のお茶の水女子大学の前身である東京女子高等師範学校しかなかった。このような背景を鑑みるとこの食事は相当恵まれたものであると推察される。

大正時代になると，学生食堂が登場する。立教大学が築地から現在の池袋に1918年に移転したが，その際に食堂（第一食堂）がつくられ，現在も利用されている。この頃になると，他の大学にも学生食堂があったようであり，明治大学のホームページにも関東大震災被災後の仮設校舎内食堂の写真が残されている。神奈川大学（当時は横浜専門学校）の1930年頃の写真にはカレーライスや牛丼，カツ丼が15銭（現在のレートに置き換えるとおおむね500円ほど）だった記録も残されている。

また，現在は学生食堂では主に昼食をとるが，東京大学百年史（1987）には1934年の記録があり，朝食や夕食にも学生食堂が利用されていたことがわかる（表13-2）。

表13-1　1906年2月の日本女子大学校の寮の食事献立
（筆者が一部加筆）

日時	日	月	火	水	木	金	土
朝	米飯　玉子　麩　すまし汁	パン　飯ソースかけ（玉三葉）　イチゴ蜜	パン　塩飯（千魚かけ）　蜜	パン　飯（馬鈴薯かけ）　蜜	パン　小豆飯（パンくず・牛乳かけ）　蜜	パン　むぎみ飯　蜜	パン　海老ゆば飯　菜ごまひたし　酢の物（白玉　にんじん　大根）
昼	米飯　はんぺん　かぶ　煮付	米飯　そら豆　むぎみ	米飯　豆腐　蓮・くわい煮付	米飯　鰊こんぶ　煮付	米飯　馬鈴薯ソース　煮付	米飯　つぶしうずら豆　鮭入り	
夕	パン　豚肉サラダ　葱・糸こんにゃく（切干）	パン　ボイルドフィッシュ（大根）　ユサラダ	米飯　茶碗蒸（比目魚・うどん・三葉）　あさりスープ　菜ひたし	パン　蜜　ミートパイ　菜ひたし	パン　蜜　みかん　プディング（牛肉・豆腐）	米飯　鮪刺身　とろろこんぶ汁	パン　ミートゼリー　菜の海老まき

表13-2　1934年の東京大学の食堂の利用者数

施設名	座席数	朝食	昼食	夕食	計
第一食堂	280	406	1379	470	2255
第二食堂	286	80	1537	507	2124
第三食堂	118	48	200	50	298
計	684	534	3116	1027	4677
登学学生に対する比率		10%	57%	19%	

■ 1-2　第2次世界大戦後の学生食堂

　第2次世界大戦敗戦後，1945年9月あるいは10月に旧制大学や旧制専門学校は授業が再開され始めたが，食糧事情の悪さや物資の不足などから1946年初めまで「食糧休暇」が実施された。終戦によってただちに食糧事情が回復したわけではなく，1944年と1945年の輸入米は皆無で，敗戦以降は朝鮮や台湾からの移入米も途絶えた。それゆえ，米穀の配給は1946年には半月遅れほどであったものの，1948年11月には全国平均で28日の遅配となったという（渡辺, 1964）。

　慶應義塾百年史別巻大学編（1962）には，1945年の工学部の様子が描かれており，「12月には食糧事情窮迫のため，食糧休暇があり，地方出身の学生を一時帰省させるなどのこともあった」との記述がある。また，東京大学消費生活協同組合（1973）の東大生協二十五年運動史によると，東京帝国大学では，1946年2月22日に職員や学生有志により東京帝国大学農学部協同組合を発足させ，最も強く要望された外食券食堂を3月下旬に開業した。この食堂で用いた材料は学生食堂連合会の配給された5万食分の米とみそ，醤油，魚などの一部であった。同署では混雑の様子にも触れられており，「食堂の利用者は初日は210名に過ぎなかったが，開業10日間で急速な伸びを示し，最高は866名に達し，まもなく食事時には，地階に食堂のある3号館を1周するほどの行列ができた」と記されている。

　当時は，配給制度と並行して外食券制度があり，家で食事をしない人を対象に外食10日分を外食券として配布していた。山田（1994）は，外食10日分は米2升3合であり，それも1944年2月11日の東京では「麦まじりの真っ黒な米」であったと記している。このような状況下で学生食堂を復旧させた東京帝国大学農学部の取り組みがいかに特筆すべきものであったかがわかる。

　戦後の困難な時期から高度経済成長期にかけて，学生食堂は大学生の生活を支えてきたが，1970年代になると変化がみられるようになった。

　早稲田大学学食研究会（唐沢, 2007）によれば，1970年代あたりまではとにかくボリュームや量を提供することが一番大切な要素であったが，1970年代後半あたりから定食のみのものから単品でさまざまなメニューを注文できるカフェテリアスタイルの食堂が増えていった。1つの定食メニューで栄養を満たす給食の延長に近いものから，食事に対する学生の自主性を尊重したものへという変化といえる。この変化には，外食産業の進出や学生以外の人々への関心の変化も影響している。

　また，西村（全国大学生活協同組合連合会, 1988）は1987年12月の学生食堂のカレーライス事情を調査し，当時カレーライスはおおむね150円から200円ほどで

あったことを記録している。まさにこの頃，ちょうど筆者が大学生だった時代である。西村は，「物価高にもかかわらず」とも書いており，内容は貧弱ながらも大学生には人気であるとしている。また，大学生には安さやボリュームが重視されること，規則正しく食事をとる重要性から朝食キャンペーンを実施し200円台前半で朝定食を提供したことも記している。

■ 1-3 近年の学生食堂

　全国大学生活協同組合連合会は2005年からミールカード制度（大学生活協同組合により名称が異なる）を始めた。ミールカードは，前払いで入金されたポイント（金額）が学生食堂だけで利用できる電子マネーであり，いわば大学生活協同組合の食堂年間利用定期券である。また，関東甲信越にある大学生活協同組合では，学食パスが導入されている。学食パスは交通系ICカードを利用して電子マネーとしてチャージされた金額と学生食堂利用のために入金されたポイント別々に管理し，学生食堂利用のために入金されたポイントは，大学生活協同組合の食堂以外では利用することができないようになっている。

　ミールカード（あるいは学食パス）で決済すると，レシートには栄養情報も表示される。ミールカードがあれば，仮に当月に出費が多くとも学生食堂での食費が確保されるため，食事をとる習慣もつきやすい。このカードは保護者も利用履歴が把握でき，入金方法によってはプレミアムが付く。たとえば，2016年度の東北大学生活協同組合のミールカードでは，表13-3のようなプランが揃えられている。このうち，ベストプランとスタンダードプランの1日利用上限額には平日の朝食300円分が含まれている。学生食堂は8時から20時まで営業しているので，3食を学

表13-3　2016年度の東北大学生活協同組合のミールカードプラン
（東北大学生活協同組合のHPより作成）

プラン名	1日利用上限額	購入金額（税込）	最大利用可能額
ベストプラン	平日　1,350円 土曜日　500円	208,000円	267,050円程度
スタンダードプラン	平日　850円 土曜日　500円	149,000円	175,350円程度
ライトプラン	500円	105,000円	111,500円程度
ライトプランプラス	平日　1,000円 土曜日　500円	192,000円	203,000円程度

生食堂でとることも可能である。いっぽう，利用上限額の低いライトプランとライトプランプラスも用意されており，これらは自宅通学の学生や自炊している学生に向いているといえる。

学生食堂は，受験生獲得のための行事にも積極的に活用されるようになっている。18歳人口は1992年の205万人をピークに減少を続け，2000年代後半からの18歳人口は120万人前後で推移し20年間で4割以上減少した。いっぽう，大学志願者数は近年66万人程度で推移しており，高校に大学の資料を置いておけば，大勢の受験生が集まる時代は終わっている。そこで大学や短期大学は受験生募集の行事に力をいれており，初夏から夏休み，学園祭シーズン，春期休暇と時期を問わずにオープンキャンパスが開催されている。学生食堂が魅力的であれば，受験生が増えるというわけではないものの，「無料学食体験」という企画がしばしばみられるようになった。

第2節　朝食の支援

近年，100円朝食に取り組む大学が増えている。なぜこのような取り組みが始まったのか，またなぜそれが必要なのかを次に取りあげる。

■ 2-1　朝食をとらない大学生

現代の大学生は，どの程度朝食をとっているのであろうか。ここでは複数の調査からその実態に迫る。

前章で触れられている2012年の「学生生活実態調査」では朝食をとっている学生の割合は69.5％であった。

2013年に名古屋市健康福祉局健康部と名古屋市内の管理栄養士養成課程のある4大学（金城学院大学・椙山女学園大学・東海学園大学・名古屋女子大学）が大学生を対象とした朝食摂取についての実態調査したところ，解析対象である782名のうち，「毎日摂っている」と回答したのは55.5％（この調査では，菓子や菓子パン，果物などの食品のみの場合あるいは栄養補助食品のみの場合は欠食に分類している）であった。

立命館大学の2013年12月2日のプレスリリースによると，2012年に実施した学生定期健康診断の問診表において「朝食を摂りますか」という設問に対し，全回答者（28,340名）のうち「いいえ」が9.3％，「時々」が31.5％と回答した。つまり約4割の学生が朝食をとっていないと回答している。とくに男子学生の場合，1回

生では 77% の学生が朝食をとっているが，2 回生以上になると 50% 以下に低下している。

これは学年が上がるとともに必修科目が減り，3 年次以上になると取得すべき単位数（＝授業数）が減少することにより午前中の授業が減ることに起因すると考えられ，佐藤（2012）による研究でも同じ傾向がみられる。

彼らが欠食する理由としては，先の名古屋市健康福祉局健康部らの調査では，「時間がないから」が最も多く（週 4 日以上朝食をとっている学生で 70.7%，朝食をとっていない学生で 74.0%），以下「身支度などの準備で忙しいから」「食欲がわかないから」「作るのが面倒だから」「料理が用意されていないから」「朝食を摂る習慣がないから」「片付けが面倒だから」「朝食を摂るのが面倒だから」などと続く。

■ 2-2　100 円朝食

朝食をとることで健康管理や生活習慣を改善することを目的に学生食堂で 100 円で朝食を提供する動きが全国的にみられる。

白鷗大学（栃木県小山市）では，学生らに規則正しい生活習慣を身につけ，学生の生活サイクルを朝型に変えることを目的として，1999 年 11 月より毎年「朝食無料サービス」を実施している[1]。また，「朝食無料サービス」の時期以外では年間通して始業前 1 時間限定で朝食を 100 円で提供している（1 日 150 食限定）。この白鷗大学以降，関東では慶應義塾大学が 2006 年に，関西では京都橘大学が 2008 年に「100 円朝食」を始めた。

しかし，いわゆる「100 円朝食」が脚光を浴びたのは，2013 年の立命館大学における導入以降である。立命館大学の「100 円朝食」の採用は大学生や大学受験生，高等学校に留まらず広範囲に広報活動が実施されたために全国の新聞記事やテレビ番組で大々的に取りあげられ，世間の注目を集めるに至った。

立命館大学の 2013 年 12 月 2 日のプレスリリースによると，立命館大学は，学部生の保護者が加盟する組織である父母教育後援会の支援を受け，2013 年 10 月 21 日から 11 月 1 日に「100 円朝食」を実験的に導入した。これが好評であったため，2013 年 12 月から衣笠キャンパス（京都市）とびわこ・くさつキャンパス（滋賀県草津市）で全面的に導入した。当初は 2014 年 4 月から全面導入する予定であったが，冒頭で述べたように学生定期健康診断問診表の結果から朝食欠食率が高かったこと

---

1) 白鷗大学ホームページ〈http://jukensei.hakuoh.jp/news/detail.php?id=759（最終閲覧日：2017 年 1 月 31 日）〉

に加えて，父母から寄せられるアンケートでも学生の健康面への不安の声や要望が多く寄せられていたため前倒ししたとのことである。びわこ・くさつキャンパスでの実験では1日約300名前後が利用し，導入前から約2.3倍増えた。

また，「なぜ今日生協に朝食を食べにきたか」というアンケートを実施したところ，普段朝食をとっていない学生（1週間に3回以下しか朝食をとっていない層）の64.7%より，「100円定食が始まったから」という回答が得られ，この取り組みが当初期待した「しっかり朝食を摂る習慣をつける」という成果につながっていることも確認された。

せっかく朝食をとっても他の食事が疎かになっては意味がない。その意味では，駿河台大学（埼玉県飯能市）の試みは大変興味深い。朝食利用者には当日のランチメニューが得になるチケットが配布されるのである。

■ 2-3 100円朝食の課題

ここまで述べてきたように，100円朝食については，実施時期の差こそあれ，「100円朝食」は全国的なブームになり，そして定着しつつある。現在実施していない大学でも「100円朝食」がいわば業界標準として採用せざるを得なくなっていくと考えられる。また，同時に一度採用した大学も中止することは難しくなるであろう。

今後の最大の課題は，「100円朝食」の正価と100円の差額をどうするかという問題である。大学が負担するのか，保護者の団体が負担するのか，生活協同組合が負担（関西大学など）するのか，「未病」という観点から学生健康保険互助組合が負担（明治大学や北海道科学大学など）するのか。企業に協賛を求める方法も登場しているし，学生食堂の原材料をフードバンクに求める手もある。

大学が負担すれば，「うちの大学は学生の面倒見がよい」ということはアピールできて大学のイメージアップにつながる。しかし，原資は主に学費で賄われるため，実質的には学生の保護者の負担となる。

この差額について「100円朝食」を2014年度後期より採用した専修大学を例に試算すると以下のようになる。2015年度の「100円朝食」の実施日は2015年4月6日から7月31日までおよび9月18日から2016年1月27日までで，学園祭による非実施日を除くと159日間であった。本学の場合，「100円朝食」時における朝食の正価は350円に設定している。生田キャンパスで100食，神田キャンパスで50食提供しており，仮に毎日完売すると生田キャンパスでは大学の負担が250円

× 100 名 × 159 日で 3,975,000 円となり，神田キャンパスは 250 円 × 50 名 × 159 日で 1,987,500 円で両キャンパス合計 5,962,500 円となる。

　加えて，予定した食数を大学が責任をもって手配するため，完売しなくても学生食堂を運営する事業者に対して，いわば買い取り保証を行なっている。生田キャンパスにおいて用意した 100 食中 90 食販売され，10 食残った場合は大学の負担が 250 円 × 90 名に加え 350 円 × 10 名分を支払う。したがって，完売しないと負担はより大きくなってしまう。

　立命館大学の朝食の正価は 260 円であるので，父母教育後援会の負担は 1 食あたり 160 円となる。立命館大学の場合，1 日に約 1,000 名の利用があるという[2]。立命館大学は通年実施しているので，160 円 × 1,000 名 × 150 日（平日 5 日 × 30 週）とすると 24,000,000 円の負担である。現在は，保護者向けに作成していたオリジナル手帳を廃止して年間 1,500 万円を捻出し賄っている。

　現在，実施期間を限定せず，食数も制限しない取り組みは立命館大学だけである。立命館大学では，「1 時限に間に合うこと」を前提に「100 円朝食」を実施しているため，提供時間は 8 時から 8 時 40 分までに限定するが，食数は制限しない。大学に来ても食べられないことがあるとそれ以降，「100 円朝食」の利用をあきらめてしまうことが予想されるからである。専修大学では 8 時 30 分から営業を開始するが食数を限定しているため，営業開始後すぐに売り切れてしまうことも少なくない。

　イベント性の強い実施期間限定の「100 円朝食」と利用する学生に偏りが生じる食数限定の「100 円朝食」は効果がどちらも限定される。「100 円朝食」自体が珍しくなくなる近い将来，「100 円朝食」の意義が改めて問われることになるであろう。

第 3 節　学生食堂と企業・組織との協業

　学生食堂の新しい動きとして，企業や地元の農業協同組合との連携が図られるようになってきている。恵庭市の北海道文教大学は 2014 年に「100 円朝食」をスタートさせる際，JA 道央やカゴメ株式会社，味の素株式会社など 10 社・団体が食材の提供を行なった[3]。

　立命館大学びわこ・くさつキャンパスでも 2014 年 12 月以降に企業との 3 つの

---

[2] 読売新聞 2015 年 4 月 22 日朝刊。
[3] 苫小牧民報 2014 年 9 月 25 日朝刊。

協業が行なわれている[4]。

　第1に,「100円朝食」の通常メニューと並行して,2014年12月15日から24日まで期間限定で株式会社カルビーの協賛により「フルグラ&フルーツセット」を提供した。このセットは①フルグラ（50gから100g）,②牛乳もしくはヨーグルト,③フルーツ（みかん・ももなど）というメニューであるが,フルグラは株式会社カルビーが,牛乳・ヨーグルトやフルーツは学生食堂を運営する立命館生活協同組合が提供した。

　第2に,2015年1月6日からは立命館大学びわこ・くさつキャンパスにあるサブウェイの店舗で立命館オリジナルの朝食メニュー「100サブ朝食」が提供されるようになった。日本サブウェイ株式会社の協賛でプチサンド1個にSサイズのドリンクを加えたオリジナルメニュー（260円相当）で100円を超える分は父母教育後援会が負担した。

　第3に,びわこ・くさつキャンパスの地元の農業協同組合であるJAおうみ冨士との連携が2015年4月から始まった。近江米と守山市産や野洲市産の野菜の供給を受け,地元産の野菜をふんだんに用いた「旬菜100円朝食」を提供している[5]。「旬菜100円朝食」は,近江米と守山市産や野洲市産の野菜を滋賀県守山市のJAおうみ冨士に併設するレストランを切り盛りする地元女性が平日毎朝調理し,学生が100円で購入できる手作り朝食である[6]。JAおうみ冨士は,これまで土づくりや食育,消費流通モデルの確立などにおいても立命館大学と共同研究を行なっている。これは地産地消活動でもある。

　企業・組織との協業は大阪大学でも試みられている。豊中キャンパス内の学生食堂では2015年4月の平日に大阪大学未来基金,ケロッグ合同会社,大阪大学生活協同組合の3者連携で「阪大×ケロッグ"栄養バランス満点"無料朝食セット」が1日200食提供された。これは,①ケロッグのシリアル3種類から1つを選択,②牛乳もしくはヨーグルト,③ゆで卵,④バナナ,⑤オレンジ,トマト,キウイのいずれかの5点セットである。ケロッグ合同会社はグラノーラ市場において株式会社カルビーと競合し,大阪大学も立命館大学も関西地区に立地するため対抗策にも映る。

　以上述べてきた協業は,大学にとっては食材調達コストの低減と朝食メニューの

---

4) 立命館大学の2014年12月12日のプレスリリース。
5) 京都新聞2015年4月18日朝刊。
6) 読売新聞2015年4月22日朝刊；朝日新聞2015年5月13日朝刊。

多様化というメリットがある。他方，企業・組織にとっては比較的安価で大学生の市場調査ができたり費用対効果の高い広告ができたりするメリットがある。また場合によっては製品や産品の在庫調整としても活用できる。その点で「Win-Win」の関係にあるといえる。ただし，今後このような活動が拡大していく場合に，特定の大学と特定の企業・組織との協業には利益相反行為や公正担保への配慮が必要となるかもしれない。

第4節　食事づくりの支援

　朝食の提供だけではなく，学ぶことと食べることを結びつけて学生の食事づくりを支援する試みも行われるようになっている。

　前述のように，立命館大学では，「100円朝食」が本格導入されたが，これを受けてびわこ・くさつキャンパスでは，2014年5月から6月に学生による新入生支援組織が新入生を対象に「100円朝食レシピコンテスト」を開催した。コンテストの応募条件は，「100円以内でつくれること」「手軽につくれること」「栄養バランスがよいこと」の3つであった。こうした条件を課すことで，学生の食に対する関心を高め，さらに自炊を行なうきっかけをつくることが目的であった。開催にあたっては，父母教育後援会やスポーツ健康科学部の協力を募り，さらに企業の協賛を得て商品を提供した。

　このコンテストを実施するにあたり，新入生同士のつながりを強めることを意図してクラスごとにチームを編成し，クラスから1つだけレシピを応募する形式で予選が行われた。その結果，全クラスの半分以上の67クラスから応募があったという。このうち12クラスが決勝に進み，決勝では予選を通過したレシピを学生が実際に調理し，審査員が試食して美味しさ，作りやすさ，栄養面（スポーツ健康科学部海老研究室による評価）から審査が行われた。優勝したメニューは「ほうれん草カレー&オレンジヨーグルト」であった[7]。また，学ぶことと食べることを結びつける試みには，授業の中に食事をすることを取り込んだものもある。

　奈良女子大学は2006年度から学生食堂の朝食と授業を結合させた科目（キャリアデザイン・ゼミナールB (2)「朝食食べてダイエット」）を設けている。学習目標は，「朝食を摂る生活習慣を身につける」「朝食メニューの立て方と栄養バランスの考え

---

7) 読売新聞2014年7月2日朝刊。

方を理解する」「体脂肪とエネルギー代謝について学ぶ」「運動と健康について考え，無理のないダイエット方法を理解する」の四つである。この科目は学生食堂で生活協同組合が提供する朝食（250円で事前払い）を8時5分からとりながら，健康の維持増進や自己管理について学ぶ科目でキャリア教育として位置づけられ，2015年度は前期の月曜日の8時5分から8時50分まで生協食堂で開催された。このような取り組みは，副次的な効果として月曜日の朝から体調や生活リズムを整えることも期待できる。

第5節　おわりに

　本章では，わが国における学生食堂の変遷と近年の大学の取り組みについて考察してきた。朝食を欠く大学生は多く，健康管理や生活習慣を改善することを目的に学生食堂で100円で朝食を提供する動きが全国的に増えている。しかし費用などの課題も大きく，学生食堂と企業・組織との協業の動きもみられる。また，朝食の提供だけではなく，学ぶことと食べることを結ぶ試みも始まっている。

　大学は学ぶだけでなく，仕事に就く前に規則正しい食習慣を身につける場所でもある。大学は過保護すぎるという指摘もあるが，100円朝食を一過性のブームで終わらせることなく，100円朝食を入口に食教育最後の場である大学は積極的に学生に対して食生活自立を促す機会を増やし続ける必要がある。

【文　献】

金城学院大学・椙山女学園大学・東海学園大学・名古屋女子大学・名古屋市健康福祉局健康部（2013）．若者（大学生）の朝食摂取状況調査　調査報告書, 3-4.

唐沢　明［監修］（2007）．学食ガイド—全国60大学人気メニュー　ブッキング, pp.84-86.

慶應義塾（1962）．慶應義塾百年史別巻 大学編, p.794.

慶応義塾（2007）．塾, SPRING 号, 38-39.

佐々木亜須実・藤田勝也（2009）．旧制官立高等学校における寄宿舎の建築に関する研究　日本建築学会計画系論文集, **74**, 1165-1171.

佐藤康一郎（2012）．写真分析による大学生の食生活調査　専修大学社会科学社会科学年報, **46**, 35-52.

全国大学生活協同組合連合会［編］（1988）．学食ウォッチング—大学生のメシ事情　三水社, pp.10-18.

東京大学消費生活協同組合（1973）．東大生協二十五年運動史—苦節四半世紀　『東大生協二十五年運動史』編纂委員会，pp.3-5.
東京大学百年史編集委員会［編］（1987）．東京大学百年史 部局史 4　東京大学出版会
中村政雄（1942）．日本女子大学校四拾年史　日本女子大学校，pp.431-432.
山田風太郎（1994）．戦中派虫けら日記—滅失への青春昭和17年〜昭和19年　未知谷，p.203.
渡辺　実（1964）．日本食生活史　吉川弘文館，pp.310-311.

◆コラム⑬　学生食堂の国際化

　初めての海外旅行先はイラン・イスラム共和国であった。半月ほど現地に滞在し，筆者は大学生にしてハラールやアルコールの禁忌について身をもって体験した。そのため，この30年ほどハラール食には関心をもっている。

　ハラールとは，イスラム法に合法なことや行為を指し，食においてはイスラム法で食べることが許されている食材や料理を指す。いっぽう，イスラム法で禁じられたことや禁じられた行為はハラームとよぶ。ハラールであるかどうかを決めるのはアッラーのみで，アッラーが決めたハラールではないものを口にすることは罪を犯すことになる。

　現在，わが国にはアジア各国からの多くの留学生が来日しており，交換留学が盛んな大学ではマレーシアやインドネシアから来たイスラム教徒の学生を目にすることも少なくなくなった。

　留学生増加にあわせるように大学の学生食堂でもハラール食など特別食が登場している。日本の学生食堂で初めてハラール認証を取得したのは神田外語大学（千葉市）である。神田外語大学のアジアン食堂「食神」は出汁を使ったり（醤油にはアルコールが含まれているため），揚げ物には植物油を使ったり，みりんは使用しないなど徹底管理をしている。食器や調理器具などもハラールメニュー専用のものを使用し，食材の保管や保存も分別管理している。

　また，実現可能なハラールを実施する大学もある。東京外国語大学（東京都府中市）では2015年7月よりハラール推奨メニューを提供している。厳密な意味でのハラールメニューではなく生活協同組合食堂が提供可能なレベルでのハラールを明確にし，イスラム教徒の留学生の合意を得て提供している。食材はハラール食材に限定し，調理器具は専用鍋に限定して使用する。しかし，輸送段階や貯蔵段階での食材は混載されること，調理器具殺菌にアルコールスプレーを使用すること，箸や皿は他のものと一緒に洗浄することを掲示している。また，できることとできないことはリストにして明示している。

　ハラール食の提供は，通常の学食と比べてコストも時間も人手もかかる。このような特別食は取り扱わない方が学食の運営負担は少ないと考えられる。それでもグローバルに大学選びや留学先選びをする時代を迎え，優秀な海外留学生を集めるためにはイスラム教をはじめとした多様な宗教へ配慮したキャンパスづくりが必要になってきている。

　このハラール食にはイスラム教徒しか食べない「何か」が入っているわけではないため，イスラム教徒以外でも食べることができる。一般にみりんを使用する和食は味付けが異なるかもしれないが，日本の学生食堂でちょっとした異文化体験をするのも興味深い。

（佐藤康一郎）

第14章
飽食環境に生きる大学生たち

今田純雄

第1節　はじめに

　大学生の食事写真から何が見えてくるだろう？　第1部に掲載されている写真を眺めていると，まずはその美しさに驚かされる。あれよあれよという間に携帯電話は普及し（今や，スマートフォンの時代だが），当初はおまけのように付いていたカメラもその性能を飛躍的にアップさせた。

　今回は統一された条件のもとで撮影された写真であるが，日々の食事内容は個人ブログ，LINE，Facebookなどに投稿されることも多い。携帯電話（スマートフォン）で撮られた写真はインターネットを介して一瞬に送信され多数の人々に公開される。個人の食とその状況がここまでオープンになったことはなかっただろう。

　図14-1は，筆者の所属する大学の学生らの昼食である[1]。場所は大学構内にあるブッフェ形式の食堂で，学生らにとっては人気のスポットである。4人が共通して選んだものはハンバーグであり，さらに3人が鶏のから揚げを選んだ。野菜を選んだ学生は1人だけで，さらにその学生だけがみそ汁をとっている。ご飯を選んだのは2人だけであった。

　学生らによると，この食堂は比較的安価で，好きなものを好きなだけ食べることができるのでよく利用するとのことであった。とくに2人の女子学生はともに親元を離れてひとり暮らしをしている。ここでの食事が1日の必要カロリーの半分以上をまかなっているようだ。

　はたしてこれらの写真から何がみえてくるだろう。栄養上の問題はさておき，高

---

1) 広島修道大学の学内食堂（大学生協運営のパティオ）にて撮影（2016年5月19日）。

第14章　飽食環境に生きる大学生たち

図14-1　学生4名の昼食

脂質，高タンパクの食品は嗜好されやすいこと，ご飯は主食の扱いを受けていないこと，みそ汁，野菜は好まれないことなどが観察される。同時に，ご飯椀の左右配置にこだわりがなさそうなこと，箸は手前に横置きされていることなどが観察される。さらに食べる直前には4名中3名が両手をあわせ（撮影のための演出ではない），「いただきます」を口にした（図14-2）。「ひとりで食べるときでもそうするの？」と尋ねると3名の学生は全員「はい」と即答した。

携帯電話が普及するずっと以前，小型の使い捨てカメラが商品化された頃に，学

図14-2　学生4名の昼食風景

生らにそのカメラを渡し，飲み食いしたすべてを数日にわたり撮影させたことがある（今田，1992）。当時もしかり，食事写真は日常の食行動を規定している要因のみならず，その背後にある諸要因についてもさまざまな考察材料を提供してくれる。食事写真のもつ情報量はきわめて大きい。

さて，第1部では大学生と中学生の食事写真から，彼ら（彼女ら）の日常の食の一端が明らかにされた。第2部では，それらの食の背後にある内面（心的特徴）さらに外的な諸要因が論じられた。本章では第1部，第2部の内容を踏まえた上で，幅広い観点から大学生の食について考えていきたい。

次節では，飽食という食環境の誕生とその展開についてみていく。部分的に第6章と重なる内容であるので第6章も併読されたい。第1部で取りあげられた大学生の多くは1990年代中頃に生まれている。この1990年代という時代は，比喩的にいうならば，飽食という文化が開花し満開となった時期であった。すなわち今の大学生らは，飽食であることがあたりまえの環境下で生まれ育ち，今に至る世代である。第2節はこのような観点からもお読みいただきたい。

第3節では，飽食環境がもたらした食行動上の諸変化を喪失という視点から考察する。飽食は豊かさの象徴であるいっぽう，われわれの日常からさまざまなものを奪っていった。それらについて，とくに食の心理的機能に注目しながら考えていきたい。

第4節では，依存という言葉をキーワードに飽食環境が現代人にもたらした影響について考察していく。豊かさと引き替えにわれわれは何を失いつつあるのかについて考察したい。最後の第5節では，これからの若者に必要とされること，期待されることについて筆者の考えを述べていく。

第2節　飽食環境

■ 2-1　1970年代初頭：飽食環境の始まり

1970年代初頭は戦後の日本社会を考えていく上で重要な時期である。1950年代半ばから始まった経済の高度成長が終焉をむかえ，日本社会は成長から安定に大きく舵を切った。東京タワー竣工（1958年），新幹線開通（東京-大阪：1964年），東京オリンピック開催（1964年），大阪万国博覧会開催（1970年）と続いた経済成長は，ニクソン・ショック（円の切り上げ：1971年）とそれに続くオイルショック（1973年）によってその終焉を向かえた。時代は，成長から安定へと推移していった。

経済の安定は飽食時代の幕開けでもあった。1970年代初頭は（一般消費者向けの）冷凍食品，レトルト食品，カップ麺といった中長期間での保存が可能で，かつ高度な利便性をもつ加工食品が次々と誕生し，さらにファストフードチェーン，コンビニエンスストアチェーン，ファミリーレストランチェーンといった外食・中食産業が第1号店を開店させた時期でもある。ハンバーガー，ドーナツ，フライドチキンといった今となれば日常的な食べものが，われわれの生活の中に華々しく登場してきた時期である。

■ 2-2 飽食環境の確立と推移

1970年代も後半に入ると，外食・中食産業はフランチャイズ契約に特徴づけられる飲食チェーン店を全国に展開していく。とくに注目されるのはコンビニエンスストアの発展である。2015年6月期時点で，コンビニエンスストア店舗数は52,650店に及び，1店舗あたりの平均売上高は15,987千円（1日あたり約51万円），平均来客数は26,728千名（1日あたり約862名），平均客単価は598.1円である[2]。同時期の総人口は1億2,695万人であるので，2,411名（世帯数1,055）につき1店が営業していることになる。まさに全国津々浦々，人の暮らすところ，人が行き来するところにコンビニエンスストアありきといって過言ではない。なお，商品構成に占める食品の割合は62.7%であり，コンビニエンスストア来店目的の半数以上が食品・飲料を購入している。

経済は安定したかもしれないが，食の世界は混乱の連続である。今田（2004a）は，1970年代から2000年代へかけた日本の食環境を，10年きざみで，豊食→呆食→崩食→法食へと推移していく過程とみなした。あふれかえる食の"豊"穣に我をわすれた1970年代は，阿"呆"食の時代（1980年代）へと引き継がれ，その阿"呆"食はバブル経済の終焉とともに終わりを迎え，1990年代に入ると相次ぐ食の事件，食の事故により，飽食時代の基盤がいかにひ弱で危険なものであるかを知ることになった。1990年代は，食の"崩"壊に特徴づけられる時代といえる。21世紀に入ると，食育基本法が制定・施行され，食（とくに子どもの食）は"法"律によって方向づけられ，現在に至る。

靴や服などはその気になればいくらでも購入できる。しかし食の場合はそうは

---

[2] 一般社団法人日本フランチャイズチェーン協会HPで公開されているデータより計算した〈http://www.jfa-fc.or.jp/particle/320.html（最終閲覧日：2015年8月19日）〉。

いかない。一個人が1回に消費できる量が限られているためである。簡単な話であるが，昼食にラーメンとチャーハンを食べれば，3時のおやつにハンバーガーやドーナツを食べることは難しい。一人ひとりの胃の容量は限られている。その限られた容量をとりあうことによって食の経済は成立している。

食を商品とする企業間における，消費者の胃袋の取り合いは熾烈である。ハンバーガーを半額にすればハンバーガー店への来客数が増加し，そのあおりを受けた牛丼チェーンが対抗して牛丼を値下げすれば客は牛丼チェーンに戻ってくる。それらを横目にコンビニエンスストアは，おにぎり，サンドイッチ，弁当の販売に力を入れる。

このいたちごっこに終わりはなさそうである。企業の存在理由の第1は利益の追求であり，継続的に売上げと利益を伸ばしていく必要がある。飲食産業界においても同様である。結果として，飲食産業界は質量共にその供給を増加させていくが，消費量は追いつかず（むしろ総量としては減少していき），消費しきれない食物が日本中にあふれかえっていく。

図14-3は，国民1人あたり1日平均の供給熱量と摂取熱量の年次変化を示している[3]。1970年代中頃以降，その差が開き続けていることがわかる。破棄される食材が増えていっているといえよう[4]。

飲食産業から提供される加工食品，半加工食品の多くは海外の工場で生産され

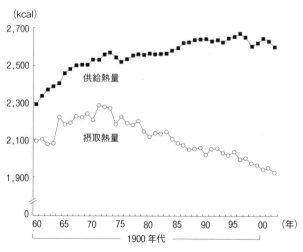

図14-3　供給熱量と摂取熱量の年次変化

ている。ハンバーガーチェーンで使用されているミートパテ，串に刺された焼き鶏，パン粉をつけるところまで調理されたアジフライやエビフライなどの多くは海外で作られる。加工・調理の際にでてくる残滓（肉や魚を加工した際にでてくる骨，皮，内臓や野菜くずなど）は現地で処分されるので，図14-3で示した差（供給熱量と摂取熱量の差）には反映されない[5]。

　飽食時代の食品ロスは，食べ残しという可視部分だけでなく，賞味・消費期限切れによる破棄，加工時に生まれる残滓など不可視部分の占める割合が大きい。現在，地球上で生産される食品の約3分の1が，食べられることなく破棄されているといわれている[6]。

第3節　飽食環境は人々に何をもたらせたか

■ 3-1　食の喪失と食機能の変化

　いつでも，どこでも，手軽な値段で容易に食物を入手できる現在の食環境は"豊かさ"以外の何ものでもない。JR，私鉄，地下鉄など主要駅の周辺には外食店やコンビニエンスストアが食の供給にしのぎをけずりあっている。

　何かを手にすれば何かを失う（バーゲンで大量の服を買えば，それを入れるためのクロークスペースを失い，何よりもお金を失う）。食の"豊かさ"を手にしたわれわれは何を失ってきたのだろう？　以下では今田（2002；2004a；2004b；2005a；2005b）での議論を発展させ，飽食によって失われたものを列挙していきたい。

■ 3-2　飽食によって失われたもの

1）飢餓感

　われわれは現在，食物に満ちあふれた豊かな時代に生きている。食べものがなくなるという不安を感じることは滅多になく，日々の迷いごとの大半は何を食べるか

---

3) 各年度の「食料需給表」（農林水産省）および「国民・栄養調査」「国民栄養調査」（厚生労働省，厚生省）を基に作成した。
4) この期間は，少子高齢化が進行している期間でもある。摂取熱量の減少は，部分的にそのことも反映していると考えられる。
5) この差の広がりは，その形状から，ワニの口と表現されることがある。年々ワニの口は広がりつつある。
6) ナショナルジオグラフィック日本版2016年3月号の特集「90億人の食　捨てないで食べちゃおう」による。

であり，また食べ過ぎてしまうのではないかという不安である。

エッセイストの阿川佐和子は『残るは食欲』(阿川, 2013；2008) の冒頭で，「お腹が空いているときと満腹のときと，はたしてどちらがシアワセだろうか」と問いかけた。そして，「お腹がじゅうぶんに空っぽな状態で食卓につき，さあ，これからおいしいものを食べるぞと期待に胃袋を膨らませる瞬間の喜びは (中略)，シアワセだと (中略)，断固として，そう思う」と記している。今，どれほどの人 (子ども) たちがこのシアワセ感を経験しているだろうか。

飢餓感は，"我慢する""耐える"ということの学習をうながす。飽食の時代，「お腹が空いた」とおやつを切望する夕食前の子どもに対して，「もうすぐ晩ご飯だから我慢しなさい」と言い切れる親がどれほどいるだろうか。「お腹が空いた，お腹が空いた」と泣き始められるとついついスナック菓子の一袋も渡してしまわないだろうか。

"可愛い子には旅をさせよ"ということわざがある。英語でも "Spare the rod and spoil the child (ムチを惜しむと子供はだめになる)" というものがある。かつて存在した，日々の空腹体験すなわち飢餓感は，"我慢する""耐える"ことの学習につながったはずである。飽食という環境は，飢餓感を体験する機会を子どもたちから奪い，その結果として，"我慢する""耐える"ことを学習する重要な機会を奪っていった。

2) 季節感

日本では四季の変化が明確である。春に山菜を食べ，夏にはミョウガとシソを薬味にそうめんを食べる。秋はサンマと栗ご飯。冬には白菜のたっぷり入った鍋をつつく。日本人の自然観 (外界認知の仕方) の確立にとって季節は大きな役割を果たしてきた。

外食・中食産業で供給される食品の多くは，冷凍，冷蔵，真空パックによって海外より運ばれる。枝豆，ほうれん草，トウモロコシなど，本来は旬の時期が明確であった食物が年中供給されている。豊かな食と引き替えに，旬の食材を通じて得ていた季節感が失われつつある。すなわち日本人というアイデンティティの基礎をつくっている季節感，自然観が失われつつある。

3) 生命観

食育ではしばしば "いのちをいただくことのありがたさ" が強調される。食物の

物性に"いのち"は存在しないが，われわれの多くは食物に"いのち"という属性を感じ，それに大きな価値を与える。自らの生は食物を介して得られる生を取り込む（食べる）ことによって継続されるという生命観である。はたして，このような生命観を飽食時代の現在，どこまで維持していくことができるだろうか。

　飽食環境を支えているものは，膨大な加工食品を供給する食品産業と外食・中食を中心とするサービス業である。両者ともに，より安全な食物をより安価に消費者に提供する義務がある。それゆえに徹底した衛生管理がおこなわれる。提供される商品（食物）が細菌汚染されていないこと，流通段階において細菌汚染されるリスクが限りなく低くなることに注意が払われる。このような食物を介して"いのちのありがたさ"を感じることは容易ではないだろう。

4）ハレとケの日々

　質素で貧しい食事がつづく日々をケ（日常）といい，祝い事や祭事，行事のある日をハレ（非日常）という。柳田國男（1993，旧版1931）は[7]，すでに明治以降の庶民の生活において，ハレとケの混乱，曖昧化が進行し，ハレの日の興奮を味わうことがなくなってきたと述べている。飽食時代の現代においては，ハレとケという言葉すら日常の世界から消えていったように思われる。

　ハレとケは日々の生活のリズムを形作ってきた。ケの日々は単調でおもしろみのない日常である。やがて来るであろうハレの日のごちそうへの期待によって，ケの日々が耐えられる。ケガレ（汚れに通じる）はケが枯れるという意味である。ケがもたらす日常が一線を越え，悪化した状態である。ケガレの次ぎにようやくハレがくる。ハレの日のごちそうは，貧しく質素なケの食事がつづくからこそより一層輝くものであった。

　飽食時代は毎日がハレの日の食卓ではないだろうか。かつての日本においては白米，動物性脂肪，砂糖がごちそうを特徴づけた。今やこれらは当たり前に食べられる。飽食環境はハレとケという食を介した生活リズムを失わせていった。

5）食物を選択する能力

　ヒトの食性は，ネズミやゴキブリと同様な雑食性である。体内で合成できる栄

---

[7] 柳田は，明治以降の庶民の生活の変化を「褻と晴の混乱，すなわちまれに出現するところの昂奮というものの意義を，だんだんに軽く見るようになったこと」と述べている（柳田，1993：29）。

養素が限られているために，外界に存在する数多くの物質（食物）を直接摂取することによって必要な栄養素を充足させないといけない。たとえばビタミンDは日光（紫外線）を浴びることによって体内（皮膚）で合成することができるが，ビタミンCは体内では合成できず，ビタミンCを含有する物質（新鮮な野菜や果物など）を外界から直接に摂取する必要がある。

　雑食性動物は多種多様な食物を摂取し，必要栄養素を外部から直接取り込むことによってようやくその健康的生存を維持できる。これは一見，大きな制約であり負荷の高いものであるように思えるが，逆に"何を食べても生きていける"というメリットでもある。たとえば特定種のユーカリしか摂取しないコアラはそのユーカリが入手できなくなると生存が困難となる。しかし，ヒトはコメがなければパンを食べ，パンがなければ麺を食べることによりその生存を維持していくことができる。

　雑食性の動物にとって最も危険な行為は毒性のある動植物を摂取することである。それ故に，新奇な食物に対する摂食拒否傾向（新奇食物恐怖）をもち，同時に，親近性の高い食物に対する摂食傾向（新奇食物嗜好）をもつ。この相反する2つの行動傾向のバランスをとることによって，自らの健康的生存を維持しているのである（Rozin, 1976）。

　飽食環境において，この食物選択の能力はいかに発揮されるだろうか。加工食品，半加工食品，調理済み食品は，無菌化処理され，腐敗を遅延させる処理（防腐剤の添加など）のおこなわれたものがほとんどである。消費期限内のものであればほぼすべての食品は安全であり，食中毒に見舞われるリスクは低い。すなわち新奇な食物に対する摂食拒否傾向は多くの場合非適応的となる。飽食環境とは，ヒトが本来有している食物選択の能力を発揮しづらく，またその能力を顕在化させていく学習機会の乏しい時代であるといえよう。

6）食物を調理する能力

　進化という目もくらむ長い時間軸上に現在のわれわれは生きている。リーバーマン（Lieberman, 2015）によれば，はっきりと人間とみなすことのできる祖先は初期ホモ属のホモ・エレクトスである。その食は採集による植物と狩猟によって得られた肉によって賄われていた。200万年前あたりに誕生したといわれるホモ・エレクトスは，やがて火を用いて調理することをおぼえていった。

　動物性タンパク質の供給源である獣を捕獲しても，解体すればすぐに腐敗が始まる。ここで火が登場する。肉に火を通すことにより腐敗までの時間を引き延ばすこ

とができる。それだけでなく，生肉に寄生する病原菌を死滅させ，さらに生の肉を咀嚼し嚥下することに要する時間とエネルギーを大幅に節約させる。火を用いて調理することにより肉や植物の組織は分解され，消化，吸収が容易となる。すなわちより効率的に栄養を摂取することができる。噛みしめることに必要なしっかりとした顎とその顎を支える筋肉はその役割から解放され，やがて人類の顎は小さくなってゆく。そのことが脳の巨大化を助けていった（ランガム, 2010）。

このような生物進化論者の議論を敷衍していくと，調理，とくに火を用いた調理行動こそがヒトのヒトらしさを生み出した根源であるといえる。飽食環境にあっては加工食品，半加工食品が潤沢に供給されている。熱源は火から火の見えない電子レンジへと置き換わりつつある。飽食環境に生きる現代人は調理という，人類進化における根源的な営為を忘れつつある。

7）食物に味付けをする能力

冷蔵庫の中を開けて，菜もの野菜を小皿に盛りつけてみよう。それにバジルを散らし，オリーブをかければイタリア料理となる。パクチーを散らせばタイ料理になり，ごま油を使用すれば中国料理になる。ライムを搾りチリをふりかければメキシコ料理である。カツオ節，青じそ，海苔を散らせば一転して日本料理になる。風味づけ（flavoring）は世界各地の食文化を特徴づける最も大きな要素である（Rozin & Rozin, 1981）。

料理には重要な心理的機能がある。自分が何者であるのか，どのような社会（階層）の一員なのか，どのような文化に帰属するのかといった自己同一視の役割を料理は担っている。料理には食材選定，調理法，風味づけという3大要素があるが，中でも風味づけの果たす役割が大きい。

各家庭にはわが家の味というものがある（あった）。冷や奴にのせる薬味（青ネギ，ごま，紫蘇，ショウガなど）などは家庭によって異なるが，家庭内においてはほぼ一貫している。東京で働く関西出身の人が久しぶりに実家に戻り，青ネギの散らされたみそ汁を飲めば，しみじみと故郷へ帰ってきたと実感するであろう（一般的に東京では白ネギ，関西では青ネギを薬味として使用する）。風味づけは，社会，文化，地域さらには家族の一員であることを確認させる役割を担っているのである。

画一化された調理済み食品を食べることが多くなった飽食社会においては，このような味付け，風味づけをおこなう機会は少なくなった。それは社会的，文化的同一視をおこなう手段，機会が少なくなったことを意味しているであろう。

8) 料理の変動性（食の一期一会）

　同じ食材であっても季節によって味や風味は大きく変動する。たとえば，広島風お好み焼きはキャベツを大量に使用する。冬期のキャベツは固く水分量は少ないが，春キャベツの水分量は多い。プロの調理人はその時々のキャベツの状態をチェックし，加熱時間を調整しながら1年を通じてほぼ同様な仕上がりとなるように焼き上げる。

　外食・中食チェーン店では，店舗や調理者によって料理の仕上がりに差異が生じないように注意が払われる。代表的な牛丼チェーン3社（吉野家，松屋，すき家）の店舗数は3,000を超える（2016年2月時点）。牛丼をよく食べる人であれば，どの店舗に入ってもそれら3社のちがいを区別することができるだろう。しかし牛丼は煮込み料理であり，その煮込み時間によって味が大きく変わる料理である。みそ汁などは，加熱の仕方次第で，出汁の風味，みその風味がうまく引き出されたり，飛んでしまったりする。しかし牛丼チェーンは，いつどこで食べても同じ味であることをセールスポイントとし，実際におどろくほどに均一化された牛丼を提供している。

　本来，料理とは変動の大きいものである。それゆえに，ある時ある場所で食べたある料理の記憶がその状況とともに鮮明に記憶される。いわば食の一期一会である。画一化され均一化された料理を提供する飽食環境は，このような食の一期一会の機会を失わせつつあるといえよう。

9) 食の分配・共食

　人は社会性動物である。動物の捕獲，穀物の生産さらに調理という食関連行動の多くは共同作業によっておこなわれてきた。すなわち食はヒトの生物進化の過程において社会性を育んできた。1度に大量に調理された食物は他者に分配，贈与，交換され，食を介した社会性が促進される。摂食も多人数が同時に行うこと（共食）が効率的である。今なおわれわれは，ハレの日や悲しみの日（通夜の夜など）には人々が集まり，飲食をともにする。食は集団凝集性を高める重要な一手段となっている。

　しかしながら飽食環境は，このような食の社会性とは正反対の方向を指向している。多くの食品は1食分を単位として提供され，家族の全員が一同に会して同じものを食べる必要性が低まった。子どもたちは夕食の時間に間に合うように帰宅する必要性がなくなり，食卓をあずかる母（であることが多い）は，夕食時刻にあわせて温かい料理を準備する必要もなくなった。家族が同じ食卓を囲むことがあっても，

それぞれが食べたいものを食べるという食形態（個食）も生まれた。飽食時代の食は，食の社会性を失わせつつあるといえよう。

10）食器，食具の個人所有

日本の食文化を特徴づけるものに，銘々碗，銘々箸というものがある。かつて家族のそれぞれは自分専用のめし茶碗と箸を所有していた。この傾向は現在徐々に低くなっている。第 8 章に詳述されているように，より若い年代の母親ほど，家族それぞれが自分専用の箸，ご飯碗，湯飲み茶わんを有する比率は減少している。

考古学者の佐原真（1996）は銘々箸のことを属人器とよび，1 回の食事ごとに各自に割り当てられる銘々器と区別している。箸は手指の延長であり（インド，アフリカなど食具を使用せず手で食べる習慣が残る地域は多い），身体（の一部）を象徴するものとみなされる。そのように考えれば，属人器としての食具の使用傾向が低下していることの意味は大きい。食事観（食に関する考え方感じ方の総体）のみならず人間観そのものが変化しつつある兆しとも解釈される。

11）健　　康

飽食環境が健康に与えた影響を評価することは難しい。日本人の平均寿命は 1970 年で男 69 歳，女 74 歳であったが，その 44 年後の 2014 年では男 80 歳，女 86 歳と男女ともに 10 歳余り伸びている。医療の貢献が大きいとはいえ，飽食環境が十分な栄養を供給している証拠でもある。いっぽうで，不健康寿命（平均寿命と健康寿命の差）も伸びている。2010 年のそれは，男で 9.1 年，女で 12.6 年である[8]。長生きをすればするほど，日常生活に制限のない生活（健康）のおくれない期間が延びていくのである[9]。

飽食環境が健康に与えた影響で顕著なものがある。過体重者，肥満者の増加である。飽食環境が常態化していく 1980 年代以降，多くの国々で過体重者，肥満者の

8）http://www.mhlw.go.jp/bunya/kenkou/dl/chiiki-gyousei_03_02.pdf（最終閲覧日：2016 年 9 月 21 日）。
9）沖縄県民の平均寿命は長いことが知られている。しかし 2000 年，沖縄男性の平均寿命は 47 都道府県中 26 位と大幅に下降した（26 ショックとよばれる）。さらに女性も 2010 年には 3 位に下降した。2010 〜 2014 年の 5 年間において，平均寿命に対する健康寿命の占める割合を算出すると，沖縄男性は 47 位，女性は 46 位であり，47 都道府県中最も不健康な県となる。このような健康悪化の背景には，戦後の食生活の急変（食の西洋化，グローバル化）があると考えられる（今田，2013）。(cf.〈http://www.hsc-i.jp/05_chousa/program_yomei.htm〉)。

増加が顕著となっていった（今田, 2011）。過体重，肥満は生活習慣病の罹患リスクを高めることから，日本を含む多くの国々では予防措置を含めた対策がとられつつある。

第4節 食の代行と依存

ここまで，過去半世紀近くの期間に飽食環境がいかに巨大化していき，それにともなってわれわれの食が大きく変化してきたことを述べた。とくに，栄養の充足とひきかえに多くのものを喪失したことについて言及してきた。ここでは飽食環境がわれわれの食行動にもたらせた影響を食の代行という視点から振り返りたい。

図14-4に示したように，食行動の主要素は採餌行動，調理行動，摂取行動，体内過程の4つの主要素と，それらを構成する下位要素から構成されている（今田, 1996）。飽食環境はそれら食行動の諸要素をわれわれに代わって代行しつつあるといえる（今田, 2013b）。数十年の時間軸でこの代行は，図14-4に示すa, b, c, dの順に進行していった。当初は食物の生産，交換（流通）の代行が主であったが，やがて調理も代行するようになった。近年は摂取も部分的に代行しつつある（たとえば「柔らかい」食べ物とは，咀嚼・嚥下を部分的に代行する食物であるといえる）。さらに最近では，種々の機能性物質を含有した飲料・食物が数多く販売されており，これらは体内過程で処理されるプロセスを（部分的に）代行する食品であるといえる。体内過程の最終段階である排泄に関してもさまざまな食品が開発されている。たと

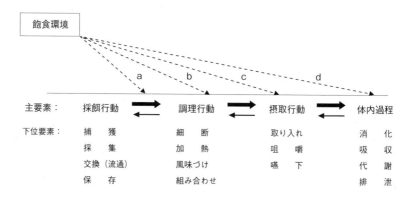

図14-4 食行動の代行（a, b, c, dは飽食環境による代行を示す）

えば，便通をよくする食品といったものである。食品企業の一部では，排便が（あまり）臭わない食品や排便回数を極端に減らすことのできる食品なども開発途上ということである。

このような食の代行は何を意味するのだろうか。個体発達の観点からすると，子の食は母（養育者）への全面的依存から自律的[10]決定までのプロセスとみることができる（根ケ山, 1997）。乳児はその生存に必要な栄養を母（乳，人工乳）に全面的に依存するが，発達にともなって徐々に何をどれだけ食べるかを自らで決定していくようになる。

はたして飽食環境下に生きる現代人の食行動は自律的なものなのだろうか。依存の対象を母から飽食環境へ移動させてきただけではないだろうか。比喩的にいえば，マクドナルドの店員は新しい「母」であり，吉野屋の牛丼は新しい「おふくろの味」となっていないだろうか。

代行の裏返しは依存である。われわれは依存の程度を（知らず知らずの間に）高めてきており，今や自らの食を飽食環境に全面的に依存しつつある状態になっている。はたしてこれからはどうなるのだろう。より以上の依存はありうるのだろうか？　大前提となる飽食環境はいつまでつづくのだろうか？　飽食環境に異変が生じた時，われわれはどうなるのだろうか？　飽食環境下で生まれ育ってきた今の大学生らは自らの食を維持していくことができるのだろうか？　実にさまざまな疑問が出てくる。これらの疑問に対しては誰もが納得できるような答えはない。論点を絞り，節を改めて筆者の考えを述べていきたい。

第5節　これからの若者（大学生）に求められること

前節では飽食環境がいかにわれわれの食行動を代行しているか，われわれの食がいかに飽食環境に依存したものとなっているかについてみてきた。危惧されることは大きく2つある。第1は現在の飽食環境が継続可能であるのかという点。第2は，食の自律性の発揮される機会が失われつつあるままでいいのかという問題である。とくに現在の大学生は飽食環境下に生まれ育ち今に至る存在である。飢えることも知らなければ限られた食物を奪い合うという経験もしていない。どっぷりと自

---

[10] 自律性（autonomy）とは，自らの行動を自らの考え，意思で決定する態度をさす。自立（self-support）は，経済的，社会的に親の庇護から離れることを意味する。

らの食を環境に依存して生きてきたのである。

■ 5-1　飽食環境の持続可能性

　現在の飽食環境がこのまま持続していくかどうかについては疑問が多い。食物の生産において農業用水と石油エネルギーは必須であるが，両者ともに近未来における資源枯渇が危惧されている。穀物の収穫量は天候・気温に左右されやすく，たとえば2008年のシカゴ商品取引市場での大豆ミールは，最高値をつけた数か月後に半値になった。このような生産面での不確実性だけでなく，流通面における不確実性もある。1995年の阪神・淡路大震災，2011年の東日本大震災は，地震が食物供給を一瞬にして遮断してしまうことの恐怖を教えてくれた。地震国である日本はひとたび大きな地震に見舞われると流通網は遮断される。

　世界経済そのものが不安定である。2012年9月頃までの為替レート（USドル／円）は80円前後で推移していたが，2015年には120円前後にまで上昇した。数年の間に円はドルに対して50%も値下がりしたのである。食料のほぼ半分を輸入に頼る日本において，為替レートの変動が商品価格に及ぼす影響は大きい。

　さらに憂慮すべき問題もある。先に飽食環境のスタートは1970年代であると述べた。1970年に37億人であった地球人口は現在73億人（2016年）とほぼ倍増した。ヒトという生物種は半世紀近く続く飽食環境下にあって異常に繁殖したのである。食物の生産量の増加は人口の増加を導き，ひとたび増加した人口はそれを維持させていくために今と同程度かそれ以上の食物を必要とする。すなわち飽食環境が維持されなくなると70億を超える人々が限られた食物を奪い合う事態となる。

　上述した社会的，経済的，政治的な変化は予測不可能なものではあるが，いずれも十分に考慮されるべきことがらである。飽食環境はいつ崩壊してもおかしくはない。

■ 5-2　自律性

　リーブ（Reeve, J., 2009）は，内的に自発される活動性を心理的必要（psychological needs）とよび，自律性（autonomy），コンピテンス（competence），関係性（relatedness）の3つを取りあげた。私たちは何かを行おうとする時，他者からの指示を受けてではなく，自らの意志で行いたいと思う。人は本来的に，自律性を求める存在であり，内発的な動機により行動を開始する存在である（今田・北口, 2015）。

　人は自律的存在であるという観点からすると，現在の状況はのぞましいものとは

いえない。心理的必要を満たすことができないためである。グルメブームといわれるいっぽうで食への無関心に特徴づけられる若者が増加している。これは現在の食環境が個体の食行動を代行しすぎていることへの反作用なのかもしれない。すなわち食べることを通じて主体性，能動性を発揮できないがゆえに，食への関心をなくしているのではないかとも考えられる。

■ 5-3 これからの若者（大学生）に求められること

　飽食環境の継続可能性が危ぶまれるいっぽう，現代人はあまりにも自らの食を飽食環境に依存している。とくに飽食環境下で生まれ育った今の大学生らは依存するということに慣れ，人間本来の欲求であるとみなされる自律性，能動性を発揮できないままでいるようである。このように考えていくと，当然のことながら，これからの若者（大学生）に求められることは，（食に対する）主体性の回復という結論に至る。

　しかし，一概に主体性の回復といっても容易なことではない。たとえば大学の教育場面においては能動的学修（アクティブ・ラーニング）[11] の推進が求められている。従来からの講義スタイルは，教員が演壇で講述するという一方向性のものである。それを双方向性にするとか，グループ学習をおこなわせるとか，ICT（情報通信技術）を活用させるとか，学生らが問題を発見するまで何も教えないといった方法により，学生自身が主体的に学び，考え，実践していくことを求めている。

　さて図14－5は，筆者の所属する大学が実施している「食物と人間との関係を考えるアクティブ・ラーニング」[12] の1コマである。大学近郊の耕作放棄地を借り受け，学生ら自らが耕耘機や草払い機を用いて畝つくりをおこない，作物（2016年度の主たる作物はサツマイモ）を育てている。当初は単位取得にも結びつかず，土曜日を1日つぶす作業にどれだけの学生が集まるかと案じていたが参加した学生らには好評である。教員は作業の細かなことには一切口を出さず，作業にかかわるレクチャーもおこなわない。見ていると，学生らはそれぞれの役割を分担しあい，まさに自主的，能動的に作業を進めている。

---

11) ラーニング（learning）の定訳は学習である。しかしながら文部科学省は「学修」という用語の使用を進めており，ここでは中教審答申（2012）に従い能動的学修と表記した〈http://www.mext.go.jp/component/b_menu/shingi/toushin/__icsFiles/afieldfile/2012/10/04/1325048_1.pdf（最終閲覧日：2016年9月21日）〉。
12) 正式のタイトルは「農作業を介した機械論的・生気論的人間観の学習」である。

図 14-5 「食物と人間との関係を考えるアクティブ・ラーニング」実施の状況

　耕作放棄地を開墾し，そこで育った作物（サツマイモ）を食べるときに学生らはどのような気持ちになるだろうか。自らが主体的に関与し，数か月もの生育期間を待つことによって手にした作物にどのような感慨をいだくだろうか。そこから食物と人間との関係について何を学んでいくだろうか。本事業は本年（2016年）に開始したばかりであり，結果がみえるのはまだまだ先のことである。

　作物生産に続くものは調理であり，調理というスキルの獲得である。これについては本章では論じきれないが，包丁やナイフの使い方，加熱調理の仕方，調味料の使い方など能動的学修の余地は大きい。例えば，『実況・料理生物学』（小倉，2011）では実にユニークな授業が展開されており，参考になる。

　本書冒頭において You are what you eat（食は人なり，食べものがあなたをつくる）というフレーズが紹介された。食は単なる栄養上の問題だけではなく，自己同一視を可能とする手段としても機能する[13]（今田，2013a；2013b）。食はまた道徳観，倫理観を獲得する手段ともなる（Rozin et al., 2009）。人は食べることによって社会的・文化的存在となりうるのである。これまでの社会，文化を受け継ぎ，これからの社会，文化を発展させていく若者には，食を通じてその能動性を発揮する存在になっていってもらいたい。

【文　　献】

阿川佐和子（2013）．残るは食欲　新潮社

[13) 海外旅行（出張）から日本に戻り，駅構内の立ち食いそば店に入ると筆者は心底から安堵する。醤油とカツオ節の風味が店一杯に漂い，熱い汁とともにそばをすする時，自らが日本人であることを改めて意識する。

今田純雄 (1992). 食べる―日常場面における人間の食行動に関する心理学的考察 心理学評論, **35**, 400-416.
今田純雄 (1996). 青年期の食行動 中島義明・今田純雄［編］たべる―食行動の心理学 朝倉書店
今田純雄 (2002). 心理学からみた食の現在 日本官能評価学会誌, **6**(1), 3-9.
今田純雄 (2004a). 日本における食環境の変化と食行動 広島修大論集 人文編, **45**(1), 1-16.
今田純雄 (2004b). 食行動の社会心理学 香西みどり・金子佳代子・小松龍史［編］栄養教育論 東京化学同人, pp.27-38.
今田純雄 (2005a). 食べることの心理学―食べる, 食べない, 好き, 嫌い 有斐閣
今田純雄 (2005b). "飽食"の時代から"崩食"の時代へ―現代に望まれる"日常食"の復活 味噌の科学と技術, **53**(7), 233-241.
今田純雄 (2011). 食行動と生活習慣改善―過食性肥満に焦点をあてて 行動科学, **50**(1), 1-13.
今田純雄 (2013a). 食イメージ, 食態度, 食行動の交差文化研究―日本, 韓国, 台湾 広島修大論集, **53**(2), 159-176.
今田純雄 (2013b). フードシステムに取り込まれる食 根ケ山光一・外山紀子・川原紀子［編］子どもと食―食育を超える 東京大学出版会, pp.265-283.
今田純雄 (2013c). 沖縄―食の混乱と収束 中根光敏・今田純雄［編著］グローバル化と文化変容 いなほ書房, pp.87-118.
今田純雄・北口勝也 (2015). 動機づけと情動 培風館
今田純雄・長谷川智子・田崎慎治 (2012). 家族の食卓と子育て (1) ―飽食環境の母親 広島修大論集, **53**(1), 81-109.
小倉明彦 (2011). 実況・料理生物学 大阪大学出版会
佐原 真 (1996). 食の考古学 東京大学出版会
根ケ山光一 (1997). 行動発達の観点から 今田純雄［編］食行動の心理学 培風館, pp.41-68.
柳田國男 (1993). 明治大正史―世相篇 (新装版) 講談社
ランガム, R.／依田卓巳［訳］(2010). 火の賜物―ヒトは料理で進化した NTT出版
リーバーマン, D. E.／塩原通緒［訳］(2015). 人体600万年史―科学が明かす進化・健康・疾病 (上・下) 早川書房
Reeve, J. (2008). *Understanding motivation and emotion*. New York: John Wiley & Sons, Inc.
Rozin, E., & Rozin, P. (1981). Culinary themes and variations. *Natural History*, **90**(2), 6-14.
Rozin, P. (1976). The selection of food by rats, humans and other animals. In J. Rosenblatt, R. A. Hinde, C. Beer, & E. Shaw (Eds.), *Advances in the study of behavior*, Volume 6. New York: Academic Press, pp.21-76.
Rozin, P., Haidt, J., & Fischler, C. (2009). From oral to moral: Is moral disgust an elaboration of a food rejection system. *Science*, **323**, 1179-1180.

◆コラム⑭　カップ麺のヒミツ

　以前，大学院生の1人と向かい合ってカップ麺を食べたことがある。こちらはお湯をそそいで，すぐに食べ始めた。学生が目を開き，「もう食べるんですか！」と驚いた。「最初はバリバリ，やがて麺らしくなり，最後は少々伸びてしまう。その変化がおもしろい」と説明した。当惑気味の学生は別のカップ麺をとりだし，おもむろにフタを開け，まず小袋を取り出した。見ていると5つもある。説明書きには，これはお湯を注ぐ前にいれる，これはお湯を注いだ後にいれる，これは食べる直前にいれるなど，複雑な手順が書かれているようだ。その学生は説明書きどおりの作業をしている。さらに3分だったか4分だったかを（説明書きどおりに）待ちつづけ，ようやくにして食べ始めた。もちろん，その頃すでにこちらは食べ終わっていた。

　学生の言い分はこうだ。メーカーの人はベストな作り方を書いてくれている。最もおいしく食べる為にはそれに従うのがベストだ，と。私は，たかがインスタントラーメンじゃないか，小袋の多さや複雑な調理手順など単に価格をつり上げるための小細工にすぎないと思ったが，さすがに口にはださなかった。

　両者の食べ方の違いは性格の違いなのかもしれない。その学生は慎重で知的なタイプ，私は少々の問題には目をつぶり一気呵成（いっきかせい）に仕事をするタイプ。ただ，どうも性格の違いだけではないように思われてくる。私の世代には，即席，インスタントという言葉に安っぽさを感じ，そのような食品を食べることに引け目を感じる人が多い。いまの学生はそうではないようだ。そもそもインスタントラーメンとラーメン専門店のラーメンを同じ「ラーメン」の範疇にあるものと認識している（私には似て非なるものとしか思えない）。

　世代間ギャップといえばおおげさか。たかだかカップ麺。それを空腹感を満たすだけの手段ととらえるか，食事とみなすか，世代のギャップは大きいようだ。

（今田純雄）

図⑭-1　説明書き

事項索引

A-Z
BMI *140*
SNS *112, 133*

あ行
アイデンティティ *136*
アルバイト *36*

一億総中流社会 *157*

栄養評価 *13, 20*
エンゲル係数 *177*

おでん *96*
思い出の食 *15*
親世代 *122*

か行
外食 *6*
会食恐怖 *148*
外食チェーン *45*
階層
　——格差 *176*
　——的構造 *161*
　——的分類 *160*
　社会—— *159*
　出身—— *161, 166*
　職業—— *159*
　所得の—— *158*
核家族 *123*
格差拡大 *158*
格差社会 *157, 176*
学食パス *192*
学生食堂 *98*
学生生活実態調査 *4, 60*
学歴 *160*
家計 *76*
家族

　——構成 *76*
　——そろった夕食 *70*
　——との食卓 *16*
　——の個人化 *111*
　——の変遷 *87*
カツ丼 *190*
カップ麺 *205*
カレーライス *190*
関係調整不全 *149*

飢餓感 *207*
季節感 *208*
規範意識 *185*
キャリア教育 *199*
牛丼 *99, 190*
共感の開口 *110*
共食 *10, 24, 212*
　——の形 *112*
　——の起源 *108*

ケ *209*
経済(的)格差 *157, 158, 164*
欠食 *67, 193*
ケンタッキーフライドチキン *93*

高級食 *184*
合計特殊出生率 *77*
高度経済成長期 *76*
高齢者の増加 *78*
個食 *146*
固食 *146*
孤食 *10, 24*
　子どもの—— *106*
　全世代にわたる—— *107*
　朝食の—— *70*

粉食 *146*
個人化 *111*
　家族の—— *111*
　女性の—— *111*
個人的寓話 *135*
ごちそう *112*
孤独 *152*
コンビニエンスストア *44, 94*

さ行
三項関係 *108*

自意識 *134*
　公的—— *135, 148*
　私的—— *135*
仕送り *62*
自己 *133*
　——愛 *150*
　——概念 *133*
自己愛的パーソナリティ *137*
自己愛性パーソナリティ障害 *150*
自己緩和不全 *148*
自炊 *6*
持続可能性 *216*
自尊感情 *134*
ジニ係数 *158*
社会的資源 *159*
社会的スキル *148*
写真法 *2*
就労状況 *76*
主観的健康感 *183*
主体性 *217*
出産年齢 *76*
出生割合 *76*
小食 *146*

食
　　——習慣　5
　　——の思い出　126
　　——の簡便化　5, 41
　　——の継承　128
　　——の代行　214
職業威信スコア　178
食行動異常　138
食事
　　——時間　49
　　——づくりの支援　198
　　——の場所　54
　　——のリズム　54
　　——バランスガイド　22
食卓状況　20
食の外部化　85, 99
　　——率　85
食費　63
食品数　14
食品ロス　207
食物嗜好　117
食物受容　119
食物選択　116
食物分配　108
　　社会的な——　109
食料威信スコア　179
食料支出　85
食器の代用品　35
自立　71
心理的機能　211

スーパーマーケット　94

生活費　60
生活リズム　54
精神的健康度　139
青年期前期　20
青年期の孤独感　152
青年の対人関係　148
生命観　208

世代間の継承　129
世帯構造　78
世代の違い　116
摂取時刻　21
摂食拒否傾向　210
摂食傾向　210
絶対的貧困　84
専業主婦　79
全国学力・学習状況調査　106

痩身願望　25, 138
痩身傾向児　67
想像上の聴衆　135
相対的貧困　84

た行

ダイエット　7, 25
大学の多様性　172
大学類型　164
体型の意識　138
対人退却　149
第二次食育推進計画　107
他者の視線　147
団塊ジュニア世代　116
団塊（の）世代　76, 119
団らん　111

地産地消　197
父親の職業　163
朝食の摂取率　69
調理器具　35
調理技術　76, 117
調理済み食品　118

低価格化競争　122
手作り　119

ドーナツ　93, 205
共働き　79

な行

中食　5, 96

二項関係　108
日本語版 DEBQ 質問紙　22
人間関係　146
　　——の希薄さ　107

は行

パーソナリティ　133
配給　191
母親の欠食率　124
母の味　46
ハレ　209
ハレとケ　209
晩婚化　78
ハンバーガー　93, 205

非正規労働　81
　　——者　161
ビッグファイブ・パーソナリティ　136
ひとりで食べる　71
100円朝食　194
肥満　66
貧困率　84, 159

不思議な取り合わせ　32
不定愁訴　106
フライドチキン　93, 205
ふれ合い恐怖　148
　　——的心性　148, 149

ベビーブーム　119

飽食　204
ぼっち席　152, 153
ボディ・イメージ　139
母乳摂取経験　119

ま行
賄い　*48*
マクドナルド　*93*

ミールカード　*192*

持ち帰り弁当　*97*

や行
やせ　*66*

ら行
ライフコース　*176*
ライフスタイル　*176*
ランチメイト症候群　*147*

離乳食　*110*
流通　*122*
両親の年収　*165*
料理　*71*

冷凍食品　*12, 205*
レシピコンテスト　*198*
レトルト食品　*205*

労働力率　*79*

人名索引

A-Z

Bernstein, R. M. *134*
Bogg, T. *140*
Bryant, K. *141*
Darmon, N. *87*
DelVecchio, W. F. *136*
Elfhag, K. *141*
Elkind, D. *135*
Erlanson-Albersson, C. *141*
Fenigstein, A. *135*
Gabbard, G. O. *151*
Ganchrow, J. R. *109*
Goldberg, L. R. *140*
Lapsley, D. K. *135*
Martin, L. R. *140*
Meshkova, T. *138*
Negayama, K. *110*
Orth, U. *135*
Oshio, A. *138*
Pervin, L. A. *136*
Roberts, B. R. *140*
Roberts, B. W. *136*
Rozin, E. *211*
Rozin, P. *210, 211, 218*
Saiba, A. J. *141*
Sheldon, P. *141*
Sorokowski, P. *141*
Soto, C. J. *136*
Strycker, L. A. *140*
Sutin, A. R. *140*
Toyama, N. *110*
Zeifman, D. *109*

あ行

阿川佐和子 *208*
浅野智彦 *156*
足立己幸 *106*
阿部 彩 *187*
荒巻草平 *160, 161*
石毛直道 *107*
伊東暁子 *138*
今田純雄 *22, 122, 123, 126, 204, 207, 213, 214, 216, 218*
岩村暢子 *2*
上野有理 *110*
上原正子 *139*
内海貴子 *138*
榎本博明 *133*
遠藤由美 *134*
大仁田あずさ *139*
岡田 努 *148, 151, 152, 154*
岡田 涼 *137*
岡野憲一郎 *150*
尾木直樹 *147*
小倉明彦 *218*
小塩真司 *134, 137, 150*
落合良行 *152, 153*
表 真美 *111, 114*

か行

柏木惠子 *111*
片岡栄美 *178*
狩野力八郎 *151*
上地雄一郎 *148*
苅谷剛彦 *161*
川崎直樹 *150*
川田 学 *108*
川本哲也 *136*
北口勝也 *216*
小林 盾 *87, 176-179*

さ行

佐々木亜須実 *189*
佐藤康一郎 *194*
佐藤静香 *148*
佐藤裕子 *176*
佐原 真 *213*
ジーグラー・ヒル (Zigler-Hill, V.) *134*
ジェームズ (James, W.) *134*
塩谷幸子 *129, 130*
鈴木賀央里 *153*

た行

竹内 洋 *161*
田崎慎治 *138*
田中 陽 *94*
辻 泉 *156*
辻 大介 *147*
都築一治 *178*
友永雅己 *108*
外山紀子 *108, 112, 127*

な行

中西祐子 *161*
西浦和樹 *138*
西村一郎 *191, 192*

根ケ山光一 *215*

は行

橋本健二　*160*
長谷川智子　*2, 3, 20, 21, 112, 119, 123, 127, 146, 147*
畑山みさ子　*148*
濱中義隆　*160*

藤田勝也　*189*
ブルデュー，P.　*177*

ヘックマン，J. J.　*140*

細井謙一　*94*
本田由紀　*161*

ま行

町沢静夫　*147*
松岡弥玲　*134*

宮下一博　*148*
明和政子　*109*

村山伸子　*187*
室田洋子　*146, 147*

目黒依子　*111*

森いづみ　*175*
諸星　裕　*147*

や行

柳田國男　*209*
山極寿一　*108*
山田和夫　*148*
山田風太郎　*191*
山田昌弘　*176*
山根真理　*176*

米澤彰純　*160*

ら行

ランガム，R.　*211*

リーバーマン（Lieberman, D. E.）　*210*
リーブ（Reeve, J.）　*216*

ローゼンバーグ（Rosenberg, M.）　*134*
ロビンソン（Robinson, R.）　*139*

わ行

渡邉大輔　*178*
渡辺　実　*191*
渡邊芳之　*136*

執筆者紹介（執筆順，＊は編者）

外山紀子 ＊
現　職：早稲田大学人間科学学術院教授
学　位：博士（学術）（東京工業大学）
専　門：発達心理学（認知発達，食発達）
主要著書・論文：
『発達としての共食』（単著）（2008 年，新曜社），『子どもと食』（共編著）（2013 年，東京大学出版会）など
担　当：第 1 章，第 4 章，第 7 章，コラム④，⑦，⑫

長谷川智子 ＊
現　職：大正大学心理社会学部教授
学　位：博士（文学）（早稲田大学）
専　門：発達心理学（母子関係，食発達）
主要著書・論文：
『子どもの肥満と発達臨床心理学』（単著）（2000 年，川島書店），『子どもの食と栄養——健康なからだとこころを育む小児栄養学 改訂第 2 版』（共編著）（2014 年，診断と治療社）
担　当：第 2 章，第 5 章，第 8 章，コラム②，⑤，⑧

佐藤康一郎 ＊
現　職：専修大学経営学部准教授
学　位：修士（商学）（専修大学）
専　門：フードマーケティング
主要著書・論文：
『写真分析による大学生の食生活調査』（単著）（2012 年，専修大学社会科学研究所社会科学年報），『現代フードサービス論』（共著）（2015 年，創成社），など
担　当：第 3 章，第 6 章，第 13 章，コラム③，⑥，⑬

小塩真司
現　職：早稲田大学文学学術院教授
学　位：博士（教育心理学）（名古屋大学）
専　門：パーソナリティ心理学，発達心理学
主要著書：
『性格を科学する心理学のはなし』（単著）（2011 年，新曜社），『Progress & Application パーソナリティ心理学』（単著）（2014 年，サイエンス社），など
担　当：第 9 章，コラム⑨

岡田　努
現　職：金沢大学人間社会研究域教授
学　位：博士（心理学）（学習院大学）
専　門：青年心理学（対人関係，自己）
主要著書・論文：
『現代青年の心理学─若者の心の虚像と実像』（単著）（2007 年，世界思想社），『自己心理学 5　パーソナリティ心理学へのアプローチ』（共編著）（2008 年，金子書房）など
担　当：第 10 章，コラム⑩

橋本健二
現　職：早稲田大学人間科学学術院教授
学　位：博士（社会学）（武蔵大学）
専　門：社会学（階級・階層論，労働社会学）
主要著書：『階級都市』（筑摩書房，2011 年），『「格差」の戦後史［増補新版］』（河出書房新社，2013 年），『居酒屋の戦後史』（祥伝社，2015 年），『はじまりの戦後日本』（河出書房新社，2016 年），『現代貧乏物語』（弘文堂，2016 年），など。
担　当：第 11 章，コラム⑪

小林　盾
現　職：成蹊大学文学部現代社会学科教授
学　位：修士（社会学）（東京大学）
専　門：社会学（数理・計量社会学，家族，文化）
主要著書・論文：『アクティブ・ラーニング入門』（単著）（2016 年，ハーベスト社），『数理社会学の理論と方法』（共編著）（2016 年，勁草書房）など
担　当：第 12 章

今田純雄
現　職：広島修道大学健康科学部教授
学　位：文学修士
専　門：動機づけ・感情心理学，食行動科学
主要著書・論文：
『食べることの心理学─食べる，食べない，好き，嫌い』（編著）（2005 年，有斐閣），『動機づけと情動』（共編著）（2015 年，培風館），『食行動の科学─「食べる」を読み解く』（編著）（2017 年，朝倉書店），など
担　当：第 14 章，コラム⑭

若者たちの食卓
自己、家族、格差、そして社会

| 2017 年 3 月 15 日 | 初版第 1 刷発行 | 定価はカヴァーに |
| 2018 年 3 月 15 日 | 初版第 2 刷発行 | 表示してあります |

編　者　外山紀子
　　　　長谷川智子
　　　　佐藤康一郎
発行者　中西　良
発行所　株式会社ナカニシヤ出版
〒606-8161　京都市左京区一乗寺木ノ本町 15 番地
　　　　　　　　　　Telephone　075-723-0111
　　　　　　　　　　 Facsimile　075-723-0095
　　　　　　Website　http://www.nakanishiya.co.jp/
　　　　　　Email　iihon-ippai@nakanishiya.co.jp
　　　　　　　　郵便振替　01030-0-13128

印刷＝ファインワークス／製本＝藤沢製本／装幀＝白沢　正／
章扉・装幀写真提供＝外山紀子・長谷川智子・佐藤康一郎・今田純雄
Copyright © 2017 by N. Toyama, T. Hasegawa, & K. Sato
Printed in Japan.
ISBN978-4-7795-1142-4

本書のコピー、スキャン、デジタル化等の無断複製は著作権法上の例外を除き禁じられています。本書を代行業者の第三者に
依頼してスキャンやデジタル化することはたとえ個人や家庭内の利用であっても著作権法上認められていません。